* 四川师范大学学术著作出版基金
* 重 庆 文 晟 投 资 管 理 有 限 公 司 资助

* 四川师范大学文晟区域经济与产业发展研究中心 鼎力支持

The Feasibility and Constraints of China Reducing Excess Inventory in the Housing Industry

中国房地产去库存可行性与制约因素分析

李康荣　陈丽静
王官诚　蒲　艳　◎著

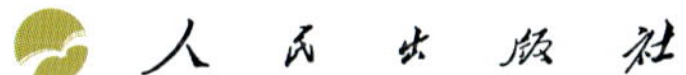

人民出版社

责任编辑:高晓璐

图书在版编目(CIP)数据

中国房地产去库存可行性与制约因素分析/李康荣等 著. —北京:
人民出版社,2018.9
ISBN 978-7-01-019426-4

Ⅰ.①中… Ⅱ.①李… Ⅲ.①房地产经济-研究-中国 Ⅳ.①F299.233

中国版本图书馆 CIP 数据核字(2018)第 124204 号

中国房地产去库存可行性与制约因素分析

ZHONGGUO FANGDICHAN QUKUCUN KEXINGXING YU ZHIYUE YINSU FENXI

李康荣 陈丽静 王官诚 蒲 艳 著

人民出版社 出版发行
(100706 北京市东城区隆福寺街 99 号)

环球东方(北京)印务有限公司印刷 新华书店经销

2018 年 9 月第 1 版 2018 年 9 月北京第 1 次印刷
开本:710 毫米×1000 毫米 1/16 印张:13.25
字数:224 千字

ISBN 978-7-01-019426-4 定价:56.00 元

邮购地址 100706 北京市东城区隆福寺街 99 号
人民东方图书销售中心 电话 (010)65250042 65289539

序

以土地和建筑物为经营对象的房地产业在我国经历了跨越式发展，具有先导性、基础性、带动性和风险性，其作为国民经济的增长点，为中国经济的快速增长做出了巨大贡献。自 2014 年以来，全球经济缓慢复苏，中国经济也一改高增长态势，在“稳增长”和“调结构”方针指引下，固定资产投资大幅下滑，尤其是作为国民经济支柱产业的房地产行业进入调整期，房地产库存积累巨大，在中国经济迎来“新常态”背景下，房地产行业发展“拐点”已经到来。

2017 年中央经济工作会议将房地产市场去库存作为我国供给侧结构性改革的重大任务，将去库存上升到国家任务。随着内部经济环境的变化，去库存遇到了一系列新的问题，针对新的问题和旧的矛盾，如何分类施策、多措并举，既保障房地产市场短期平稳运行，又为市场长期健康稳定发展提供支撑，为我国顺利推进供给侧结构性改革的战略性任务打下坚实基础，成为当前全国上下关注的重大课题。

本书从研究背景和研究意义出发，寻找去库存着力点，探索去库存关键点。以融资结构理论、经济理论、行为金融理论三者联动为出发点和基石，以中国房地产发展路径为主线，对当前房地产去库存核心问题展开讨论。在房地产去库存可行性和制约性因素分析基础之上指出，房子具有居住和资产二重属性，去库存需要金融支持，房地产去库存基金是金融支持的不二选择。根据重庆文晟投资管理有限公司的资管计划，设计了文晟富民爱屋成长基金，选取了收益率、发行周期、发行规模和基金费用等作为分析参数，并结合 2007—2016 年十年来相关数据展开定量实证演算。得出结论，房地产资产证券化将为房地产企业向轻型化、金融化方向发展提供经验支持，也将为整个房地产行业提供复制的可能性和普遍性，最终使得房地产物业能够实现从僵化的孤岛走向星辰大海，它的出现为房地产库存盘活提供了参考样本。最后对比研究了德国、日本、韩国等国家在增速换挡期房地产发展经验和启示，并给出了多条建议，明确坚持“房子是用来住的、不是用来炒的”的定位，将房地产去库存基金作为实现房地产健康持续发展的重要途径之一。

期望本书的出版能够为我国当前房地产市场走出困境提供参考，并为关注中国经济发展和房地产市场发展的读者提供一定的借鉴。虽然房地产去库存只是暂时的经济现象，但是从长远来看，整个市场的重新洗牌是必然趋势，能否利用去库存基金解决经济发展中遇到的问题，我们将拭目以待！

李康荣

2018 年 1 月

Contents

目 录

第一章　中国房地产去库存的背景分析

我国房地产业在计划经济时代曾经一度销声匿迹，被福利化的单位住房供应制度所取代。1978 年十一届三中全会之后，新中国改革开放拉开序幕，房地产业重新兴起。在 20 世纪 90 年代我国住房分配和供应体制发生了根本性的变化，全国房地产开发投资也得到了迅猛发展。

纵观整个发展过程，房地产市场有过萎缩、有过繁荣；房价曾快速上涨、市场疯狂不止；政策不断调控，市场表现各异……房地产不仅作为中国经济的重要支柱，也和全国十几亿人的安居息息相关。房地产业发展到今天，出现了各种不正常、不合理、不理智的现象，其中高库存首当其冲，如何化解房地产的高库存成为当今经济热点，也是房地产供给侧改革重点。

第一节　中国房地产去库存的现实背景

一、现实背景

在中国经济快速发展的 30 余年里，房地产作为国民经济的支柱产业之一，无疑发挥了重要的作用并且对经济和资本市场都具有深远的影响。经济史上称“房地产是周期之母”，房地产周期缓慢、持久且振幅很大，在向上时具有很强的带动力，在反转向下时势大力沉（任泽平等，2016）。纵观中国经济发展历程，每一次中国经济的周期波动，都与房地产有着密切的联系，房地产已成为中国经济发展的“晴雨表”。

自 1992 年到 2014 年中国房地产经历了三大发展阶段。第一阶段：1992—1998 年。1992 年全国掀起房地产开发热，结果引发了海南房产的严重泡沫。于是，1993 年政府加紧宏观调控，收缩银根，1993 年下半年到 1998 年上半年房地产热迅速降温。第二阶段：1998—2013 年。1998 年中国开始实施住房制度改革，成为房地产市场发展的关键分水岭，也开启了房地产的黄金发展阶段。1998—2003 年房地产市场快速恢复，2003 年开始房价持续上涨，政府的宏观调控也随之加强。2004 年调控供给、2005 年调控需求、2006 年调控结构、2007 年继续调整。但在长周期力量的支撑下，房地产市场销量、价格、投资等持续保持高增长。2008 年，受国际金融危机的影响，房地产市场受到短暂冲击，但在降低首付比、利率等政策的刺激下，2009 年房地产市场快速恢复并趋热。2010 年宏观调控开始重新收紧，2010—2011 年房地产市场略有降温，2012—2013 年再度恢复。第三阶段：2014 年至今。随着中国经济进入新常态，房地产也进入了新阶段，呈现出"从高速增长到平稳或下降状态，从数量扩张到质量提升，总量放缓、区域结构分化"（任泽平等，2016）。

多年来房地产发展过热不仅对实体经济具有"抽血效应"、对居民最终消费具有"挤出效应"以及对金融体系和经济运行具有"风险效应"（许宪春、贾海、李皎等，2015），而且累积了巨大库存。目前，受房地产相关统计数据完善度不足的影响，房地产库存量还没有一个权威数据，很多学者和机构各自给出了不同的数据，且这些数据之间差距较大（曾宪奎，2016）。中国社会科学院财经战略研究院发布的《中国住房报告（2015—2016）》认为，我国商品房库存量为 21 亿平方米，大约需要 2 年的时间才能消化掉（2015）。但更多的专家、学者认为，中国房地产库存问题更为严重，去化周期更长。中国指数研究院的数据显示，截至 2015 年 11 月，全国房地产待售面积为 6.96 亿平方米，在建未售面积约为 48 亿平方米，待开工面积为 8.5 亿平方米，三者之和达到 63.5 亿平方米，按照未来几年我国年均商品房销售面积 10 亿平方米左右来计算，整体库存消化时间不少于 5 年（陈晟，2015）。任泽平等（2016）的研究认为，2015 年中国商品房待售面积为 7.2 亿平方米，施工面积（潜在库存）高达 73.6 亿平方米，是待售面积的 10 倍多。其中，住宅施工面积为 51.2 亿平方米，占比为 70%。如果考虑已批未开工土地，自建房和小产权房等其他，库存数量更大。施工面积与待售面积之和为 80.8 亿平方米，按照 2015 年的销售速度，去化时间为 6.3 年。其中住宅库存（施工面积与待售面积）为 55.7 亿平方米，去化时间为 5 年（具体见图 1-1）。侯云春（2016）指出：以住宅为例，现在全国建成待售的房子是 7.18 亿平方米，在建即将竣工的房子有 73 亿平方米，加在一起超过 80 亿平方米，按照 2015 年的销售进度，需要五年零九个月才能消化掉这些房子，如果加上已经出让的土地将要建成的房子，这个去库存时间可能会更长。商业与办公楼库存问题也很严重。由于经济下行与互联网的双重冲击，商业和办公楼地产库存积压明显增大，2015 年住宅以外的商品房为 25.1 亿平方米，按照 2015 年 1.6 亿平方米的销售，去化周期为 15.6 年。此外，从房价收入比、租金回报率、空置率等指标来看，中国当前存在一定房地产泡沫，但区域分化较大。突出的库存问题，严重影响了中国房地产行业进而影响整个经济体系的可持续发展。因此，2015 年中央经济工作会议将房地产“去库存”作为 2016 年的五大重点任务之一。这也意味着房地产去库存正式上升为国家战略。

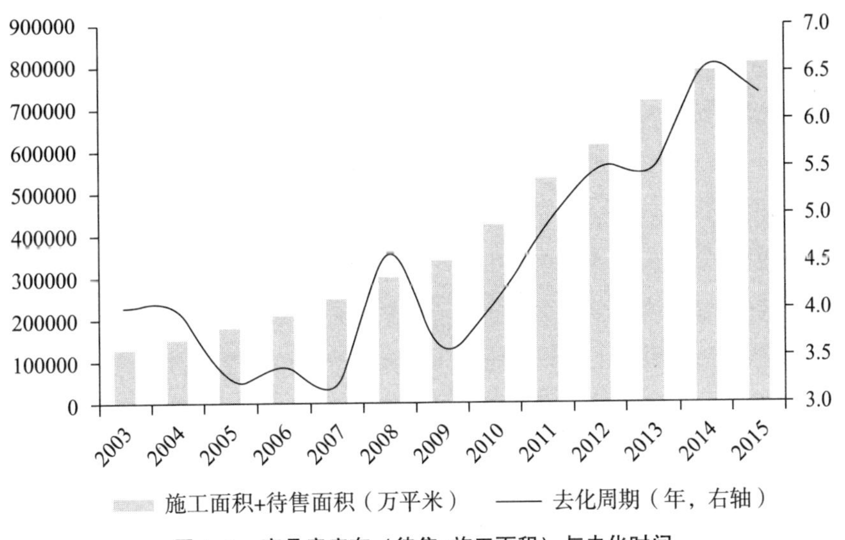

图 1-1　商品房库存（待售+施工面积）与去化时间

资料来源：任泽平、熊义明：《房地产去库存的挑战、应对、风险与机会》，http://news.hexun.com/2016-04-07/183166710.html，2016-02-29。

数据来源：国泰君安证券研究，WIND。

为此，国家出台了相应的政策“去库存”，主要包括：支持、引导农民工和农民进城买房；推进棚改货币化安置去库存；推进住房租赁市场发展去库存；发展跨界地产；实施有效用地调节政策等。这些政策实施后，房地产去库存的效果初显，全国商品房去化周期明显下降。在狭义库存方面，2016 年末全国商品房待售面积（现房库存）为 6.95 亿平方米，较 2015 年末下降 3.2%；以待售面积/12 月均现房销售面积计算，2016 年末全国商品房狭义库存去化周期为 19.5 个月，较 2015 年末下降 5.6 个月（见图 1-2）。在广义库存方面，以累计新开工面积减去累计销售面积计算，并扣除非住宅的自持部分（假定比例为 30%），2016 年末全国商品房广义库存为 43.2 亿平方米，较 2015 年末下降 1.3%；去化周期为 32.9 个月，下降 7.9 个月（见图 1-3）。但房地产库存区域分化明显，三四线城市去库存分化较大，去库存任务依然复杂艰巨，一线价格泡沫和三四线库存泡沫并存。从省级层面看，东北、西北地区广义库存高企，中南、西南地区库存较为合理。东北、西北地区多数省份去化周期最长，去化压力大；其次是浙江、福建、河北、甘肃；再次是云南、山东、江苏、安徽、陕西等地；广东、广西、江西、湖南、湖北、四川、贵州、重庆等地区的去化周期则比较合理。因此，如何有效地因城施策去库存备受关注。

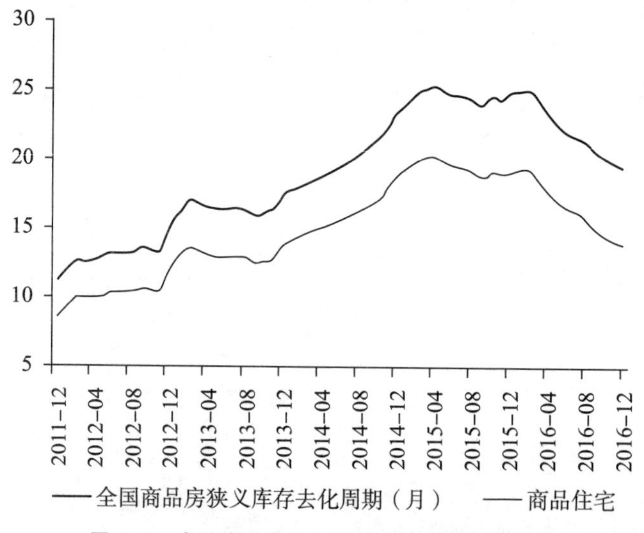

图 1-2 全国商品房狭义库存去化周期明显下降

资料来源：Wind，方正证券。

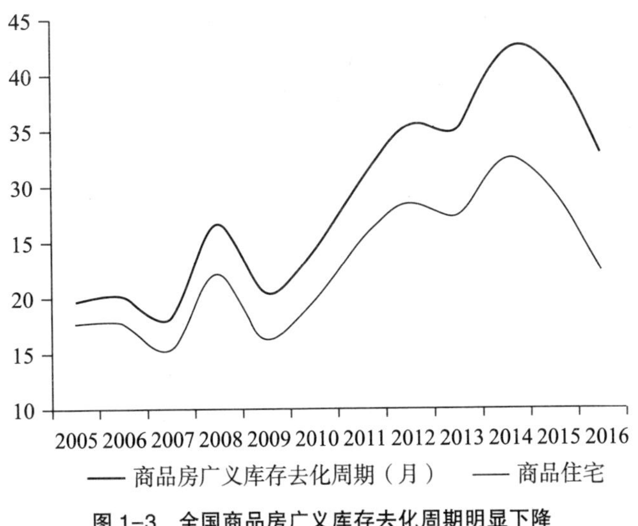

图 1-3 全国商品房广义库存去化周期明显下降

资料来源：任泽平：《三四线城市地产销量火爆：去库存和挤出效应》. http://news.hexun.com/2017-03-13/188461841. html，2017-03-13。

房地产业与金融业二者之间联系紧密，互相支持，共同发展。作为资金密集型产业，房地产具有投资金额大、投资周期长、市场流动性差等特点。无论是拿地还是建设，无论是住宅还是商业项目，房地产业的发展都离不开金融业尤其是银行的大力支持。从融资渠道来看，中国房地产企业主要依靠自筹资金和银行贷款两种方式进行融资。如表 1-1 所示，2010—2015 年，中国房地产企业通过自筹资金和银行贷款的比重超过了 50%，2015 年已达到 60. 26%。此外，房地产企业还可以在资本市场上通过公开上市发行股票、发行企业债券及资产证券化等渠道获得所需资金。但这些融资方式对企业的要求较高，一般只有大企业才能使用。总体来看，大部分房地产企业融资仍然以银行贷款为主。房地产业一直存在着资金来源的短期性和资金运用的长期性之间的矛盾，再加上高库存使得商业银行对房地产的信贷政策收紧，更加剧了房地产企业的融资压力。作为一种新型的融资工具，资产证券化产品在改善企业融资环境、盘活存量资产、加快建设资金流转速度等方面具备一定的优势，对于目前利润摊薄的房企来说，资产证券化无疑是一种较为理想的融资渠道。

表 1-1　2010—2015 年中国房地产企业的资金来源情况

单位：亿元;%

项目/年份	本年资金合计	国内贷款		自筹资金		利用外资		其他资金来源	
	金额	金额	比重	金额	比重	金额	FDI	金额	比重
2010	72944. 0	12563. 7	17. 22	26637. 2	36. 52	790. 7	673. 5	32952. 5	45. 17
2011	85688. 7	13056. 8	15. 24	35004. 6	40. 85	785. 2	689. 5	36842. 2	43. 00
2012	96536. 8	14778. 4	15. 31	39082. 0	40. 48	402. 1	358. 5	42274. 4	43. 79
2013	122122. 5	19672. 7	16. 11	47425. 0	38. 83	534. 2	467. 1	54490. 7	44. 62
2014	121991. 5	21242. 6	17. 41	50419. 8	41. 33	639. 3	598. 9	49689. 8	40. 73
2015	122322. 5	22145. 4	18. 01	51685. 5	42. 25	640. 5	603. 7	47851. 0	39. 12

资料来源:《中国统计年鉴 2016》。

在“去库存”的背景下，房地产资产证券化尽管规模尚小，但正在提速。据相关数据显示，截至目前，中国证券监督管理委员会监管的资产证券化产品（ABS）总发行量约为 3124 亿元，银监会监管的 ABS 总发行量约为 8376 亿元。但超万亿元的发行总量中，房地产相关的资产证券化产品发行量却颇为有限。其中，个人住房抵押贷款和公积金贷款证券化产品发行总量仅为 548 亿元，而银监会监管的部分以 524 亿元占据绝对优势（冯罡，2016)。特别是 2015 年以来随着资产证券化相关政策的进一步落实，不少创新意识较强的房企结合自身的业务优势，联手金融机构推出了相应的资产证券化项目，打破了长久以来我国房地产资产证券化的发展困局(见表 1-2)。

表 1-2　2015 年房地产资产证券化项目典型案例概览

时间	项目名称	金额	意义
2015 年 6 月	鹏华前海万科 REITs	30 亿元	国内第一只真正意义上符合国际惯例的公募 REITs 产品，开启地产投资新纪元。
2015 年 6 月	汇富武汉住房公积金贷款 1 号资产支持专项计划	5 亿元	国内首单以个人住房公积金贷款为基础资产的资产支持证券，有效缓解住房公积金流动性不足问题。

续表

时间	项目名称	金额	意义
2015年7月	"博时资本—世茂天成"物业资产支持专项计划	15.1亿元	国内首单物业收入资产证券化项目，丰富了国内金融市场层次和产品
2015年9月	金科物业资产支持专项计划	15亿元	金科成为第二家试水物业费资产证券化的房企
2015年10月	杭州住房公积金贷款权益资产支持专项计划	5亿元	浙江省首单住房公积金贷款资产证券化产品，全国期限最长、成本最低的住房公积金资产证券化产品
2015年10月	兴乾1号湖州住房公积金贷款资产支持专项计划	5亿元	该计划有利于缓解流动性趋紧，盘活公积金贷款存量并优化融资结构
2015年11月	"汇添富资本-世茂"购房尾款资产支持专项管理计划	6亿元	国内市场上首单购房尾款资产证券化项目，极大地促进了国内房地产金融的发展
2015年12月	个人住房贷款资产支持证券（ABS）	69.63亿元	首批公积金资产证券化产品，提高公积金余额利用率
2015年12月	"招商创融—天虹商场"（一期）资产支持专项计划	14.51亿元	国内市场首只国有不动产REITs，开辟了资产证券化新路径

资料来源：刘勇、邱国波：《发展房地产证券化投资正当其时》，《中国银行业》2017年第2期。

二、研究意义

随着房地产和金融机构的日益紧密融合，未来金融资本将会成为房地产市场的强心针，"去库存"目标的达成也有赖于金融资本介入房地产市场的程度。因此，深入研究房地产去库存政策及相应基金，对房地产企业加速转型和有效去库存、化解房地产行业和金融风险具有重要价值和研究意义。一方面，有利于加速推动房地产资产证券化的进程。去库存基金作为资产证券化的产品之一，是金融市场发展到一定阶段的必然产物，有利于促进货币市场、信贷市场、债券市场、股票市场等市场的协调发展，提高金融市场配置资源的效率。这对于建立多层次的房地产资本市场具有重要意义。对于房地产企业而言，去库存基金能更好地满足其融资需求，也代表了房地产融资创新的方向，是我国经济发展到较高阶段的必然趋势。对于投资者而言，去库存基金则为其提供了一种全新的能带来稳定收益的金融产品。另一方面，为有效“去库存”、化解房地产行业风险提供了一条行之有效的可持续发展路径。由于我国房地产市场积聚了大量的社会资金，流动性差且容易带来较大的风险，导致目前较大的“去库存”压力。发行房地产去库存基金，可以有效利用证券的流通性来解决房地产资金来源的短期性和资金运用的长期性之间的矛盾，大大增强资产的流动性，改善企业现金流。进而有利于房地产企业盘活存量资产、加快资金周转速度，优化资产负债结构，降低融资成本，提高净资产收益率；也有利于加速推进房地产企业从重资产型向轻型化、金融化方向转型，促进房地产行业长期、稳定、健康发展。另外，允许多样化的主体如保险公司、投资基金、住房公积金参与到房地产金融市场体系中，使得资产的持有者更分散，有利于分散整个房地产行业的风险。

第二节　中国房地产去库存的研究综述

目前，有关房地产去库存基金的直接研究寥寥无几，与之相关的研究可以分为两类：一是房地产去库存的相关研究；二是房地产资产证券化的相关研究。这两类研究为本书对房地产去库存路径及去库存基金的研究奠定了基础，提供了理论依据。

一、房地产去库存的研究综述

（一）国外研究综述

根据房地产的发展阶段，西方发达经济体的房地产市场供求基本平衡，早已进入存量阶段，新增住宅较小，因此国外房地产库存研究主要是通过相关的测度指标来衡量房地产市场的健康状况。戴维德（David，1953）、瑞（Ray，1972）最早采用空置率指标对美国城市的存量公寓市场空置问题进行了研究，认为超量空置的主要原因是租金比预期低。弗莱德（Frand，1971）、阿瑟（Arthur，1979）等的研究对此提出了质疑，肯尼斯（Kenneth，1983）等通过对美国存量公寓市场租金影响的实证研究结果，部分支持了弗莱德的质疑观点，并得出超量空置的主要原因在于空置率本身是一个变化区间。史瑞德（Theodor，1994）运用空置期的概率分布函数得出公寓市场的空置期与公寓竣工时间、公寓结构和周边公寓的对比价值有显著的正相关关系。史塔克（Struky，1983）则对空置率的合理区间进行了测算，得出西方发达国家的住宅市场3%—5%的空置率较为合理；发展中国家则应该控制在4%—5%之间。如果超出上述合理区间，应通过存量房市场的价格来调节。

经受过两次房地产泡沫的日本对去库存有更为深入研究。都留重人（1990）和宫崎义一（2000）的研究指出，日本房地产泡沫之所以产生，原因主要在于长期的低贴现率、信贷资金投资过量和土地政策落后特别是土地税制的偏差。而美国次贷危机的发生则同低利率政策、信息不对称和过度消费有关，因此在采用货币政策对房地产市场进行干预时应适度并具有一定的前瞻性。同时应将资产价格指标合理纳入货币政策的决策体系，并尽量保证货币政策的稳定和目标单一。密里根（Milligan，2007）在研究发达国家住房政策时，根据其政策的强弱，把住房政策分为最强政策类型、稳健住房政策类型、收缩或者弱反应住房政策类型，并根据其类型提出了相关的政策建议。

（二）国内研究综述

自2015年中央经济工作会议提出房地产去库存以来，国内学者开始关注房地产去库存问题，并取得了较为丰硕的研究成果。纵观国内学者对房地产去库存的研究，主要集中于五个方面：

一是对房地产去库存重要性或意义的阐述（刘志彪，2016；郭栋林、汤惠君，2016；宋婉秋、景刚，2016等）。刘志彪（2016）认为房地产去库存是当前供给侧结构改革的重中之重，理由有四：一是房地产库存过大问题的核心，在于房地产市场的利益失衡；二是我国经济中普遍存在的产能过剩问题，与房地产库存过高后导致的投资增速下降过快、需求不足有直接的关系；三是房地产泡沫是我国金融风险的主要来源；四是降低实体企业的成本，必须首先降低和稳定房地产价格。宋婉秋、景刚（2016）指出房地产是我国重要的经济支柱产业，房地产去库存能够避免由于“烂尾楼”带来的社会不稳定因素，有利于房产企业进行产业升级。①

① 宋婉秋、景刚：《经济新常态下我国房地产去库存研究》，《创业科技月刊》2016年第5期。

二是对我国房地产库存状况的分析（陈晟，2015；中国社科院财经战略研究院，2016；侯云春，2016；胡祖铨，2016；任泽平，2016 等）。胡祖铨（2016）在界定房地产库存定义和合理区间的基础上对当前我国房地产库存状况进行了测算，指出我国房地产市场正处在高库存状态。测算结果显示：2015 年，我国商品房待售面积为 7.2 亿平方米，考虑待售期房库存后，广义房地产库存面积为 32.3 亿平方米，去化周期长达 30.2 个月；商品房增量空置率高达 46%。在此基础上，对农民工市民化的住宅需求进行了测算，指出应更加重视农民工市民化在消化住宅库存中的关键作用。

三是对供给侧改革背景下房地产去库存政策的讨论（刘志彪，2016；上海易居房地产研究院，2016；任泽平等，2016 等）。刘志彪（2016）对 2015 年底中央经济工作会议提出的六条化解房地产高库存的政策措施（包括农民工市民化、在本地就业的非户籍人口户买房或租房、建设公租房制度、发展住房租赁市场、降低房价、取消对房地产的限购）存在的问题进行了分析，指出在短期中去库存还需要出台诸如降首付、降低交易费用、提高公积金贷款比例、首套购房补贴（如利息抵个税等）等其他更微观的配套政策，给地方因地因时制宜的政策选择权。上海易居房地产研究院（2016）对全国和地方政府的房地产去库存政策进行梳理，并对地方政府房地产去库存进行了分类，归纳为六大类：采取宽松的财政税费政策；积极利用住房公积金杠杆工具；多举措鼓励支持农民进城购房；推进棚改、商品房回购等工作；实施房地产供给侧改革；进一步拓展购房群体等。任泽平等（2016）对 2015 年以来中央和地方政府采取的去库存政策进行了归纳总结，中央主要采取了宽货币、降首付和财税支持等措施，地方主要采取了财政补贴、农民工市民化、公积金政策调整、棚改货币化安置等措施。

四是对房地产去库存的问题、困境、原因等的分析（曾宪奎，2016；任泽平等，2016，2017；胡祖铨，2016；黄晓华，2016；王鑫，2017 等）。曾宪奎（2016）指出造成我国房地产库存持续加大的原因主要有两个方面：一是房地产供给与需求之间存在着深刻矛盾，二是以防止房地产泡沫继续扩张为目标的相关调控政策。胡祖铨（2016）认为房地产库存过剩，主要是高房价的刺激下开发商大规模开发建设，地方政府受益于土地财政推波助澜。然而，房价过高使得有购买能力的有效需求明显不足，房地产市场出现了严重供过于求的局面。黄晓华（2016）指出房地产去库存面临的问题体现在农民市民化、房地产政策和市场环境方面。郭栋林、汤惠君（2016）指出当前房地产去库存产生的问题主要是一二线房价过快上涨，形成新的涨价预期，原因归结为去库存政策“重短期刺激，轻长效机制”和投机行为无法得到抑制两个方面。王鑫（2017）认为房地产高库存主要源于地方政府的土地财政和盲目追求 GDP 的快速增长、过高的房价、我国城镇化发展水平低与三四线城市的人口流失等。向为民，王霜（2016）指出房地产开发企业住宅销售量是反映“去库存”最直接的经济指标，销售越多,“去库存”越明显。并通过实证检验了商品房平均售价、城镇固定资产投资、房地产开发企业个数、国内贷款以及第三产业增加值对房地产开发企业住宅销售量的影响，得出：商品房平均销售价格每提高 1%，房地产开发企业住宅销售套数便减少 0. 30%；城镇固定投资额每提高 1%，房地产开发企业住宅销售套数增加 0. 46%；房地产开发企业个数每提高 1%，房地产开发企业住宅销售套数便增加 0. 52%；房地产开发企业国内贷款每提高 1%，房地产开发企业住宅销售套数便增加 0. 24%；第三产业增加值每提高 1%，房地产开发企业住宅销售套数便减少 0. 28%。

五是房地产去库存的对策建议（曾宪奎，2016；刘志彪，2016；胡祖铨，2016；任泽平等，2016；易宪容，2016；王冠、纪宇晟，2016；李伟婷，2016；黄晓华，2016；郭栋林等，2016；宣宇，2016；宋婉秋、景刚，2016 等）。归纳起来，学者们提出的对策建议常见的主要有以下几个方面：农民工市民化（胡祖铨，2016；任泽平等，2016；易宪容，2016；王冠、纪宇晟，2016；李伟婷，2016 等）、新型城镇化（任泽平等，2016；曾宪奎，2016；黄晓华，2016；宣宇，2016 等）、短期性政策与长效机制相结合（曾宪奎，2016；胡祖铨，2016；任泽平等，2016；郭栋林等，2016；黄晓华，2016 等）。曾宪奎（2016）提出彻底化解房地产库存问题的根本途径是将去库存与房地产行业长期发展战略结合起来，真正着眼于房地产行业长期可持续发展。其核心是必须逐步理顺房地产各方关系，改变房地产行业扭曲的运行机制，进而建立科学合理的房地产供给体系，且在去库存进程中逐步挤出其中的泡沫。刘志彪（2016）指出，房地产去库存政策，须从宏观、中观、微观等角度综合施策、精准发力，才能产生积极的效果。要保持货币政策的稳健性、要从房地产市场、资本市场的跷跷板游戏中考虑问题、鼓励房地产企业间的兼并重组、要正确引导房地产企业降价销售。宣宇（2016）认为房地产去库存需要做到三个“精准”：即去库存区域精准、目标人群精准、金融支持精准。胡祖铨（2016）指出，应按照“谁投资、谁负责”的市场经济原则，建立由房地产开发商、政府、购房者共同承担“库存消化成本”的分担机制，加快深化户籍和住房制度改革，强化消费和供给端引导，扩大有效需求，分流转化部分供给，推动房地产市场持续健康发展。任泽平（2016）指出去库存短期靠宽货币加杠杆，长期需靠市场机制和城镇化。短期看，金融政策对去库存效果明显，但有副作用。长期看，解决库存问题的核心，是建立良好的供求平衡调节机制，与农民工市民化、城镇化等人口政策相匹配。易宪容（2016）指出当前中国房地产市场过高的库存，或房地产市场严重的供过于求，不仅涉及当前中国经济增长下行的压力问题，也涉及未来中国经济走向的问题。这需要房地产政策方面的创新与落实，并真正去除房地产赚钱功能，让住房成为消费品，即房价回归理性。郭栋林等（2016）提出要完善房地产税收体系，抑制投机行为。加强政府政策引导，减轻房产企业赋税；提升开发商服务能力；切实解决“烂尾楼”问题；市场主体自身的供给创新；加强银行、信贷、房地产等行业的合作；通过互联网等新技术促进房产买卖公开化透明化运作（宋婉秋、景刚，2016）。

二、房地产证券化的研究综述

（一）国外研究综述

国外有关房地产资产证券化的理论研究和实践都较早，研究也比较成熟和深入，尤其以美国发展最为成熟。

在房地产证券化的理论研究方面，伯格曼和费歇尔（Bueggeman and Fisher，1989）以建立在完善的资本市场为基础，从理论和应用两个方面对房地产证券、住宅融资、项目融资和收益性房地产融资进行了分析。麦格瑞和爱克赛尔（Maguire and Axcell，1994）通过比较英、德、法三国房地产企业的融资环境发现：在融资方式上，绝大多数英国房地产企业采用短期银行贷款方式，德国房地产企业则倾向于依靠简单的抵押支持债券和银行贷款。在股权融资方面，各国房地产企业主要通过房地产机构、其他单位或公共房地产基金、海外投资者、人寿保险、养老基金以及其他保险来进行，但各国家都存在差异。尼古拉斯（Nicholas，2008）把证券化定义为将发起人所拥有的或产生于资产的应收账款的现金流转化为偿付来源的过程，资产担保融资可以通过发起人发起一笔债券或贷款来实现，从本质上说这些债券对应的信用就是应收款的信用。

在房地产证券化的实践方面，可将国外学者的研究归纳总结为三个方面：房地产证券化整体研究、权益型房地产证券化研究和抵押型房地产证券化研究，具体研究内容如表 1-3 所示。

表 1-3 国外对房地产证券化的实践研究

国外房地产证券化研究	研究内容
房地产证券化整体研究	收益和绩效研究
	风险研究
	会计、法律和税收问题研究
	与其他金融资产的关系研究
	房地产证券化市场的一般均衡研究
权益型房地产证券化研究	REITs 证券的发行研究
	分红和债务研究
	投资管理研究
	绩效研究
	规模与组织结构研究
	REITs 股票市场的可预测性研究
抵押权型房地产证券化研究	提前偿还问题研究
	收益与定价研究
	委托-代理问题及组织结构研究

资料来源：张立群：《房地产证券化风险预警研究》，河北工业大学硕士学位论文，2014 年。

代表性的研究有：林艳和肯尼斯·杨（Crystal Yan Lin and Kenneth

Yung，2006）运用权益资本的现金流描述了 REITs 的需求曲线并得出了不支持需求曲线向下倾斜的结论。伯格斯曼（Bergsman，2006）认为房地产业股票价格的波动在很大程度上会影响股票市场，进而通过对房地产投资信托基金与利率的关系分析后发现，房地产投资信托基金对整个股票市场都有重大的影响。鲍温和彼得·斯科特（Shaun A. Bond and Peter Scott，2006）通过对英国 18 个房地产上市企业 1997—2004 年的资本结构进行研究发现，由于债券的资本成本比股权融资更低，且企业运营良好时偿还债务可以降低资产负债率，因此企业在选择外部融资时更倾向于债券融资；而信息不对称会促使房地产企业选择外部融资方式。马瑞塔·哈芬（Marietta E. A. Haffne，2008）指出补贴是美国的资产证券化实践存在的主要动力之一。格瑞·高顿和安德鲁·密克（Gary Gorton and Andrew Metrick，2012）指出金融危机与银行业务证券化之间存在着一定的关系。杰米·埃尔考克、伊娃·思婷娜和凯文（Jamie Alcock、Eva Steiner and Kelvin，2012）通过对 1973—2006 年美国房地产上市企业的债务期限的选择与资产负债率之间的关系的分析发现，资产负债率是房地产信托投资公司债务期限选择的决定性因素。修米特·阿咖娃、常艳和阿卜杜拉·耶娃（Sumit Agarwal、Yan Chang and Abdullah Yavas，2012）指出 2007 年以后贷款人不愿意通过保留较高的违约风险贷款来换取较低的提前偿还风险，但次级贷款市场并未表现出逆向选择。米拉穆德、芮华夏和安德鲁·维斯顿（Semyon Malamud、Huaxia Rui and Andrew Whinston，2013）在最初的道德风险存在的条件下研究了最优的证券化问题。

（二）国内研究综述

自我国实施住房制度改革以来，国内学者也对房地产证券化问题展开研究。大部学者都认为我国房地产企业的资金主要依靠银行贷款、股权融资及债务融资等传统融资方式，但过度依赖银行等金融机构融资对于金融业而言存在较大风险，故我国房地产企业需拓展新的融资方式（陈坤，2016）。总体上看，国内学者对房地产证券化的研究也可归纳总结为三个方面：房地产证券化整体研究、房地产投资信托研究和住房抵押贷款证券化研究，具体研究内容如表 1-4 所示。

表 1–4　国内对房地产证券化的相关研究

国内房地产证券化研究	研究内容
房地产证券化整体研究	国际经验及启示研究
	必要性研究
	可行性研究
	存在的障碍及问题研究
	模式选择研究
	运行环境研究
房地产投资信托研究	发达国家成功经验研究
	作为资本市场金融工具的研究
	可行性研究
	存在的障碍研究
	政策建议研究
住房抵押贷款证券化研究	国际经验及启示研究
	必要性研究
	可行性研究
	存在的障碍研究
	政策建议研究
	会计、税收和法律问题研究

资料来源：张立群：《房地产证券化风险预警研究》，河北工业大学硕士学位论文，2014 年。

代表性的研究有：尹中立（2004）认为房地产基金是解决房地产企业融资问题的一条有效途径。“房地产信托基金及投资基金等融资渠道有望成为房地产企业融资在银行贷款及内部融资之外的第三条主要渠道，尤其对于那些依靠外资的信托及投资基金和企业债券等”（田海沂等，2004）。苏晶（2005）认为房地产信托融资是房地产企业融资渠道多元化的重要途径。房地产投资基金不仅可以改善房地产融资环境，还对于推动金融改革具有重大意义（汪洪等，2005）。房地产信托基金则不仅可以缓解房地产市场对银行依赖的现状，推动政府房地产行业宏观调控政策的落实，而且可以有利于缩减外资流入给国内房地产市场造成的压力（朱卫红，2009）。但我国房地产企业通过资产证券化来进行融资还存在各种问题和障碍。王长江和唐颖丽（2008）详细分析了目前中国房地产行业实行资产证券化的各种障碍，并将这些障碍分成了三类：市场障碍、制度障碍和内在障碍。火一兵（2008）指出房地产投资信托基金在我国内地发展存在“法律法规缺失、专业信托机构匮乏、信息披露和有效监管不到位、专业人才缺乏的制约”等问题。孙瑞娟（2009）指出目前我国房地产企业融资存在融资渠道过于单一、很多企业资产规模较小、资本结构也不尽合理、企业的资金进退机制不够健全等问题。王冬（2014）认为由于各种法规、行业规范尚不完善，以及各种政策限制，出于金融风险控制的考量，我国资产证券化仍处于探索阶段，形式和规模都相对有限。尽管存在以上种种障碍，在中国房地产行业推行证券化依然意义重大。黄小彪（2005）从制度经济学角度探讨了住房抵押贷款证券化作为我国住房金融未来主要模式的必然性，并进一步指出我国住房抵押贷款证券化在启动阶段必然是一场政府推动的制度创新。[①] 伍冠玲（2009）提出将房地产抵押债权转化为可转让的有价证券有利于推动我国房地产业的可持续发展。[②] 宋佳佐（2010）认为应鼓励房地产企业运用住房抵押贷款证券化及房地产信托投资基金等创新融资渠道。王冬（2014）认为随着金融证券业的开放以及政策法规的不断完善，房地产资产证券化以及通过房地产信托投资基金等金融工具进行投融资将是未来房地产行业资金融通和分散风险的重要方式。刘勇等（2016）指出随着房地产业的结构调整及利率市场化、汇率市场化、金融改革的推进，房地产业与金融的关系日益多样化，在房地产金融化的趋势下，发展房地产证券化投资正当其时。许猛（2016）在简要概述房地产投资基金的概念和分类及房地产基金的投资特点的基础上，重点分析论述了我国大力发展房地产投资基金的必要性：金融改革为房地产基金创造更大发展空间；房地产基金推动房地产行业的创新、转型和升级；房地产基金促进房地产业链结构的优化；房地产基金可平滑、减缓房地产等周期波动风险的影响；房地产基金增加居民大类资产配置的工具。董支晓（2015）则以“中信启航专项资产管理计划”（简称“中信启航”）为案例，对其产品设

① 黄小彪：《我国住房抵押贷款证券化制度创新的理论思考》，《中国房地产金融》2005 年第 10 期。

② 伍冠玲：《发达国家住房保障制度经验及借鉴》，《北京房地产》2009 年第 3 期。

计流程与设计思路进行了研究，结合 REITs 的国际发展经验与国内的经济现状，探究了“中信启航”所选种类的必要性，并对中国未来 REITs 产品的设计选择提供了建议。陈坤（2016）研究了资产证券化在我国房地产领域的应用，选取 S 房地产企业作为案例来深入探究其应用资产证券化后带来的积极效果，提出推动房产企业资产证券化的对策建议：完善房地产证券化法制体系、建立税收、会计、监管等相关的配套制度体系、构建房地产资产证券化运作结构体系、建立风险预警及防范体系。

由于美国等发达国家房地产证券化实践较早且比较成熟，为此国内部分学者提出应在借鉴国外房地产资产证券化的基础上来推动我国房地产的资产证券化。曹征（2002）在介绍美国、日本、英国房地产证券化的主要运作模式的基础上，从培育投资主体及中介机构、建立健全法律法规、营造外部环境、培养专业人才等四个方面提出了推动我国房地产证券化启动的建议。李健飞（2005）通过对美国房地产企业的信托投资基金融资运作经验的分析，并结合我国房地产企业融资及法律制度的现状，认为我国房地产企业可以参考和借鉴美国的房地产信托基金融资模型。巫文勇（2005）认为我国的房地产企业在选择资产证券化等新兴融资方式时，应借鉴国外成功的经验并结合国内企业自身的特点，走融资创新之路。薛怀宇（2009）通过从资金规模、投资收益及风险对美国房地产投资信托融资的分析得出，房地产投资信托可以成为我国房地产创新融资方式，并借鉴美国房地产投资信托模式提出以下建议：要完善我国相关的法律法规以便为房地产投资信托的引进提供良好的法律环境；要吸引机构投资者们广泛参与到房地产投资信托中；要想长期发展房地产投资信托必须完善对投资者的保护措施；规范房地产业市场环境、建立健全法律法规制度、培养专业化机构和人才、培育合格的机构投资者。吴亮（2010）指出应该正确认识美国的资产证券化，在肯定资产证券化对分散金融风险促进经济发展的基础上，吸取美国次贷危机的教训，做到趋利避害，在金融创新上不但要注重市场结构、组织架构、机构设置等硬件方面的建设，更应该注重市场主体责任意识、信用体系、金融法律和监管体系等软件方面的建设。美国次贷危机告诉我们，金融创新是一把“双刃剑”，为此我国房地产金融创新，应逐步推进住房抵押贷款证券化，化解银行体系内的风险；建立多元化的通畅的融资渠道。吴洋辉（2013）通过比较美国 REITs、日本 REITs 和新加坡 REITs 发展方式，总结了两种主要的 REITs 模式，并通过不同案例展现了现阶段我国 REITs 的发展现状，指出了发展我国 REITs 存在的障碍，具体包括：法律制度缺失、缺乏公平竞争的市场环境、运作环境不健全、缺乏专业管理人才、缺乏税收优惠政策。提出了促进我国房地产投资信托基金的对策建议：建立健全法律制度体系，建立健全 REITs 税收制度、逐步建立信托产品交易二级市场、完善 REITs 风险防范、建立完善的 REITs 监管体系。美国的次贷危机给我国房地产资产证券化提供了经验和反思，在推进房地产证券化时务必重视由此带来的风险。张立群（2014）从系统性和非系统性两个方面对房地产证券化的风险进行了识别。基于商业银行风险预警指标体系，结合后金融危机的背景和房地产证券化给商业银行带来的新特点构建了房地产证券化风险预警指标体系，并确定了指标的预警区间，从而建立起房地产证券化风险预警系统的运作流程。指出随着房地产证券化的推广与深入，必须足够重视房地产证券化的风险预警工作。

第三节　主要研究内容

一、研究思路

本书立足中国经济新常态下供给侧改革“去库存”的背景，借鉴经济学、金融学、产业经济学、心理学等领域的相关理论，在归纳总结国内外相关研究的基础上，探寻房地产去库存基金的理论依据；在数据收集与整理的基础上，对中国房地产去库存现状展开分析；进而对中国房地产去库存路径及其可行性与制约因素展开分析，并进一步探讨了房地产去库存基金的可行性与制约因素，以××××投资管理有限公司为典型案例构建基金模型对中国房地产去库存基金展开实证分析；选取国内外房地产去库存及去库存基金方面的典型案例进行剖析，寻求可供借鉴的经验；最后提出加速推进房地产去库存基金的政策建议。

二、主要研究内容

根据上述研究思路，综合运用定性分析与定量研究、规范研究与实证研究、数量分析与计量分析、案例分析等研究方法，对中国房地产去库存的可行性与制约因素展开深入分析。全书共包括八章，主要研究内容如下。

第一章，背景分析。在明确意义的基础上，阐述研究思路、框架结构与主要内容。

第二章，理论基础。在界定房地产相关概念的基础上，探寻了能为房地产去库存基金提供理论指导的相关理论，包括融资结构理论、经济学理论和行为金融学理论。

第三章，中国房地产去库存现状分析。在大量收集数据并整理、分析的基础上，对中国房地产发展现状、存在的主要问题及其面临的环境和挑战进行了分析，在此基础上探讨经济新常态下中国房地产去库存的重要性。

第四章，中国房地产去库存路径及可行性和制约因素分析。根据中国去库存实际情况，提出采用农民工市民化、房地产企业并购重组、政策性调整和扩大政府购买等消化内存路径，并分析各条路径的可行性和制约因素。最后得出结论，所有的路径都需要解决一个关键问题——资金，房地产去库存基金就是一种有益的尝试和探索。

第五章，中国房地产去库存基金可行性与制约因素分析。在分析房地产去库存融资方式和融资工具的基础上，对中国房地产去库存资产证券化ABS的可行性与制约因素进行了分析。

第六章，中国房地产去库存基金模型的理论研究及实践。本章以重庆文晟投资管理有限公司为典型案例，在介绍其推出的房地产去库存基金—文晟富民爱屋成长基金的基础上，构建了基金模型并对其进行实证检验，结果显示房地产去库存基金有一定的可行性和必要性。

第七章，中国房地产去库存基金的案例分析。选取国内外房地产去库存及去库存基金方面的典型案例进行剖析，寻求可供借鉴的经验。

第八章，政策建议。在前文分析的基础上，提出加速推进房地产去库存基金的政策建议。

根据上述研究思路与主要内容，本书的技术路线如图 1-4 所示。

文献搜集与实地调研
提出问题
研究背景与意义
✧研究背景
✧研究意义
国内外研究综述
✧房地产去库存
✧房地产证券化
◆文献研究
◆理论分析
理论基础
相关概念
✧房地产
✧房地产投资
✧房地产业
✧房地产库存
✧房地产证券
理论基础
✧融资结构理论
✧经济学理论
✧行为金融学理论
现状分析
中国房地产去库存现状分析
✧中国房地产发展现状
✧中国房地产发展存在的主要问题
✧中国房地产市场面临的环境和挑战
✧经济新常态下中国房地产去库存的重要性
可行性与制约因素
中国房地产去库存路径及可行性和制约因素分析
✧去库存路径之一——农民工市民化
✧去库存路径之二——房地产企业并购重组
✧去库存路径之三——政策性调整
✧去库存路径之四——扩大政府购买
中国房地产去库存基金可行性与制约因素分析
✧传统房地产去库存融资方式
✧房地产去库存融资工具
✧房地产去库存资产证券化ABS的可行性
✧房地产去库存资产证券化ABS的制约因素
◆定性分析
◆定量分析
◆数量分析
◆规范分析
实证分析
中国房地产去库存基金的理论研究及实践
✧基金概述
✧基金模型构建
✧基金变量分析模型
✧实证检验和结果分析
◆实证分析
◆数量分析
◆案例分析
经验借鉴
中国房地产去库存的国内外经验借鉴
✧增速换挡期发达国家的房地产市场及启示
✧房地产去库存的国内外经验
✧房地产证券化的国内外经验
◆案例分析
◆比较分析
政策建议

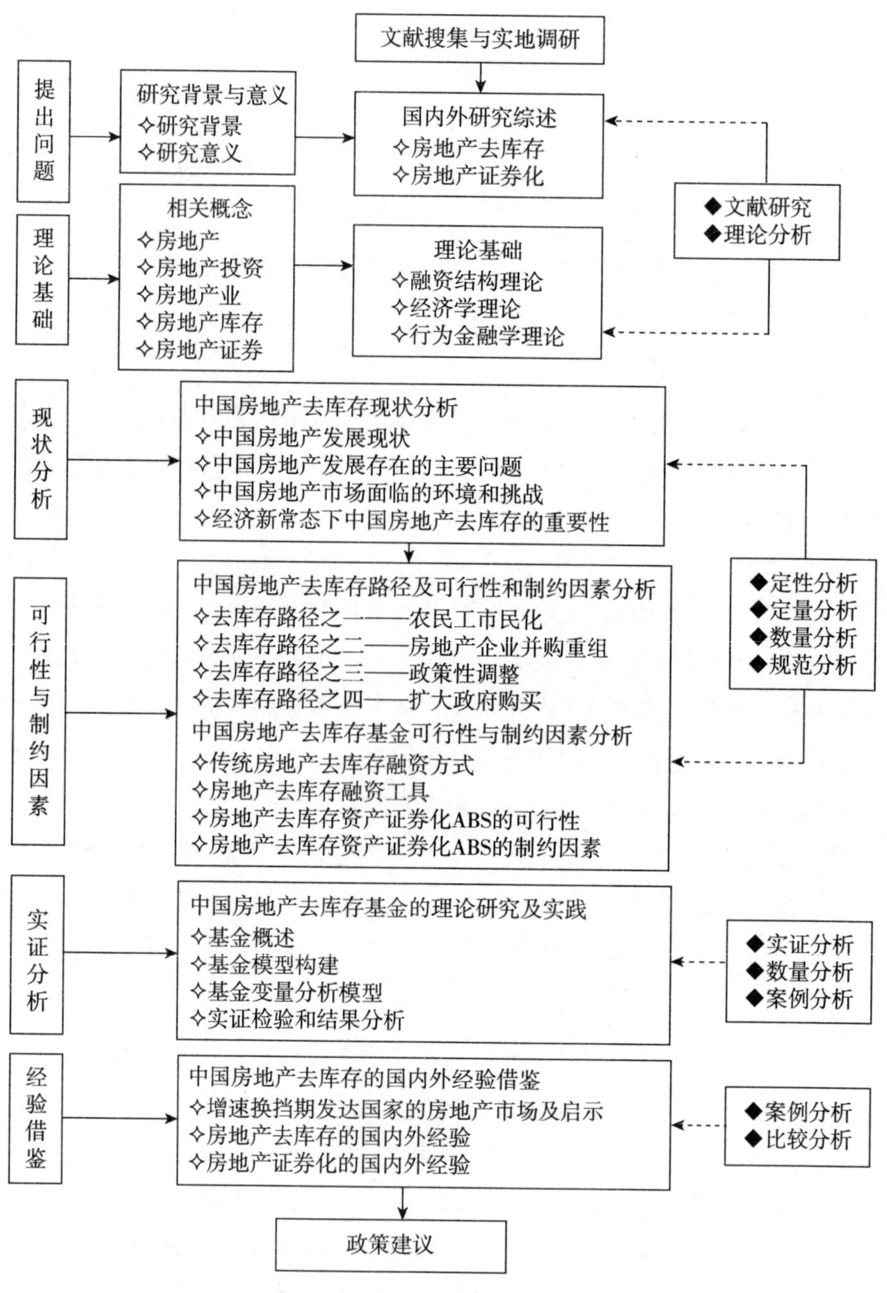

图 1-4 技术路线

第二章　中国房地产去库存的理论基础

理论是在人类认识论的角度对有关命题的知识范围和适用性进行研究并得出的成果。理论的意义在于它可以说明问题而不是解释问题。通过对某领域的知识进行形而上的探讨，形成一套体系完整的知识架构，能够对该领域具有方向性的指导。房地产去库存路径设计、方案出台都需要理论支撑，其概念界定、相关经济理论、融资理论都是该研究不可或缺的部分。

第一节　房地产相关概念界定

一、房地产

房地产是我国独有的概念，其内涵应从两方面理解，一是一种客观存在的物质形态，二是一项法律权利（刘业臣、杜冰，2013）。作为一种客观存在的物质形态，房地产是房产和地产的统称，指土地和土地上永久性建筑物及其衍生的各种权利。其中，房产是指建筑在土地上，可以作为财产的各种房屋，包括住宅用房、生产用房、营业用房、行政用房及其他专业用房等房屋财产。地产是指土地（含水面、海域）及其上下一致的空间，包括地下的各种基础设施、地面道路等。由于在物质形态上房产和地产表现为内在的整体性和不可分割性，所以通常将两者合称为“房地产”（陈雪松，2012）。作为一项法律权利，房地产本质上是一种财产权利，这种财产权利是指寓含于房地产实体中的各种经济利益以及由此而形成的各种权利。房地产按用途可分为居住房地产、办公房地产、商业房地产和其他房地产等四类。

房地产由于其自己的特点即位置的固定性和可移动性，在经济学上又被称为不动产，可以土地、建筑物、房地合一的形态存在。随着个人财产所有权的发展，房地产已经成为商业交易的主要组成部分。

二、房地产投资

房地产投资是指为获得价值增值而将一定的资金直接或间接投入房地产开发、经营、管理、服务和消费等活动的投资行为。若投资主体为开发商，则该房地产投资习惯被称为房地产开发投资（许家军，2016）。房地产投资作为房地产业生产经营的资金投入，其规模直接决定了房地产行业扩张的规模，并对房价产生重要影响。

房地产投资形式多种多样，房地产开发企业所进行的房地产开发是人们最为熟悉的一种类型；为了出租经营而购买住宅或办公楼也是相当普遍的房地产投资类型；将资金委托给信托投资公司用以购买或开发房地产也是房地产投资；企业建造工厂、学校建设校舍、政府修建水库等，都属于房地产投资。尽管它们表现形式各异，但它们都有一个共同的特点，“现在的某些利益”是指即期的、确定性的利益，但预期收益却要到未来才能实现，而且这种未来收益在时间和总量上都难以精确预测。

三、房地产业

国内学者对房地产业的界定一直存在争议，争议的核心在于是否将建筑业纳入房地产业。在日常经济活动中，房地产业和建筑业通常分别作为建设一方和施工一方，形成密切的发包方和承包方的合作关系。房地产业和建筑业交叉经营的现象比较普遍。因此，一部分学者认为，可以根据是否包含建筑业将房地产业概念区别为狭义和广义两种（李嘉陵，1995；曹振良，2003；刘水杏，2006），狭义的房地产业指以房地产为对象的开发经营、管理与服务，广义的房地产业则包含狭义的房地产业和建筑业（房地产开发投资）。但另外一些学者反对将建筑业纳入房地产业进行分析，他们认为，从统计内容看，房地产业就是房地产的流通服务业，属于第三产业（卢立明，2002；郑思齐、刘洪玉，2003；叶剑平、谢经荣，2005）。

目前，世界惯例是将房地产业作为一个独立的产业部门划入第三产业。我国参照联合国标准产业分类法制定的《国民经济行业分类》（GB/T4754-2002）中，房地产业也被列入第三产业，其核心业务内容是房地产开发，包括土地开发和再开发、房屋开发、地产经营和房地产经营，也包括物业管理、中介服务以及房地产金融等房地产开发的衍生行业。我国对房地产业的一般定义是：以土地和建筑物为经营对象，从事房地产开发、建设、经营、管理以及维修、装饰和服务的集多种经济活动为一体的综合性产业，是具有先导性、基础性、带动性和风险性的产业。主要包括：土地开发；房屋的建设、维修、管理；土地使用权的有偿划拨、转让；房屋所有权的买卖、租赁；房地产的抵押贷款以及由此而形成的房地产市场。在实际生活中，人民习惯于将从事房地产开发和经营的行业称为房地产业。

四、房地产库存

通常所说的库存是“存储”或“储备”，是为了满足未来需要而暂时闲置的资源，即仓库中实际存储的货物。包括生产库存和流通库存。生产库存是直接消耗物资的基层企业、事业的库存物资，主要是为了保证企业、事业单位所消耗的物资能够不间断地供应而存储的。流通库存是生产企业的原材料或出品库存，生产主管部门的库存和各级物资主管部门的库存。

在房地产开发中，商品房建设先后经历了已出让未开发土地、已开工未取得预售许可、开工并已取得预售许可、已竣工等四个阶段。根据商品房的建设过程，房地产库存概念一般有狭义和广义之分（陈晟，2015；侯元春，2016；任泽平，2016；胡祖铨，2016 等）。

狭义的房地产库存，口径为现房库存，一般是指具有相对成熟形态的产成品，即已竣工未出售的商品房，也就是现行房地产开发统计中“商品房待售面积”的概念，不包括已竣工的拆迁还建、统建代建、公共配套建筑、房地产公司自用及周转房等不可销售或出租的房屋（胡祖铨，2016）。

广义的房地产库存，口径为可售现期房库存，是指现房库存和期房库存之和，即狭义库存和待售期房库存。所谓待售期房库存，是指尚未竣工但已经取得预售许可证的、可供销售或出租的商品房屋建筑面积（胡祖铨，2016）。

此外，在我国现实情况中，保障性住房和小产权房应包括在房地产库存内，形成完整意义上的全口径库存。但由于统计滞后，现在还不能纳入统计中。

从另一角度来看，房地产库存包括存量房和增量房库存两种。存量房是指已经被购买或自建并且取得所有权证书的房屋，增量房是指房地产开发商投资新建造的商品房，存量房一般是未居住过的二手房，即通常所说的“库存待售”的房产。

一般所说的库存是主观存储，为了满足未来某种需求而暂时存储的。房地产库存更多来说是客观库存，也就是说市场无序运行、行业恶意竞争导致房地产开发过剩，大量的房子卖不出去，造成了大量资源闲置、浪费的现象。

五、房地产证券化

房地产证券化是房地产融资手段的创新，是随着全球房地产金融业的发展而衍生出来的。最早起源于 20 世纪 79 年代美国的住房抵押证券，随后证券化技术被广泛应用于抵押债权以外的非抵押债权资产，并于 20 世纪 80 年代在欧美市场获得蓬勃发展。20 世纪 90 年代起，资产证券化开始出现在亚洲市场，特别是东南亚金融危机爆发以后，在一些亚洲国家得到迅速发展。资产证券化是最近 30 年来世界金融领域最重大和发展最快的金融创新和金融工具，是衍生证券技术和金融工程技术相结合的产物。

所谓房地产证券化，就是将房地产投资直接转变成有价证券形式。房地产证券化把投资者对房地产的直接物权转变为持有证券性质的权益凭证，即将直接房地产投资转化为证券投资（金信定，2017）。房地产证券化实质上反映的是房地产的法律权利，通过合同的形式体现出来。

房地产资产证券化主要有两种形式：一是房地产投资信托基金（REITs）；二是住房抵押贷款证券化。房地产投资信托基金（REITs，Real Estate Investment Trusts）是一种房地产证券化产品，通常以股票、受益凭证的形式募集资金，其中募集的资金由专业的人士统一集中管理，用来长期投资不动产以获取收益，然后将收益分给各投资人（苏艳，2016）。不用交纳所得税是其一大优势。房地产投资信托是一种非常有效的市场化融资工具，企业无须上市就能在公开市场上募集资金，其模式主要是通过合作经营或者收购物业，打包上市，以达到盘活存量资产的目的，基本结构详见图 2-1。这样不仅能够加快资金周转，也减轻了企业大量持有存量物业的资金压力，对促进商办物业的发展具有划时代的意义，可以说能够直接推动行业的转型升级。

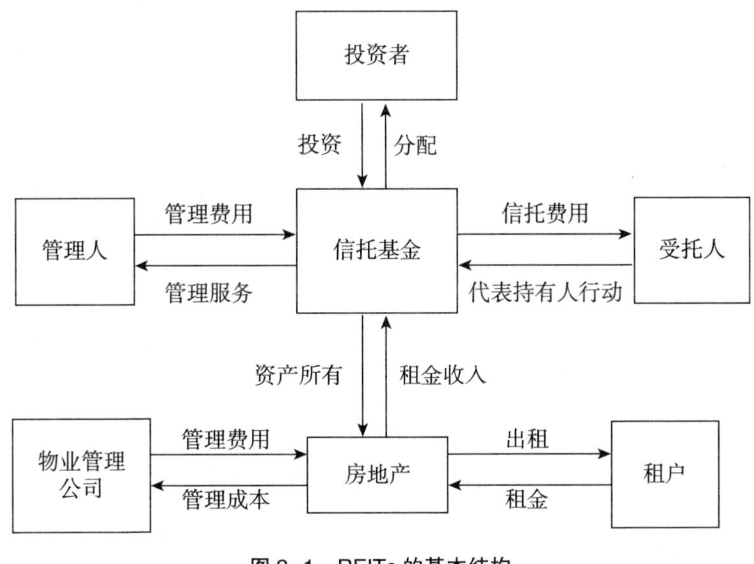

图 2-1　REITs 的基本结构

资料来源：苏艳：《我国发展房地产投资信托基金的探讨》，《住宅与房地产：综合版》2016 年第 5 期。

从不同角度，房地产信托基金有多种分类。按投资对象来分，房地产投资信托基金主要分为权益型、抵押型和混合型。

权益型房地产投资信托基金是收益类房地产，且兼具所有权和经营权，也基本上是狭义的房地产投资信托基金，包括房地产的开发经营、物业管理服务、租赁管理等。房地产信托基金最大的特点就是要开发、收购和持有房地产，同时将三者纳入自己的投资组合中，而不是简单的开发—销售型的开发模式。

抵押型房地产投资信托基金是指向房地产所有者、开发商提供直接融资，或者通过购买抵押贷款或抵押贷款支持证券（Mortgage-backed Securities）间接提供融资。从美国的经验看，这一模式主要针对已经开发建成的房地产项目。

混合型房地产投资信托基金是权益型房地产投资信托基金和抵押型房地产投资信托基金的混合体，既持有并经营房地产，同时也向房地产所有者和开发商提供资金。

房地产证券化作为一种筹集资金的创新手段，具有以下功能：第一，房地产证券化可吸收居民手中的闲置资金作为长期而稳定的资金来源，有利于解决房地产发展过程中的资金瓶颈问题；第二，发展房地产证券化采取专家经营的方式，且发行的受益凭证可在市场上公开交易以反映房地产的真实市价，有助于抑制投资的盲目性，稳定房地产市场，防止价格的暴涨暴跌；第三，房地产证券化大多通过房地产投资信托基金的形式来实现，国家可通过加强对其进行资质管理有效干预房地产市场，实现国家宏观产业政策和投资导向；第四，发展房地产证券化有利于社会资源的优化配置，有助于投资风险的分担，从而刺激国内投资，拉动经济增长。

第二节　融资结构理论

在房地产企业的经营过程中，融资决策直接关系到企业的经营业绩。当企业面临适合自己的投资机会时，首先需要衡量的是项目的收益和成本与追求的利润函数之间的差距，然后进行融资方式的选择。经典的企业融资理论大体上可分三类：第一类是以杜兰特（Durand，1952）为代表的早期企业融资理论。第二类是以 MM 理论为中心的现代企业融资理论，又分为税差学派（Farra、Shavell、Brennan）和破产成本学派（Betker、Altman）两个分支。而后，以罗比切克（Robichek）、梅耶斯（Mayers）、斯科特（Scott）等为代表的平衡理论综合了上述两个分支的观点，认为企业最优融资结构取决于各种税收收益与破产成本之间的平衡。第三类是企业融资理论与经济理论新进展的融合，随着信息不对称理论的出现，企业融资理论与信息经济学、博弈论和新制度经济学企业理论等许多经济理论新进展紧密融合，主要有新优序理论、代理成本理论、控制权理论、信号理论等。

一、MM 理论

1958 年，美国学者莫迪利亚尼（Modigliani）和米勒（Miller）在《资本成本、公司财务与投资理论》一文中提出了著名的 MM 理论，开创了现代企业融资理论的先河。MM 定理首次考察了企业资本结构和市场价值的关系，通过严格的数学推导证明了在没有企业和个人所得税、没有企业破产风险、资本市场充分有效运作等假定条件下，企业的价值与所采取的融资方式——发行债券或发行股票无关。这为分析研究融资结构问题提供了一个有用的起点和框架（斯蒂格利茨，1997）。尽管如此，MM 定理及其推论与当时流行的观点并非一致，而且有一系列假定条件。因此，莫迪利亚尼和米勒（1963）对 MM 定理进行了修正，得出在考虑征收企业所得税的情况下，企业的融资结构与企业的价值存在一定的关系，即完全使用外债经营时，企业价值达到最大化，此时企业的融资成本最小。修正后的 MM 理论虽然考虑了债务融资产生的免税收益，但忽略了负债融资的费用和企业的经营风险。

二、平衡理论

1966 年，罗比切克（Robichek）和梅耶斯（Myers）在《最优资本结构理论问题》中提出了平衡理论。该理论指出，MM 理论是在完美的资本市场条件下成立的，而现实是不完美的，税收制度和企业破产就是不完美的体现。因此，企业的最优融资结构就是在债务的税收收益与破产成本现值之间实现平衡。企业在进行最大化债务融资的同时要控制好破产风险，一味地增加负债融资有可能使企业面临资不抵债的困境，并且还会产生高额的利息费用。而后，安格鲁、马苏里和凯米（De Angelo、Masuli 和 Kim）等人建立了后权衡理论，将负债引发的成本从破产成本进一步扩展到代理成本、财务困境成本、非负债税收利益损失等方面，将税收收益从单纯的负债税收收益扩展到非负债税收收益方面，进而企业的最优融资结构实际上就是要在各类税收收益与负债相关成本之间实现平衡。这实际上是扩大了权衡理论中成本和收益所包含的内容，把公司目标资本结构看成各类税收利益与负债相关成本之间的权衡。这一理论对MM理论的再修正更接近现实，一时间成为20世纪70年代现代企业资本结构理论中的主流学派。但权衡理论依然是以信息完全的资本市场为前提的，而现实生活中信息不对称普遍存在，再加上代理成本的量化存在困难，权衡理论在应用上大打折扣。

三、信号传递理论

随着信息不对称理论的兴起，融资结构理论也开始将信息不对称纳入企业内部来研究资本结构构成，进而将企业最优资本结构的平衡问题转变成企业融资制度问题，开辟了企业融资理论研究的新方向。

1977年，罗斯（Ross）首次提出了信号传递理论。他指出，MM理论假定市场对公司的经营行为拥有充分信息，但事实上，企业管理者和投资者处于明显的信息不对称环境中，企业管理者比投资者了解更多关于企业内部经营活动和未来风险收益情况的信息，相对于投资者而言，企业管理者具有明显的信息优势。投资者只能通过管理者发出的信息间接地评估企业的市场价值。因而，企业管理者就可以通过选择不同的资本结构来影响市场对企业收入情况的评价，进而影响到企业的市场价值。对任一负债水平而言，低质量企业总是比高质量企业有更高的边际预期破产成本，难以模仿高质量企业进行债务融资，提高财务杠杆比率。因此，财务杠杆率作为一个信号可以向外部投资者显示企业质量的好坏，并使得企业的市场价值与企业的财务杠杆率具有正相关关系。

里兰德和派尔（Leland H. and Pyle，1977）认为不仅管理者与外部投资者之间就企业投资项目收益问题存在信息不对称，而且管理者是风险回避型的。企业提高其杠杆率会使管理者的股权在企业总股权中所占的比率上升，进而使管理者的期望效用降低。但是持股比例的上升对拥有高质量项目管理者的影响较小，对拥有劣质项目的管理者影响较大。因此，高质量项目的管理者可通过高财务杠杆率的方式向外部投资者传递其投资项目优良的信号。

四、优序融资理论

1984 年，梅耶斯和马吉勒夫（Myers and Majluf，1984）在罗斯模型的基础上考察了信号的负效应，提出“优序融资理论”（The Pecking Order Theory）。该理论认为，在信息不对称的条件下，市场是无效的或半强势有效的，由于不确定性带来的风险，企业会尽量避免发行普通股或者其他证券来进行融资，即逆向选择。为使内部融资达到满足正常权益投资收益率的投资需要，企业必须确定一个目标股利比率；在确保安全的前提下，企业才会决定通过外部融资来解决融资需求，并且会从发行风险较低的证券开始。简而言之，企业的融资决策应根据成本最小化原则来依次选择不同的融资方式。企业应遵循“内部融资—发行债券—发行股票”的顺序来进行融资。这一融资顺序梅耶斯通过考察 1965—1982 年美国企业融资结构的实证研究得到了证实。据统计，这段时期美国企业内部积累资金占资金来源总额的 61%，发行债券占 23%，发行股票仅占 2.7%。此后，盖勒、维拉斯卡（Gallo and Vilaseca，1996）和普特兹奥洛斯（Poutziouris，2001）的研究也表明，中小企业的融资行为与优序融资理论基本吻合。但现实中，融资选择顺序在大企业中表现得并不明显，信息不对称问题对于中小企业融资的影响更重要，该理论对信息不透明的中小企业的融资决策更有较强的解释力（Scherr et al.，1993）。原因在于：第一，中小企业治理结构简单，内部控制缺失，财务制度不规范，大多数中小企业很难向外界提供可信和合乎规范的财务信息（赵蒲、孙爱英，2003）；第二，中小企业大多建立时间短，信用记录积累不够，社会知名度不高，业务新颖但市场前景不明朗，即使经营者想让出资人了解本企业的经营情况也会遇到信息表达上的障碍；第三，中小企业由于产权封闭和市场竞争的激烈，往往比大企业更担心其商业秘密被泄露，因而向外界披露信息时更为谨慎（储小平、王宣喻，2004）。

五、控制权理论

20 世纪 80 年代，接管活动日益活跃使得融资结构理论的研究重点转向探讨公司控制权与资本结构的关系。

资本结构控制权理论以融资合约的不完全性为研究起点，分析资本结构如何通过影响公司控制权进而影响公司价值。威廉姆森（Williamson，1988）指出，负债、股票不仅仅是企业可替代的融资工具，也是可相互替换的企业控制工具。哈里斯和拉弗夫（Harris & Raviv，1988）认为，当现有管理者面临收购竞争者时，如果管理者持有的股权比例过低，则他将失去对企业的控制进而遭受个人利益损失的可能性就较大；如果管理者持有的股权比例过高，将会导致企业价值下降，管理者也会遭受损失。上述两项因素之间的权衡决定了管理者持有的最优股权比例。阿洪和伯尔顿（Aghion and Bolton，1992）在交易成本和不完全合约的基础上分析了在企业内部人（企业家或管理者）和企业外部人（股权投资者）之间分配控制权的重要性，提出了一种与财产控制权非常相关的企业融资理论，研究了由于债务的存在导致控制权发生相机转移以实现企业价值最大化的作用机理。假定市场上有两个人：一个是有资本无技术的投资者；另一个是无资本有技术的企业家，两者在市场上签订了长期合约。由于企业家既追求货币报酬又追求非货币报酬（代理理论中的“非货币福利”），而投资者只追求货币报酬，双方的利益目标包含着潜在冲突。如果是完全合约，可以通过签订合约来化解双方的利益冲突；但如果是不完全合约，为实现企业价值最大化，剩余控制权的分配变得至关重要。有三种情况：(1) 如果发行普通股（有投票权的股票）融资，则投资者掌握剩余控制权；(2) 发行优先股（无投票权的股票）融资，则企业家拥有剩余控制权；(3) 如果发行债券融资，则在按期偿还债务的前提下，企业家拥有剩余控制权，否则剩余控制权将由企业家转移到投资者手中，即企业破产。简言之，对于一个对企业控制权有偏好的经营者来说，企业融资结构的先后顺序是“内部融资—发行股票—发行债券—银行贷款”；但从有利于企业治理结构和建立约束监督机制来说，其融资结构的顺序正好相反。卡普兰和斯汤姆伯格（Kaplan and Stomberg，2001）对风险资本市场的实证研究支持了阿洪和伯尔顿的观点。迪瓦萃庞德和蒂洛尔（Dewatripont and Tirole，1994）在阿洪和伯尔顿模型的基础上进一步研究了控制权和资本结构的关联性，指出在不能就管理者的行为签订完全合约时，可以通过金融合约将控制权赋予外部投资者。如果基于企业业绩的货币激励不能有效约束经理，应当让外部人拥有控制权，以便在业绩不好时外部人能加强对企业的干预。而外部人的具体情况则由投资人的性质决定，业绩良好时股东拥有控制权，业绩欠佳时债权人则拥有控制权。这样，企业的资本结构实际上等同于企业的治理结构，成为约束管理者的工具。伯格罗夫和塞德（Berglof and Thadden，1994）则解释了长期负债和短期负债的差异，认为短期债权人会比长期债权人更加积极地干预企业经营。在上述研究基础上，哈特（Hart，2001）对金融合约控制权的研究思路进行了总结。指出，不确定性使得企业家和投资者不可能签订完备的合约来清楚地界定权利，但他们可以选择一个决策过程，核心就是企业资本结构的选择，而决定企业财务结构的关键则是不完全合约和剩余控制权的形式。企业是一个不完全合约的集合，企业为外部融资而发行的证券不仅代表了对企业现金收益的要求权，还包含着与企业所有权相关的控制权配置。股东作为企业的所有者，拥有企业的剩余索取权。当企业经营正常时，他还拥有对企业的最终控制权；而当企业资不抵债时，债权人可以通过对企业实施资产重组、促使破产等方式介入企业经营，获得对企业的控制权和剩余索取权。

第三节　经济学理论

一、委托—代理理论

现代企业制度的一个重要特征是企业所有权和控制权的分离（Berle and Means，1932），企业实际上是由经理人员控制的，存在着所有者和经营者之间的委托—代理关系以及与此相关的激励问题。对此，詹森和麦克林（Jensen and Meckling，1976）首次将委托代理关系引入资本结构的分析框架中，最早研究了代理成本对企业资本结构的影响，发现代理成本是企业所有权结构的决定因素。代理成本之所以产生，原因在于代理人不会总根据委托人的利益采取行动，这就产生了企业的代理成本，包括委托人的监督成本、代理人的担保成本和由于不当代理行为而导致的企业剩余损失。

当代理人不是企业的完全所有者（即存在外部股权）时，代理人的工作使他承担了努力的全部成本但仅获得了部分收益。而当他减少努力时，他能得到全部好处且只承担部分成本，因此理性选择的结果是，代理人会减小工作努力程度，并热衷于追求在职消费等控制性收益。此时，企业的市场价值低于代理人是完全委托人时的价值，两者的差额就是外部股权的代理成本。让代理人成为委托人可以解决代理成本问题，但又受到代理人自身财富的限制。债券融资可以突破这一限制，但债券融资可能又会产生另一种代理成本，即代理人作为剩余索取者有更大激励去从事有高风险、高收益的项目。原因在于他能够获得成功的收益，并借助有限责任制度使债权人来承担投资失败的损失。对此，理性的债权人会提高信贷利率，使债务融资比例上升进而导致举债成本上升。因此，均衡的企业所有权结构是由股权代理成本和债权代理成本两者之间的均衡决定的，企业的最优资本结构将在两种融资方式的边际代理成本相等从而总代理成本最小时出现。

哈瑞斯和瑞威（Harris and Raviv，1990）则认为最优的资本结构是在清偿决策的收益和信息搜寻成本之间进行的权衡。原因在于，投资者对企业实施清偿时，管理者往往基于对自己收益的考虑（实施清偿后管理者将失去工作、名誉受损）而不愿意清偿。在企业的现金流量较小时，负债融资使得债权人能对企业强制实施清偿，从而减轻上述投资者与管理者的冲突造成的损失，但债权人必须为此付出大量的信息搜寻成本。斯图利茨（Stulz，1990）则认为企业应将富余资金返还给投资者时，管理者却倾向于用来进行新的投资。负债会减少企业管理者能支配的现金流，从而减少企业无效率地过度投资，但负债过多可能会阻碍有利可图的新项目投资，因此最优的财务杠杆率来自负债的这种成本和收益之间的均衡。奥利佛·哈特（Oliver Hart，1995）进一步指出代理理论很重要，公司经营者与投资者之间的利益冲突是理解企业资本结构的关键。

二、预期理论

预期是影响市场主体经济决策的基本要素，也是宏观经济理论和政策需要关注的核心变量。

所谓“预期”（Expectation），是指行为当事人在进行某项活动之前，对未来的情况及变化进行估计和判断，以便采取必要的行动或策略，实现预想的目标（薛志勇，2012）。在经济学上，经济主体为了谋求利益最大化，就必须对与决策有关的经济变量的未来值进行预测并采取相应的对策，以避免可能造成的经济损失或错过盈利的机会（吴宇晖，2011）。可见，预期是解释经济行为、结果及经济变量数值的关键。在马歇尔（Marshall，1890）供需均衡价格理论基础上，缪尔达尔首次严谨考察了预期在价格形成和市场波动中的作用，并对此后的宏观经济理论发展产生重要影响。在经济思想史中，北欧学派事前事后分析、凯恩斯学派比较静态分析（凯恩斯，1936）、货币主义附加预期的菲利普斯曲线等都体现着预期的重要性。20 世纪 70 年代以来，新古典宏观经济学以无系统性偏差的“理性预期”代替传统上“适应性预期”的基本假定，带来经济学理论革命性发展，从而将预期管理推动到宏观调控理论与实践的中心位置。在预期理论的演变与发展过程中，从预期的形成机制来看，可以把预期分为静态预期、外推性预期、适应性预期和理性预期四种。

（一）静态预期

静态预期假定经济活动主体完全按照过去已经发生过的情况来估计和判断未来的经济形势。它是在蛛网模型理论上发展起来的，模型的具体形式如下：

$$P_{t+1}^{e} = \alpha + \beta P_{t} \qquad \text{（式 2.1）}$$

其中，P_t 和 P_{t+1}^{e} 分别表示当期价格和经济决策者对下期的预期价格。

静态预期的核心是第 t 期的预期价格等于前一期的市场价格。“静态的预期形成最为单纯，它把前期的实际价格完全当成现期的预期价格”（伊隆贺，1983），是相当粗糙的预期形成机制理论，解释力有限（吴宇晖，2011）。

（二）外推性预期

外推性预期最早由梅茨勒（Metzler，1941）提出，他认为对未来的预期不仅要以经济变量的过去水平为基础，而且还要考虑经济变量未来的变化趋势。外推性预期模型的具体形式如下：

$$P_{t+1}^{e} = P_{t} + \alpha(P_{t} - P_{t-1}) \qquad \text{（式 2.2）}$$

其中，α 为预期系数。若 $\alpha>0$，则预期价格的变化方向与当期相同，价格继续上涨或下跌；若 $\alpha<0$，则预期价格的变化方向与当期相反，价格开始由涨转跌或由跌转涨。

在外推性预期模型中，行为主体的预期源于经济变量当期和上一期的信息，考虑了过去价格以及经济变量的变化方向，通过引入预期系数 α 预测经济变量未来的水平，亦即预期价格的值会因市场参与者的乐观与悲观程度及其特性的不同而千差万别。因此，外推性预期是一种非理性预期。它仅仅考虑了以前两个时期的因素对当期价格水平的影响，并且忽视过去的预期错误（吴宇晖，2011），因而预期值的准确度仍然较低。

（三）适应性预期

适应性预期最早由卡甘（P. Cagan，1956）提出，后来经索洛（R. Solow）、弗里德曼（M. Friedman）、菲尔普斯（E. Phelps）等人加以发展，逐渐成为宏观经济学里一个重要的预期设定形式。适应性预期突破了外推性预期中仅限于当期和过去一期的数据处理，包含了全部的过去数据，并且强调了对以往预期误差的不断修改以适应实际情况，即人们会根据过去的经验预期未来，在发现自己的预期发生偏误后，会根据自己的偏误程度来修改自己的预期。由此可见，适应性预期是一种反馈性预期，当前期实际价格低于预期价格时，会调整本期的预期价格，降低其预期水平，否则，将增加预期水平。其模型的具体形式如下：

$$P_{t+1}^{e} = P_{t}^{e} + \beta(P_{t} - P_{t}^{e}) \qquad \text{（式 2.3）}$$

其中，P_t 和 P_t^e 分别表示当期的价格和预期价格，β 为适应系数，是对预期的修正速度的反映。当 β 较小时，表明市场参与者修正 $t+1$ 期预期价格的速度比较慢，t 期的实际价格水平 P_t 对下一期的预期价格影响不大；β 越接近于 1，市场参与者对价格预期的修正速度就越快。在适应性预期假设下，市场参与者会根据价格变化逐渐调整其价格预期并采取对策。在现实生活中，我们常看到的跟风、从众、模仿、正反馈交易等非理性投机的行为大多都是适应性预期下的行为。

相对于静态预期和外推性预期，适应性预期考虑了预期者从以往自己的预期所犯的错误中吸取教训，由此具有较强的解释力，是货币学派的理论基础。尽管如此，适应性预期理论并没有彻底摆脱静态预期理论和外推行预期理论共有的关键缺陷，即人们只是凭过去的经验对未来做出判断，没有充分利用与预期变量相关的其他变量提供的有用信息，蕴含着预期值与实际观测值持续相互背离的可能性，“没有任何经济以此理论为基础”，因而“在本质上都是随意的”（卡特、麦道克，1988），缺乏足够说服力。这也是为什么随着美国通货膨胀速度加快，适应性预期就不再适用的原因所在（黄志贤、郭其友，2006）。

（四）理性预期

约翰·穆斯（J. Muth）于1961年首次提出了理性预期的概念，认为“人们的主观预期是对未来经济形势或经济变量的合理预测，因而他们在本质上与相关的经济理论的预测相同，并且有足够的理由认为预期是理性的……这一假设说明了三个问题：（1）信息是不足的，经济体系一般不会浪费信息；（2）预期形成的方式尤其取决于描述经济的相关体系的结构；（3）‘公众预期’对经济体系的运行并没有产生很大的影响（除非它以内部信息为基础）”。因此，理性的经济人为避免损失和谋求利益最大化，会设法利用一切可以取得的信息，对经济变量在未来的变动状况做出尽可能准确的估计。其模型的具体形式如下：

$$P_{t+1}^{e} = E[P_{t+1} | I_t] = E[P_{t+1} | P_0,\ P_1,\ \cdots,\ P_t,\ x_1,\ x_2,\ \cdots,\ x_t]$$

（式2.4）

其中，I_t 表示t期的信息集，它包含了t期之前所有的内生变量P和外生变量x信息的子集，$E[P_{t+1} | I_t]$ 就是在充分考虑了所有可能获取的信息的条件下，下一期价格水平的数学期望。在理性预期的形成过程中，存在从一个预期到下一个预期的周期循环，经济主体会对信息集 I_t 进行全方位的综合利用，进而得出一个不存在系统误差的预期。但这不意味着经济主体能对未来的情况进行精准预测。理性预期的实质就是经济主体可能会犯错误，但不可能一直犯错误，经济主体会根据当前的所有相关信息进行预测和修正，进而他们的预期最终会接近于准确的真实值。

根据理性预期的相关阐述和经验验证，可以认为，相对于适应性预期，理性预期好得多，原因在于理性预期有两个方面的主要进展（卡特等，2011）：（1）理性预期为计算用于分布滞后的权数提供了依据。实际上，这种权数直接取决于经济模型的结构；（2）除了极为特殊的情况，理性预期并不仅仅是建立在被预测变量的过去状况上的。

穆斯的理性预期假说在当时曾被用于分析金融市场动态行为，但未被作为宏观经济动态分析的前提，所以对一般经济思想并未产生广泛的影响（吴宇晖，2011）。直到 20 世纪 70 年代美国经济陷入了前所未有的滞胀，凯恩斯主义和现代货币主义的适应性预期政策均未奏效的背景下，卢卡斯（Lucas）、萨根（Sargent）、瓦伦斯（Wallace）等发表了一系列论著，对理性预期假说作了进一步诠释和应用，将其推向了当代经济学思维前沿，开创了现代经济体管理的新路径（Pesaran，1987）。至此，理性预期也迅速被广泛应用于经济分析。

卢卡斯（1971）认为，微观意义上的经济行为人能充分占有信息进行预期，这种预期是实际的而不是名义的，是无偏差且不会犯系统错误的，因而预期是理性预期。随后，卢卡斯、皮瑞斯科特（Lucas and Prescott，1971）把理性预期作为一个均衡概念来研究，论证了理性预期均衡唯一不动点存在的条件，并指出了理论与观察数据的结合方法，使理性预期理论与宏观经济计量研究交融在一起。卢卡斯（1972）将理性预期假说同货币主义模型结合起来，将理性预期纳入货币经济周期模型进行研究，构成了理性预期学派的理论体系。卢卡斯（1976）指出，凯恩斯主义的做法是建立在模型参数保持不变假定基础之上的，然而事实上经济当事人具有理性预期能力，会随着经济环境的变化来调整他们的行为，因而宏观经济计量模型中的参数可能会因政策规则的不同而发生变化，故无法进行正确的政策评价，政策是无效的，这也被称为“卢卡斯批判”。据此，萨根和汉森（1980）将理性预期引入宏观经济经验研究，利用交叉方程约束条件来体现理性预期，把对经济行为人决策规制的参数转化为对经济行为人目标函数参数的估计，在实证分析中体现了理性预期的思想。在卢卡斯、萨根、瓦伦斯等人的推动下，理性预期成为宏观经济学的主流研究范式，被广泛地应用于产品市场、资本市场和货币市场分析。

静态预期、外推性预期和适应性预期都力图寻找预期形成的机制，把握人类形成预期的心理过程。而理性预期理论则把注意力从复杂的心理决策机制转移开去，专注研究预期的结果，而把这种结果的形成过程交给完美的市场去解决。正如卢卡斯（1978）所指出的“就像清楚阐释的那样，理性预期假设并不是一种‘行为假设’”，也就是说，理性预期理论并不试图描述人们是怎样理解环境、怎样学习、怎样处理信息。在理性预期经济学家的世界里，预期的形成机制是一个没有也无须打开的“黑箱”。按照他们的观点，既然预期均衡具有理性预期的性质，就意味着公众和企业会根据市场已有的信息随时调整价格而不存在时滞。理性预期认为个人的预期“基本上和相应的经济理论的预测是一致的”（穆斯，1961），是在一切可能获得信息基础上的最优预期。可见，理性预期要求经济主体在做出预期时，不仅需要了解相关变量的情况以及模型的结构参数，而且还需要对大量的信息进行恰当的处理，这些对于经济主体来说是很不现实的。同时，这也是理性预期对一系列常见的经济现象，如通货膨胀惯性、政策影响滞后性等逐渐失去解释力的根本原因所在（李拉亚，2011）。

经过十几年的发展，中国房地产市场经历了从无到有，从不成熟到逐步成熟的转变。同时，人们对于房地产方面的信息和专业知识的了解逐步加深，所形成的预期也从非理性向理性转变。但市场参与者的预期很难简单地用单一的理性预期或者非理性预期来加以区分界定，其预期应是界于适应性预期与理性预期之间的准理性预期。准理性预期的特点在于：预期是不稳定的；是投资者利用过去的信息、当前所能利用的信息及自身所具有的经验和知识对房地产市场未来值进行判断；是对理性预期模型的进一步修正。

在准理性预期条件下，政府实施调低房价的政策后，将分别对开发商和购房人产生如下作用：对开发商而言，预期房价下降，开发量减少，导致供给不足，实际房价上涨；对于购房人而言，预期房价下降，需求量减少，导致实际房价下降。但由于房地产市场供给的时滞特点，开发商的预期反映到市场层面需要一段时间，即开发商的预期不会对当期房价产生影响，但会对滞后一定期数的房价产生影响，滞后期数与市场的供给弹性有关；购房人对应的需求弹性很大，理论上可以即期影响市场，但当存在其他强势因素干扰时，购房人稳定预期的形成可能需要一定的时间。

第四节　行为金融学理论

行为金融学是一门结合了心理学、决策理论、数学、经典经济学的金融学分支。它将行为理论与金融分析相结合来分析人的行为、心理及情绪对金融决策、金融产品的价格以及金融市场发展趋势的影响，进而研究投资者为什么会在决策时产生系统性偏差，并试图解释金融市场中实际能够观察到的那些与传统金融理论相违背的异常现象。行为金融学理论萌芽于19世纪50年代。1951年，美国商务学教授柏瑞恩（O. K. Burren）在《投资战略的实验方法的可能性研究》一文中最早将心理学和金融学结合起来进行研究。20世纪80年代开始，行为金融学在解释证券市场收益的重要性方面获得普遍认可。2002年，诺贝尔经济学奖授予给行为经济学家丹尼尔·卡哈尼曼（Daniel Kahneman）和实验经济学家弗农·斯密斯（Vernon L. Smith），从此引起了越来越多的研究者对行为金融理论的极大关注，并在近年来取得了许多非常有价值的研究成果。

在房地产研究方面，行为金融学突破了传统金融学的理性经济人、完全套利和有效市场假说，从投资者的决策心理和行为出发，重新审视主宰房地产市场的人的心理因素对市场的影响，探究房地产市场的价格异象和无效率行为等。

一、前景理论

前景理论又称为期望理论，由行为金融领域的开拓者卡哈尼曼和特沃斯克（Tverskey）于1979年提出，并不断得到修正和发展。它研究了在不确定性条件下投资者的心理因素必然导致投资决策偏差，进而分析了传统金融理论中的理性选择与现实情况相背离的原因。行为心理学家通过大量的实验研究发现，投资者的决策并非理性的，其风险态度和行为经常偏离最优行为，在决策过程中投资者不仅存在直觉偏差，还存在框架式依赖偏差。一般而言，投资者会选择确定性收益而不是回报率更高的不确定性收益，这表明投资者更偏好于确定性事件，即为确定性效应。这就导致投资者面临条件相当的盈利前景时，更倾向于接受具有确定性的盈利，表现为风险规避型；而面临条件相当的损失时，更倾向于冒险赌博，表现为风险偏好型。而反射效应则是指投资者对每一决策问题的损失性预期偏好，是对收益性预期偏好的镜像，即以0为中心对预期的反射正好反转了偏好的顺序，这说明投资者在面临盈利和亏损时对待风险的态度存在明显差异。

以股票为例，当面临股票亏损时，投资者更愿意继续投资并承担价格进一步下跌的风险，表现出更高的风险偏好；而当股票获得同比例收益时，投资者倾向于卖出股票获利，而不愿承担更多的损益风险。与此同时，投资者在面临一系列决策时，会将整个事件按不同方法划分阶段，这种处理问题方法的多样性导致投资者偏好与选择的不一致，称为偏好的分离效应。这也说明投资者在决策时存在短视。

二、有限套利理论

行为金融理论突破有效市场和完全套利的假定，认为现实中的套利不仅充满风险，而且作用有限。市场不完善、投资者非理性、激励约束机制不健全等因素使套利者行为受到限制，无法完全甚至不能纠正市场价格的偏离。套利之所以受到限制，原因在于：(1) 市场不能提供完全替代品。在绝大多数情况下，市场并不能提供合适的替代证券，大量的证券没有替代组合，套利者也就无法进行无风险的对冲交易。(2) 噪音交易者风险。当噪音交易者造成证券价格偏差，套利者是否能消除这种偏差，还要看他们有无能力击败噪音交易者。但噪音交易者心态的变化是不可预期的，因而存在风险。(3) 时间限制。对于噪音交易者的错误估价，如果套利者持有证券的时间长于前者维持错误心态的时间，则市场可在套利者的控制之下；但如果短于这一时间，套利者将无法击败噪音交易者。(4) 出资者限制。套利者所用的资本金并非完全是自有资金，而出资者不可能完全了解套利者的具体操作思路及过程，只能根据套利者过去的收益情况来理性选择投资或撤资。如果业绩不佳，套利者的资金来源可能受到限制，甚至会面临被撤资的危险。

三、基于投资者决策心理视角的行为金融理论

基于投资者心理视角的研究主要聚焦于投资者的认知偏差、投资者的过度自信等。巴博瑞、史雷弗和维斯尼（Barberis、Shleifer and Vishny, 1998）的研究指出，投资者在进行投资活动时存在选择性偏差和保守性偏差，由于不够重视数据的总体特征且难以及时修正预测模型，使得投资者反应不足或反应过度。

（一）启发式认知偏差

启发式方法指人们在判断决策时往往依赖于过去的经验、启发去作判断的方法。启发法虽有一定效果，但由于从经验中产生，过分依赖就会产生经验主义，即产生启发式认知偏差。启发式认知偏差可以分为三类，即代表性启发偏差、可得性启发偏差和锚定效应。

1. 代表性启发偏差。它是一种惯性作用的结果，房地产市场的价格惯性就是这种偏差的一种表现。当房价上升时，投资者预计房价会继续上涨而买入，于是推动了更大程度的炒房热；当房价下滑时，投资者则预计房价会继续下跌而抛售，进而使得房价下跌得更严重。长此以往就会产生房价惯性，而这种惯性进一步加快了泡沫产生的速度。

2. 可得性启发偏差。这是一种走思维捷径所产生的偏差。由于房地产市场信息渠道有限、内容复杂，普通投资者无法正确分析和判断，而投资机构或专家比较容易获得分析资料，因此普通投资者常常会听从自己信任的机构或专家，使得投资行为带有明显的盲目性，表现出可得性启发偏差。

3. 锚定效应。“锚定效应”是指当事人过于依赖旧信息，对新信息反应不足，以至于确定一个特定的初始值进行估计和调整，并将其作为决策的依据。通常情况下，锚定效应对市场可以起到一定程度的稳定作用。原因在于，锚定效应会刺激投资者在价格上涨时尽早变现，而在价格下跌时静观其变。但一旦泡沫开始膨胀，锚定效应的作用机制就会发生改变。在泡沫中期到最后阶段，哪怕房价高于历史平均水平，人们依然愿意购买。因为锚定效应使人们相信：收益将按照近期的趋势持续下去，在泡沫形成之前，价格增值仍会维持相当长的一段时间。

（二）情绪偏差

1. 过度自信。过度自信是指人们往往过于相信自己的判断能力，高估自己成功的机会，把成功归功于自己的能力，而低估运气、机遇和外部力量在其中的作用。本（Ben，1965）的归因理论指出，人们倾向于把过去的成功归功于自己的能力，而把失败归罪于外界因素。丹尼尔、赫斯雷弗和萨博罗哈曼亚（Daniel、Hirshleifer and Subrahmanyam，1998）通过对短期动量和反转问题的研究进一步发现，投资者总是过度自信，存在归因偏差，把市场与自己行为一致时的成功归结为自己的高能力，而不一致时的失败则归结于外在噪声。投资者的过度自信是提高市场交易额的根本因素。判断中的过度自信有时会让投资者相信自己能准确地判断市场的变动趋势，即使其理智地认为价格是不可预测的。正是这种直觉判断形成了房价只涨不跌的基础。要理解房地产投机性泡沫，不管是正向还是负向的，都必须认识到投资者的过度自信心理发挥了根本性的作用。

2. 损失厌恶与后悔厌恶。“损失厌恶”是指人们面对同等数量的收益和损失时会对收益过度产生喜好，而对损失过度产生厌恶的情绪。“后悔厌恶”是指人们对自己做出的错误决策感到痛苦。投资者在损失厌恶情绪的影响下，决策中就可能因为害怕重蹈覆辙而盲目从众，甚至坚守已赔钱的房地产，这是因为他们觉得价格下跌的房产并没有真正遭受损失，只是赚得比以前少而已，进而期望未来市场出现转机，能扭亏为盈。房地产投资者回避出现损失是为了避免资产损失带来的后悔，因为一旦出现损失，就证明以前的判断是错误的，这会给投资者带来挫折感，从心理上感到愧疚。

3. 心理账户与处置效应。“心理账户”是指投资者并不是整体、一致地对待自有资产，而是潜意识地把不同的投资放在风险偏好不同的账户中，自己心中有数。心理账户使得投资者面临高风险投资时义无反顾，从而催生了市场的投机者。投资者将损失置于一个单独的“心理账户”，他们的心理同样呈现递减的敏感性，即当损失不断增加时，他们的痛苦程度会不断递减。因而，房地产投资者在投资过程中表现出“赢利抛出，亏损持有”的心态，于是便产生了处置效应。房地产市场中，正是处置效应导致了如下现象：当房价上升时，交易十分活跃，换手率十分高，价格也被反复推高，一步步催化房地产市场的繁荣；相反，伴随着房价的下降，交易量也会持续下降。

面对2008年的金融危机，中央政府投入4万亿信贷刺激，同时地方财政立即配套，商业银行大幅跟进，以避免危机造成的不利影响。很多开发商对楼市前景过度乐观自信，选择大规模扩张开工，远超合理水平。其中三四线城市扩张最快、最盲目，积累了大量库存。同时由于三四线城市缺乏区域竞争力且近年来人口持续净流出，导致“去库存”压力巨大，房价出现下跌。而一二线城市房地产建设虽然前期也大幅扩张，但是由于具有核心竞争力，人口持续净流入，库存消化能力强，甚至出现供不应求的状况，房价持续上涨。在政府刺激政策以及开发商大规模扩张建设的影响下，房地产等资产价格飙升，投资者也出现高估近期的选择性偏差：过于重视近期楼市优异的业绩数据，片面地认为房地产市场将会长期繁荣、价格会持续上涨，拿出大量资金投资于房地产，预期会取得高额收益。在决策者、开发商和投资者的认知偏差和情绪偏差下，中国房地产市场出现一二线城市价格泡沫和三四线城市库存积压问题。

四、基于投资者决策行为视角的行为金融理论

基于投资者行为角度研究投资者的非理性行为主要是集中在羊群行为和正反馈行为的观察和分析上。

（一）羊群效应

羊群行为又称从众行为，是指投资者在信息不确定的情况下，其行为极易受到其他投资者的影响，从而模仿他人进行决策，或过度依赖舆论、小道消息而忽视自己的信息从而采取从众的策略。福如特等（Froot，1992）的研究表明，在存在普遍性的短期交易前提下，交易有可能会聚集在某些与基础价值毫无关系的信息上，这就会导致信息资源的不合理配置，进而容易导致“羊群效应”，使资产价格与其基础价值明显偏离，从而产生资产泡沫。对于房地产市场而言，由于房地产市场复杂多变，一些投资者信息的缺乏或信息成本过高导致产生羊群效应。另外，由于媒体的炒作，房地产市场弥漫着“噪音”，投资者往往被误导而作出错误的判断，进而形成引发市场过“热”或过“冷”的羊群效应。当房地产市场产生羊群效应时，购房者往往会跟随其他购房者做出决策，导致房地产市场对信息反应过度，即：利好信息会导致房地产的超额需求、投机膨胀，甚至引发泡沫；反之，利空信息则会导致房地产业泡沫破灭的加速。

当前，三四线城市的高库存和一二线城市的价格泡沫都呈现出羊群效应。就开发商而言，存在羊群效应下的资金躁动。在过度乐观的心理预期偏差下，大小开发商们蜂拥而上，纷纷大规模开发投资。而后，大城市的房价高企与小城市的大量库存形成鲜明对比，开发商于是纷纷调整资金布

局，撤离三四线城市，涌入具有核心竞争力的一二线城市，“虹吸效应”显著。就投资者而言，呈现出配置资产的羊群效应。实体经济持续萧条，投资回报率大幅下降，互联网金融风险事件频发，高收益的光环逐渐褪去，同时股市疲软和债市违约接连出现，投资者面临资产配置荒，缺乏优质的资产配置投资渠道。而房地产市场20多年“长牛”行情持续，在经济下行压力下依然一枝独秀，投资者纷纷选择投资房地产领域。在资产配置荒下，“羊群效应”显现，“买房”成为投资者保值增值的共同选择。

（二）反馈机制

狄龙等（Delong，1990）指出，正反馈交易投资者在资产价格上涨时买进资产，在价格下跌时卖出该资产。当价格上涨得越多时购买的就越多，这样会引起资产价格进一步上升，正泡沫逐渐产生；而当价格下降越多时卖出的越多，从而使资产价格不断下降并持续偏离其基础价值，市场就会产生负泡沫。

受美国次贷危机的影响，房地产市场遭受重创，市场的反馈机制使人们普遍认为房地产市场的拐点就要到来，价格会大幅下降。在这种预期的影响下，购房者观望，投资者出售房屋，房地产商降价、打折销售，一些一线城市房屋大量滞销，甚至出现了“有价无市”现象。由于反馈机制的作用，房价越是下降，人们的预期便越悲观，需求量就越少，以致房地产市场出现了2008年“量价齐跌”的现象。随后，在中央政府陆续出台的一系列调控房地产政策的刺激下，房地产市场越发火爆。由此，2009年房地产市场很快扭转了颓势，开始复苏，人们预期信心膨胀，价格开始上涨，投资者越看好前景越纷纷买入，又进一步推高了价格，吸引更多的投资者进入，使得人们对房地产的认知不断偏离，导致价格偏差，价格偏差又进一步影响认知偏离，形成一个“正反馈”机制（贾生华等，2014）。但从三四线城市来看，由于其缺乏核心竞争力，人口持续净流出，同时资本的撤出对房价的不断下跌起到了推波助澜的作用，而房价越跌，投资者就越认为前景悲观纷纷抛售，加速价格下跌，形成一个不断强化的反馈机制。

总之，自2008年以来，决策者在认知偏差下投入4万亿元信贷刺激，投资房地产和基础设施建设领域，开发商紧随其后，形成一片热潮，而投资者的羊群行为和非理性行为对房价的飙升和楼市的火爆起到了推波助澜的作用。开发商、投资者和决策者的心理偏差和非理性行为都直接或间接地推动了房地产的迅猛发展，助长了房市的繁荣与泡沫，并且彼此相互作用，联系紧密。而在全国房地产市场出现“冰火两重天”的分化现象后，在多方认知偏差与羊群效应的推动下，出现“强者恒强，弱者恒弱”的强化反馈机制，导致楼市“火爆”与“乱象”丛生。

第三章 中国房地产去库存现状分析

中国房地产经历了几十年的迅猛发展之后，出现了持续下滑，库存不断攀升，销售增长出现疲态，土地出让收入也开始下滑，地方政府风险积累等诸多现象，房地产投资已成为拖累固定资产投资乃至宏观经济增长的痛点。在此背景下，政府出台一系列调控政策，多重政策叠加的效果不断释放，总体上有些城市出现复苏，有些地方市场表现差强人意，两极分化格局基本形成，而且这种趋势将不断加大。

第一节 中国房地产发展现状分析

一、中国房地产发展阶段划分

中国房地产业发展最早可以追溯到1978年土地相关法规的调整，根据国内学者们的研究，基本可以分为四个阶段：

（一）1978—1991年的理论突破和起步阶段

主要是国家为了加强土地管理，维护土地的社会主义公有制，保护、开发土地资源，合理利用土地，切实保护耕地，促进社会经济的可持续发展于1986年6月25日第六届全国人民代表大会常务委员会第十六次会议通过的《中华人民共和国土地管理法》以及于1989年12月26日第七届全国人民代表大会常务委员会第十一次会议通过的《中华人民共和国城市规划法》，为我国房地产的发展提供了法律依据。

中国房地产市场化最早可以追溯到1980年，30多年前，当中国内地城市还不知道商品房为何物时，深圳靠着特区打政策“擦边球”的方式，创造性地提出“补偿贸易”的合作建房模式，即深圳这边出土地，找港商出钱合作建房，利润双方分成。1980 年 1 月 8 日，深圳成立了深圳特区房地产公司，与港商刘天合作建设的中国第一个商品房小区——东湖丽苑开工建设，它是市场经济下住房商品化改革的雏形。相比全国房改，深圳整整提前了 18 年。

1980 年 12 月 24 日《南方日报》报道：中国人民建设银行深圳市支行加快特区住宅建设，从今年五月以来，已向深圳市住宅公司提供 100 万元贷款，用于统建九栋共 13500 平方米商品住宅。这批住宅售价为 221 元/平方米，订购单位按购买面积大小计价，分期付款，即基础工程和主体工程完工后各预收四成资金，所余两成资金，等竣工交付使用后收清。这九栋住宅预计明年初开始，将陆续交付使用。

从 1980 年开始，商品房销售在深圳逐渐流行。据深圳年鉴记载，当时深圳商品房建设资金主要通过合作建房和向银行贷款解决，没有再向财政要钱。到 1984 年，深圳城建住宅开发公司利用 1100 万元银行贷款，共兴建商品房 29. 1 万平方米，每平方米投资还不足 40 元。在一年时间里，住宅开发公司已出售商品住宅 24 万平方米，价值 1. 4 亿元，利润 8000 万元。市房地产公司上交市财政 1. 49 亿港元，税金 1683 万港元。建筑行业也已经成为特区成立之初的经济贡献大户①。

由于法律保障和理论突破，加上特区的示范效应，拉开了新中国房地产市场化的序幕。该阶段的标志性事件有：

◇ 1978 年，国家有关部门提出要动员个人手里的钱来参与住宅的建设，个人可以建房，也可以买房。这成为房地产业改革的理论指向；

◇ 1980 年春节期间，深圳第一个商品房小区——东湖丽苑在香港推广，引发港人抢购潮，深圳借用外资开发建房的模式得到广泛应用；

◇ 1986 年 1 月，国务院召开城镇住房制度改革问题座谈会，掀起了第一轮房改热潮；

◇ 1987 年 12 月 1 日，深圳市首次以公开招标方式，将一幅面积为 8588 平方米、宗地编号为 H 409-4 的商品住宅用地的使用权有偿出让给深圳经济特区房地产公司，地价为 525 万元，使用期限 50 年，这是我国土地

① 资料来源：《深圳年鉴》。

拍卖的第一槌，开创了用市场配置土地资源和土地使用权有偿转让的先河；

◇ 1990 年 5 月，国家出台了《城镇国有土地使用权出让和转让暂行条例》，成为中国房地产市场化乃至中国改革开放的标志性里程碑。

（二）1991—1995 年的非理性和调整阶段

1992 年房改全面启动，住房公积金制度全面推行以及邓小平南方谈话的标志性事件，掀起了中国南方房地产开发的高潮。1992 年后，房地产业急剧快速增长，月投资最高增幅高达 146.9%。房地产市场在局部地区一度呈现混乱局面，在个别地区出现较为明显的房地产泡沫，其中炒作最为严重的包括海南、大亚湾、北海、深圳等地，而随后急速的“硬着陆”，使这些地区的房地产市场经历了一个漫长的低迷期。1993 年国家开始启动“安居工程”，同时进行房地产宏观经济调控，房地产业投资增长率普遍大幅回落。

（三）1995—2003 年相对稳定的发展阶段

随着住房制度改革不断深化和居民收入水平的提高，住房成为新的消费热点。1998 年以后，随着住房实物分配制度的取消和按揭政策的实施，房地产投资进入平稳快速发展时期，房地产业成为经济的支柱产业之一。

总体来说，这一阶段是中国房地产市场发展得最好的一个时期，整体表现稳健，市场价格与销售量平稳增长，各地市场全面稳步地成长，中国的房地产业进入一个稳步上升的通道。

1995 年，在经历了之前的炒作与调控之后，国内的房地产市场处在一个萎缩的状态。随着中国福利分房制度改革的深入，政府需要全面启动商品房市场化以完成分房制度的转化。处在改革前沿的深圳市，随即推出一系列的措施，以刺激房地产行业的发展，其中最为主要的就是蓝印户口制度，之后这一政策在上海、大连等地得到推广。

2000 年初，中国的福利分房制度终止，货币化分房方案全面启动，住房制度改革继续深化并稳步发展，这同时也直接刺激了商品房市场的发展。

（四）2003 年至今调控与反调控发展阶段

2003 年中后期，国内部分地区的房地产市场开始出现过热的现象，政府为了稳定市场发展，开始进行全面的宏观调控，而2005—2006年则是政策出台最为密集的阶段。

在这一时期，政府先后出台了10多项政策措施，从土地、信贷、经济适用房、房价、产品结构，以及外资管理等多方面，来全面反思国内的房地产行业发展。由于中央与地方政府之间存在较大的利益冲突，因此，当诸多的政策落到实处之后，常常不是被夸大，就是被缩小。

2006—2007年，在热钱、炒作、人民币升值等因素的影响下，国内房价开始出现爆发式的增长，政府随即开始不断紧缩信贷，以期为“高热”的楼市降温。

2007年第四季度开始，信贷紧缩政策的影响逐渐显露，不断升温的房价开始快速回落，伴随这一回落的还有商品房的成交量。

2008年，国际经济环境的全面衰退迹象逐渐明显，国内经济也受到较大的影响，在持续紧缩的信贷政策下，房地产行业发展减速明显，行业内调整的深度与广度加大，资源整合的力度加强，整个行业伴随经济调整进入新一轮的全面调整期。

这一调整过程一直持续，随后的几年时间一直处于扶持—打压—再扶持—再打压的调整状态。该阶段的标志性调整政策有：

◇ 2008年1月9日，国务院办公厅发布《关于严格执行有关农村集体建设用地法律和政策的通知》。

◇ 2008年2月4日中国人民银行（简称央行）发布《经济适用房开发贷款管理办法》。

◇ 2008年3月20日中国证券监督管理委员会表示支持优质房地产企业通过IPO或借壳上市。

◇ 2008年4月8日住房和城乡建设部全面排查住房公积金违规放贷。

◇ 2008年9月16日、10月8日和11月26日，央行先后三次下调贷款基准利率和住房公积金贷款利率，紧缩性政策开始放松。

◇ 2008年10月27日，央行将商业性个人住房贷款利率的下限扩大为贷款基准利率的0.7倍，最低首付比例调整为20%。

◇ 2008年11月1日，财政部、国家税务总局将个人住房交易环节的税收政策作出调整，降低住房交易税费。

◇ 2008 年 10 月 15 日、11 月 26 日两次下调金融机构存款准备金率。

◇ 2009 年 1 月 3 日，四大国有银行宣布优质客户可以申请七折优惠购房利率。

◇ 2009 年 5 月 21 日，国家税务总局制定《土地增值税清算管理规程》。

◇ 2009 年 5 月 27 日，国务院发布《关于调整固定资产投资项目资金比例的通知》，将房地产开发项目最低资本金比例从 2004 年的 35%首次下调，预示紧缩的房地产政策开始“松绑”。

◇ 2009 年 12 月 9 日，国务院常务会议通过将个人住房转让营业税征免时限由 2 年恢复到 5 年，遏制炒房。

◇ 2009 年 12 月 14 日，国务院总理温家宝主持国务院常务会议，提出了“国四条”，一是增加普通商品房的有效供给，加快普通商品住房建设；二是继续支持居民自住和改善型住房消费，抑制投资投机性购房；加大差别化信贷政策执行力度，切实防范各类住房按揭贷款风险；三是加强市场监管，继续整顿房地产市场秩序，加强房地产市场监测，完善土地招拍挂和商品房预售制度，加强房地产信贷风险管理；四是继续大规模推进保障性安居工程建设。

◇ 2010 年 1 月 10 日和 4 月 14 日，国务院办公厅出台《关于促进房地产市场平稳健康发展的通知》明确将二套房首付分别提高到 40%和 50%，进一步抑制投机投资购房。

◇ 2010 年 4 月 27 日和 5 月 5 日，住房和城乡建设部、民政部、财政部等先后公布了《关于加强经济适用住房管理有关问题的通知》和《关于加强廉租住房管理有关问题的通知》，进一步加强国家住房投入，抑制房价非理性上涨。

◇ 2010 年 9 月 29 日、10 月 19 日、12 月 25 日央行三次上调人民币存贷款基准利率及公积金贷款利率。

◇ 2011 年 1 月 10 日，国务院出台“国十条”，严格二套房贷管理，加大房地产贷款窗口指导。

◇ 2011 年 1 月 16 日，国务院办公厅发布《国务院办公厅关于进一步做好房地产市场调控工作的有关问题的通知》，要求各地方政府要从严制定和执行住房限购措施，随后，北京、上海、天津、青岛、南京、成都、南宁、太原、贵阳、哈尔滨、石家庄、武汉等地出台了相关细则。

◇ 2011 年 1 月 28 日，上海、重庆正式实施房产税，随后深圳宣布成为第三个房产税试点城市。

◇ 2011 年 2 月 8 日、4 月 6 日、7 月 7 日央行三次上调人民币存贷款利率；同年 1 月 20 日、2 月 18 日、4 月 17 日、5 月 18 日四次密集上调人民币存款准备金率。

◇ 2012 年 2 月 22 日土地监管新政策出炉，国土资源部严打小产权房。国土资源部执法监察局巡视员王宗亚重申小产权房不予确权登记，不受法律保护的规定。

◇ 2012 年 5 月 10 日国务院明确要求扩大房产税试点。住房和城乡建设部政策研究中心主任秦虹表示：政府调控的目的，是想让市场持续、稳定、活跃，这就需要保护好刚性需求。

◇ 2012 年 5 月 15 日国土资源部对房价上涨过快地区开展督导。据国土资源部消息，2012 年全国住房用地计划供应 17.26 万公顷，是前五年年均实际供应量（8.73 万公顷）的近两倍。其中，保障性安居工程用地和中小套型商品住房用地计划占 79.3%。国土资源部也发布了相关公告，与 2011 年的实际落实量相比，2012 年全国住房用地计划供应增加 21.3%。能够落实 2012 年“新开工 700 万套以上”保障性安居工程用地“应保尽保”的目标任务。

◇ 2012 年 7 月 26 日财政部：财政部部长谢旭人部署当年下半年财政工作重点时提出，严格实施差别化住房税收政策，加强交易环节和持有环节相关税收征管，抑制投机投资性购房需求。同时要落实和完善结构性减税政策。加快和扩大营业税改征增值税试点，促进服务业发展。

◇ 2012 年 11 月 29 日国务院修改土地法征地补偿可能提高 10 倍。在国务院常务会议上，讨论通过《中华人民共和国土地管理法修正案（草案）》，对农民集体所有土地征收补偿制度作了修改。

◇ 2012 年 12 月 25 日住房和城乡建设部：住房和城乡建设部部长姜伟新明确表示，2013 年将继续严格执行限购、差别化住房信贷、税收政策，并配合有关部门继续加快推进房产税改革试点扩大工作。

◇ 2013 年 2 月 20 日，“新国五条”出台，即：一是完善稳定房价工作责任制；二是坚决抑制投机投资性购房；三是增加普通商品住房及用地供应；四是加快保障性安居工程规划建设；五是加强市场监管。

◇ 2013 年 11 月底，上海、广州、深圳、北京等城市相继推出新一轮调控政策，主要内容均为收紧限购政策及加大土地供应。随后，二三线城市加入楼市调控大军，“汉七条”等相继出台（其中“汉七条”指 2013 年 11 月 22 日武汉市政府发布的《关于进一步加强房地产市场调控工作的意见》。涉及七条楼市调控措施，包括坚决抑制投资投机性住房需求；切实加强住房用地供应管理；继续加大保障性安居工程建设力度；严格执行差别化的住房信贷政策；努力增加普通商品住房有效供给；全面加强市场监管；外地人限制购房等。被称为“汉七条”。）。

◇ 2014 年 3 月 4 日住房和城乡建设部推出房地产政策“双向”调控的指示，这意味着政府调控将逐渐退出楼市，对于房地产来说，市场调控的作用将会越来越大；3 月 6 日李克强提出要抑制房地产投机，增加中小型住房供给；3 月 8 日房地产税扩围试点暂停。

◇ 2015 年 5 月 12 日，中国人民银行副行长刘士余召开住房金融服务专题座谈会提出“央五条”，包括合理配置信贷资源；科学合理定价；提高服务质量；有效防范信贷风险；建立信息沟通机制等。其中重点强调“满足首套自住房贷款者需求”。

◇ 2016 年 2 月 2 日，中国人民银行下调首套房首付比。最低首付比例为 25%，各地可向下浮动 5 个百分点。

◇ 2016 年 2 月 19 日，财政部、国家税务总局和住建部三部门发布《关于调整房地产交易环节契税营业税优惠政策的通知》，对个人购买前两套住房给予降低契税优惠，对个人将购买 2 年以上（含 2 年）的住房对外销售的，免征营业税。

◇ 2016 年 2 月 22 日，财政部调整房地产交易环节契税。个人将购买 2 年以上（含 2 年）的住房对外销售的，免征营业税。

◇ 2016 年 5 月 4 日，国务院鼓励个人出租房，允许商业房改租赁住房。国务院常务会议共推出四项举措，分别从房源、公租房货币化补贴、税收优惠以及市场规范方面，给予住房租赁市场支持。

◇ 2016年11月，上海、杭州，成都等地方相继出台了房地产调控加码政策，包括严格落实楼市调控政策、提高购房门槛、规范商品房明码标价、调整公积金政策、加强市场监管等各项措施。

◇ 2017年，中国房地产调控政策密集程度前所未有，管理层完成了从“调”到“控”的巨大转变，贯穿需求、供给、价格三大市场要素，楼市秩序重构，具体表现在以下政策。

• 限字当头：限购、限贷、限售、限签、限离、限价、限商。

• 利率上调：从2017年6月开始，房贷利率在基准利率基础上上调10%~30%不等。

• 共有产权：由制度支持，政府与购房人按份共有产权的政策性商品房出现。

• 租购并举：2017年7月，住建部等部门联合印发《关于在人口净流入的大中城市加快发展住房租赁市场的通知》，建立租购并举的住房制度。

• 租售同权：2017年7月17日，广州发布《广州市加快发展住房租赁市场工作方案》，首次明确了“租购同权”的概念。7月20日，广州、深圳、南京、杭州、厦门、武汉、成都、沈阳、合肥、郑州、佛山、肇庆等12个城市作为首批开展住房租赁试点工作。

• 房地产税：2017年11月发行的《党的十九大报告辅导读本》出现了财政部部长肖捷《加快建立现代财政制度》一文。书中指出，对工商业房地产和个人住房按照评估值征收房地产税，这算是明确了未来房地产税的计税依据，即评估值。

• 房住不炒：2017年党的十九大期间，“房子是用来住的、不是用来炒的”再次成为热点，大会多次重申“坚持房子是用来住的、不是用来炒的”这一定位，再次强调住房的居住属性。

• 长效机制：2017年3月政府工作报告，2017年4月25日中共中央政治局会议，2017年12月8日中共中央政治局会议等都多次强调建立房地产长效机制是保持房地产健康平稳发展的一项重要举措。

总体来说，该阶段中国房地产在不断的政策调整和市场调整中发展，其中政策调整为主，市场调整为辅。这也是中国房地产市场高速发展的一个阶段，在解决了中国国民住房需求紧缺矛盾的同时，也积累了若干库存。

二、中国房地产发展现状分析

中国房地产业经过30多年的快速发展，由于开发商、地方政府、购房需求者多方面的原因，房地产市场的泡沫不断增大，国家和政府也已经意识到这个问题，不断出台调控措施，房地产市场将会逐步回归理性。就目前来说，国内房地产市场基本现状可以概括为：

（一）房地产行业告别高速增长，行业改革需求加大

2015年以来全国整体楼市销售在政策不断利好的刺激下，温和回暖。根据国家统计局统计，1—5月全国商品房销售面积35996万平方米，同比下降0.2%，降幅大幅收窄；商品房销售额24409亿元，同比增长3.1%，已经回正。虽然销售数据温和回暖，同比降幅收窄或略有增长，但是整个房地产开发投资增速下行趋势没有根本性改变。1—5月房地产开发投资累计完成额32292亿元，同比名义增长5.1%，增速比1—4月累计完成额增速回落0.9个百个点。图3-1和图3-2分别是2010年2月至2015年12月

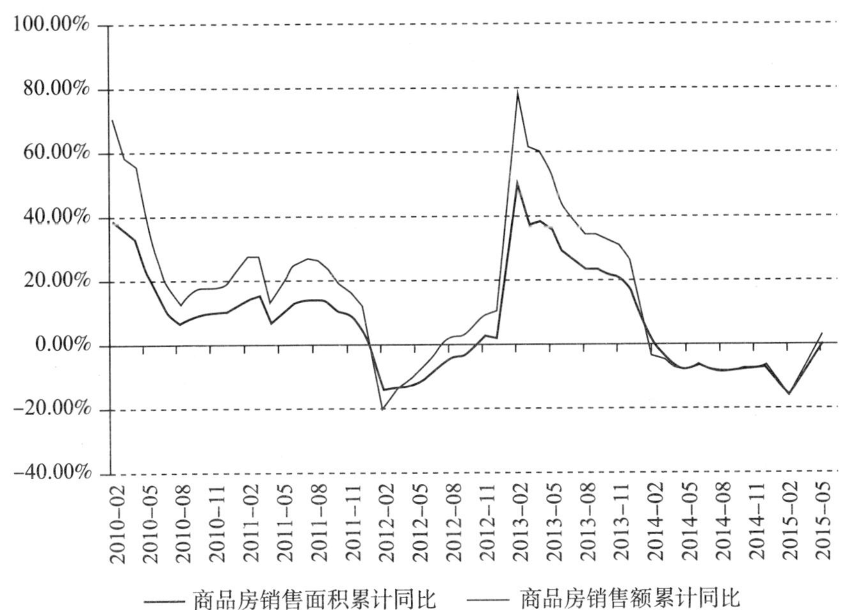

图3-1　2010.2—2015.12全国商品房销售面积及销售额情况

资料来源：中国产业信息网 http://www.chyxx.com/industry/201507/329852.html。

商品房销售情况和房地产投资完成额情况。从图中可以看出，从 2013 年开始，无论是销售面积、销售额还是投资完成情况基本上都是一路下行。

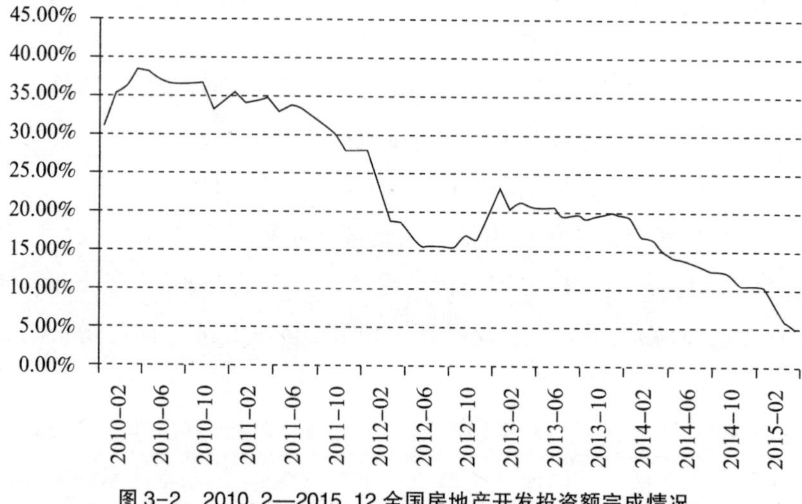

图 3-2　2010. 2—2015. 12 全国房地产开发投资额完成情况

资料来源：中国产业信息网 http://www.chyxx.com/industry/201507/329852.html。

另外一个反映房地产发展变化趋势和变化程度的综合量化指标是国家统计局在 1997 年研制并建立的“全国房地产开发业综合景气指数”，简称为“国房指数”。该指数从土地、资金、开发量、市场需求等角度显示全国房地产行业基本运行状况、波动幅度，预测未来趋势。“国房景气指数”以 100 为临界值，高于 100 为景气空间，低于 100 为不景气空间。表 3-1 是国家统计局从 2013 年 2 月至 2016 年 12 月的情况，从数据可以看到该指数基本上一路下行，连创新低。

种种迹象表明，政策刺激带来的销售温和回暖并不能改变整个行业下行的趋势，房地产的库存和房地产企业的资金压力都在持续加码。根据国家统计局数据显示，2015 年 6 月十大城市可售面积为 9769. 27 万平方米，处于高位。

表 3-1　2013—2016 年国房景气指数

时间	当月值	同比涨跌	环比涨跌
2016 年 12 月	94. 08	0. 74	0. 04

续表

时间	当月值	同比涨跌	环比涨跌
2016年11月	94.04	0.69	-0.06
2016年10月	94.1	0.76	0.05
2016年09月	94.05	0.65	0.35
2016年08月	93.7	0.24	-0.31
2016年07月	94.01	0.98	-0.39
2016年06月	94.4	1.77	-0.08
2016年05月	94.48	2.05	0.07
2016年04月	94.41	1.85	0.23
2016年03月	94.18	1.01	0.51
2016年02月	93.67	-0.1	—
2015年12月	93.34	-0.59	-0.01
2015年11月	93.35	-0.95	0.01
2015年10月	93.34	-1.42	-0.06
2015年09月	93.4	-1.32	-0.06
2015年08月	93.46	-1.33	0.43
2015年07月	93.03	-1.79	0.4
2015年06月	92.63	-2.21	0.2
2015年05月	92.43	-2.59	-0.13
2015年04月	92.56	-3.23	-0.55
2015年03月	93.11	-3.29	-0.66
2015年02月	93.77	-3.14	—
2014年12月	93.93	-3.28	-0.37
2014年11月	94.3	-2.08	-0.46
2014年10月	94.76	-2.12	0.04
2014年09月	94.72	-2.53	-0.07
2014年08月	94.79	-2.5	-0.03
2014年07月	94.82	-2.57	-0.02
2014年06月	94.84	-2.45	-0.18
2014年05月	95.02	-2.24	-0.77
2014年04月	95.79	-1.56	-0.61

续表

时间	当月值	同比涨跌	环比涨跌
2014年03月	96.4	-1.16	-0.51
2014年02月	96.91	-1.01	—
2013年12月	97.21	1.62	0.83
2013年11月	96.38	0.67	-0.5
2013年10月	96.88	2.32	-0.37
2013年09月	97.25	2.86	-0.04
2013年08月	97.29	2.65	-0.1
2013年07月	97.39	2.82	0.1
2013年06月	97.29	2.58	0.03
2013年05月	97.26	2.36	-0.09
2013年04月	97.35	1.73	-0.21
2013年03月	97.56	0.64	-0.36
2013年02月	97.92	0.03	—

资料来源：国家统计局，中国国房景气指数整理。

（二）房地产行业良莠不齐，运营效率整体低下

从房地产行业来看，国有企业占比较大。房地产行业A股上市公司166家，地方国有企业63家，两者占全部房地产企业接近一半。从2014年各项财务数据来看，国有企业也占据了房地产企业当中重要地位。截止2014年底，A股上市公司总资产34864亿元，其中中央国有企业总资产6501亿元，地方国有企业9759亿元，国有企业占比接近40%；从营业收入和净利润的角度来看，国有企业在全部地产上市公司中创造的营业收入和净利润占比也近40%。

虽然从数量和各项运营权重来看，国有企业占据了房地产行业上市公司的半壁江山，但是，从运营效率来看，国有企业运行效率却低于行业平均水平。从净资产收益率（ROE）来看，这个行业告别了高利润时代，2014年行业平均净资产收益率为12.4%，呈现整体下滑态势；与此同时，全年行业平均费用率为8.7%。也就是说，行业的运行效率整体较为低下。

相对国有企业而言，独资企业、私营企业等其他类型企业之间差别也

很大，但是近几年来整体情况都不太理想。

(三) 库存压力加剧，行业面临重新洗牌

截至 2015 年 10 月，全国商品房待售面积约 6.86 亿平方米，其中住宅待售面积约 4.36 亿平方米。同时，根据搜房网统计的全国自 2001 年以来的招拍挂拿地数据显示，全国自 2001 年开始共计成交建筑面积 162.4 亿平方米的土地（其中一线城市 5.69 亿平方米，二线城市 52.17 亿平方米，三四线城市 104.54 亿平方米），扣除累积新开工商品房面积 120.1 亿平方米，库存面积 42.3 亿平方米。此外，全国商品房施工面积约 70.78 亿平方米，其中住宅约 49.26 亿平方米。考虑一部分是已经销售的，以 2014 年经验数据计算全国约有 49.12 亿平方米为库存面积。三者叠加，得到的总库存约 98.3 亿平方米，其中待售面积 6.86 亿平方米，尚未开工的企业拿地 42.3 亿平方米，在建商品房库存约 49.1 亿平方米。

从上述数据分析可以得出，目前房地产库存压力非常大，在去库存过程中，面临着行业重新洗牌。有些小型企业、经营状况差的企业有可能会被挤出整个行业，只有很少一部分优质企业才能站稳脚跟。而且整个行业也不再可能继续粗放型发展，更多地将向精细化、专业化、个性化方向发展。

(四) 紧缩政策下房地产金融风险加大

房地产金融是指房地产开发、流通和消费过程中，通过货币流通和信用渠道所进行的筹资、融资及相关金融服务的一系列金融活动的总称。房地产金融业务的内容包括吸收房地产业存款，开办住房储蓄，办理房地产贷款，尤其是房地产抵押贷款，从事房地产投资、信托、保险、典当和货币结算以及房地产有价证券的发行与交易等。

房地产金融风险是指在房地产资金融通过程中，由于各种现实中无法确定的因素，使金融系统特别是银行实际收益与预期收益发生了一定偏差，从而蒙受损失或获得额外收益的机会和可能性。房地产金融风险主要包括流动性风险、市场风险、经营风险和违约风险。房地产泡沫破灭使金融机构承受的风险主要是市场风险和违约风险，因为金融机构在房地产方面的信贷过分集中而造成的风险属于流动性风险。

中国房地产市场风险主要表现在宏观和微观两个方面。从宏观角度来讲，随着我国整体经济实力的不断增强，国内经济的持续快速发展，中国房地产新一轮过热有其一定的客观基础。具体而言，中国在2000年后连续GDP平均增长速度超过10%，房地产业作为拉动经济增长的重要力量，必然在这经济增长中占有很大比重；与此同时，中国国民实际收入的提高，2002—2007年城镇居民可支配收入增长率一直高于商品房价格增长率，2008年居民可支配收入增长率为9.7%，而房地产价格增长率为7.7%，随着居民生活水平的提高，住房消费观念也在转变，"安居乐业"的思想一直坚定着中国人的购房愿望；其次中国国家战略——城镇化进程的快速发展、城市化态势的加速都为房地产金融风险的产生、发展提供了肥沃的土壤。从微观角度来说，金融产权不明晰，金融主体内部控制不完善都是金融风险快速累积的有利条件。我国金融产权不清晰，权责不明确，决策失误责任人缺失，而且当期信贷资金的风险要到以后才能显现出来，在没有建立基本的责任追究的体制下，容易导致目标的短期化。在产权界限模糊情况下，商业银行的决策经营机制不是建立在市场经济原则上的，导致商业银行不完全以盈利为目的，不是真正意义上的商业性金融机构；而且在政企不分的体制下，商业银行过多地担负着财政性职能和政策性功能，致使企业与银行存在不负责任的心理。正因为如此，金融机构缺乏全方位监控管理手段，房地产信贷中重复抵押、虚假借资、资金用途变更等违规违法现象得不到有效遏制。由于信息不对称，银行很难深入内部了解企业的真实经营状况，对于资金的运用更是雾里看花，因为信息的不对称而导致市场上存在大量风险较高的玩家，一些经营状况好的企业也大肆扩展，致使市场风险放大。

（五）政策干预左右摇摆，购房投资热情锐减

随着国家政策的不断调整及房地产市场的不确定性波动，像以前一路高歌的价格行情将不复存在。我国房地产市场基本上经历了"发展—打压—再发展—再打压"的路径，一方面国家层面是想通过政策调整引导房地产市场健康发展，另一方面市场也随时都在导演"最后的疯狂"，这样一种局面，有时候甚至是扭曲的畸形发展。在发展初期，由于市场供不应求，自身住房需求、改善型住房需求激发，价格一路飙升，继而引发部分热钱的投资热情，但是随着市场发展，调控周期不断缩短、调控频率不断

加快，后续市场发展、国家态度都不明朗，加之价值规律本身，升值空间、利润空间均不如以前，所以投资房地产业也不是最佳选择了；再者，经过十多年的快速发展，一般用户的自身住房需求、改善住房需求基本上都得到了满足，在需求基本饱和、投资趋于理性的情况下，房地产销售将趋缓，如果继续无节制的开发，将导致库存积压、资金积压、闲置增加、资源浪费。

第二节　中国房地产发展存在的主要问题探讨

30多年来我国房地产经历了高速发展，同时在发展过程中也暴露出不少问题，概括起来，大致可以归纳为以下几个方面：

一、资金来源单一，市场资金依赖度高

目前，中国房地产开发企业的资金来源主要是国内贷款、自筹资金及其他资金（主要是定金及预付金）。房地产企业自由资金比例较低，主要依赖于银行贷款。银行贷款金贯穿于土地储备、交易、房地产开发与销售的整个过程。根据中国人民银行和中国银行业监督管理委员会（简称银监会）对全国除西藏以外的30个省（区、市）的调查数据显示，我国的房地产开发资金来源中有55%的资金直接来自银行系统，而另外的自筹资金主要由商品房销售收入转变而来，大部分来自购房者的银行按揭贷款，按照首付30%计算，企业自筹资金中有70%来自银行贷款，"定金和预收款"也有30%的资金来自银行贷款，如果将施工企业垫资中来源于银行部分加上的话，来源于银行的资金比例将高达70%以上，也就是说，银行贷款实际上支撑了整个房地产开发经营周转的主要资金链。根据国际通行标准，银行贷款最多不超过房地产总投资的40%，我国房地产企业对银行的依赖度明显过高。一旦房地产经济发生波动，房地产企业的经营风险将转变为银行的金融风险，进而影响国家金融安全。

除此之外，房地产信托也是该行业资金来源的一种有益补充形式。根据前面概念界定，房地产信托是指以房地产及其相关资产为投向的资金信托投资方式，即信托投资公司制订信托投资计划，与委托人签订信托投资

合同，委托人将其合法资金委托给信托公司进行房地产投资，或进行房地产抵押贷款，或购买房地产抵押贷款证券，或进行相关的房地产投资活动。我国从2003年开始至今也发行了数百只房地产信托产品，为房地产发展解决了一定的融资问题。不过，目前信托产品存在一些制度性的限制，例如法律政策的制约、信托产品的流通性问题、异地发行问题、资金异地运营管理问题等，这些都制约着房地产信托的发展。此外，上市融资也是房地产企业一个理想的融资渠道，我国房地产企业由于传统的融资渠道单一，负债率高，因此直接上市的企业数量很少。

从前面分析可以看出，我国房地产资金来源渠道相对单一，主要靠银行贷款，这种对银行高依赖性在一定程度上制约了行业的发展，另一方面也导致了供需矛盾的加剧。

二、圈地依然存在，土地财政未完全淡出

土地财政是指一些地方政府靠出让土地使用权的收入来维持地方财政支出，属于预算外收入，又被称为第二财政。中国大陆推进城市化，搞城市经营和土地财政最早是从香港引进的，但香港是土地私有制，政府要先收购私有土地，进行初步开发后才能出让，而大陆是土地国有制，往往凭借公权力和专政机关力量强行征地拆迁，低价收购他人的土地使用权，以此牟取暴利，并不是公平交易。其行政执法依据是国务院的《中华人民共和国征收拆迁补偿条例》，而不是全国人民代表大会的《中华人民共和国物权法》。

在我国土地财政和土地金融的形成，基本上从20世纪90年代至今这短短的二十几年内。这些年中国城市建设突飞猛进，基本建设路径就是城市政府通过土地经营，积累大量建设资金，城市经济飞速发展，市民生活质量不断提高，带动周边农村的转型和发展，吸引了大量外地农民工进城务工，其正面效应不容置疑，但是问题也由此而生。

（一）土地财政恶化了国民收入比例，抑制了民间投资

21世纪初，就有财政专家研究提出，当时中国政府的各种收入加起来，已占GDP的30%以上，达到甚至超过发达国家的水平。政府收入占GDP比重过高，一方面导致居民特别是农民收入增长缓慢，另一方面抑制

了社会投资。虽然中央采取了许多措施，大力调整国民收入分配格局，但迄今并未根本改变。尤其值得关注的是，土地收入大多集中用于城市，城乡差距和和地区差距，不仅没有缩小，反而更加扩大了。

（二）政府投资影响了产业结构调整，加剧了产能过剩

政府掌握的大量资金投向哪里，对产业结构的变化有重要的引导作用。多年来，地方政府的土地出让收入主要投向城市建设，刺激了建筑业、房地产业的大繁荣，带动了建材、民用电器、民用五金、民用化工等产业的发展，生产能力严重过剩。

（三）土地财政造成资源、资金的严重浪费

土地出让收入由本级政府“自收自支”，长期缺乏收支规范与监督机制。近些年来，各地搞了不少“楼、堂、馆、所”和“政绩工程”，攀比之风愈演愈烈，老百姓深恶痛绝。在此过程中，少数党政干部财大气粗，挥金如土，为所欲为；同时“土地寻租”活动愈演愈烈，公款化为个人“灰色收入”的现象屡见不鲜，不仅公众反应强烈，而且给社会资源、资金造成严重浪费。

（四）土地财政机制不改变，公民的合法土地权益得不到有效保障

土地财政使地方政府的收入过分依赖房地产开发商。而在中国现实中，由于集体土地不能开发房地产，现有的开发商其实处于天然垄断地位，这使其有可能大肆抬高房价，广大中低收入市民的住房问题，很难得到解决。

虽然官方已经认识到土地财政的不可为继性和土地财政的不合理性，但是土地财政的影子仍然存在，其影响在短时期内很难完全消除。据相关分析显示，虽然2014年政府出让土地收入同比增长大幅放缓，但是其土地出让收入仍然居高不下，比预算收入增长了17%。

城市就是提供公共服务的空间，而公共服务能带动房地产的价格，这就为城市的建设提供了机会，而土地就是城市的原始股，房产就是城市的流通股，流通股不流通了，原始股还有人认购吗？所以城市化的核心就是土地财政，就是通过出售土地来获取资金做城市建设。尽管土地财政可能有诸多诟病，但是在各个城市发展中屡试不爽，虽然我们不是完全在现在的土地财政一条路走到黑，但是至少目前来看，地方政府对土地财政的依

赖性还没有完全取消。

三、房价居高不下，结构性矛盾加剧

根据中国指数研究院发布的最新报告显示：2016 年 7 月，全国 100 个城市新建住宅平均价格为 12009 元/平方米，第 12 个月出现“双涨”，环比上涨 1.63%，涨幅较上月扩大 0.31 个百分点；同比上涨 12.39%，涨幅较上月扩大 1.21 个百分点。整体来看，7 月百城住宅价格环比、同比涨幅双双扩大，环比连续 15 个月上涨，同比连续 12 个月上涨。

值得一提的是，与 2015 年 7 月相比，十大城市住宅价格同比上涨 17.19%，涨幅扩大 1.21 个百分点。十大城市除成都外，其余九个城市同比均呈现上涨趋势。其中深圳位居榜首，上涨 41.15%；南京、上海、武汉涨幅均超过 20%；北京、天津、杭州涨幅在 10%—20%之间；广州、重庆主城区涨幅在 10%以内。如果环比来看，北京、上海等十大城市 2016 年 7 月份新建住宅均价为 22945 元/平方米，环比上涨 2.20%，涨幅较 6 月扩大 0.68 个百分点。总体上来看，一线楼市房价依然处于上升通道，并且一直在高位运行；二线城市也不甘示弱，房价坚挺；三四线城市继续死扛，绝不降价。

因为价格居高不下，加之我国居民收入矛盾的双重叠加，导致我国房地产市场商品房与过量需求现象普遍存在，集中表现为供给与需求的结构性矛盾。空置面积不断增加的同时，大部分中低收入者却因为房价高而无力支付，潜在的需求不能变成现实的需求，有效需求不足反映出供给与需求结构差异，具体表现为：

（一）区域发展不平衡

随着城市化进程的加快，大量人口涌入了经济发展较快的东南沿海和大中城市，城市人口的增加，扩大了对房地产的需求，使房地产资金过多投向这些地区，大大推动了其房地产价格持续上涨和房地产泡沫的滋生。总体来说，自 2007 年以来，东部地区房地产开发投资发展迅速，房价飙升；中部地区在全国楼市总体快速增长的情况下，也保持了较大的增幅，价格涨幅在 10%—20%之间，水平中等偏快，但房价增幅低于东部地区；西部地区整体上较中东部地区发展有一定差距，房地产市场呈初步上升阶段。由于房地产区域发展不平衡，导致相同收入水平的人想购买同样面积的住房，在不同地区的实际支付能力存在较大差距。

地区发展不平衡导致了房地产市场的分化，进而导致了很多调控政策的局限性。可以认为，区域发展是房地产市场最重要的基本面，解决好区域发展的问题，很多伴生的问题就可迎刃而解，房地产市场才能走上长效健康发展之路。区域发展水平决定了房地产的消费价值，区域发展前景也决定了房地产的投资价值，市场行为不能完全由市场规范，无论是热点城市，还是二三线城市；无论是东部发达城市，还是西部落后地区，都是在为地区发展不平衡的格局变化争取时间。

（二）供求结构不平衡

从房地产的供给来看，低投入、低价位的中小户型住房供应总体不足，而高投入、高价位的豪华型住宅、别墅、酒店式公寓比重较大，挤占了有限的土地资源，在一定程度上加剧了土地市场的恶性竞争和房地产价格虚高不下。从居民收入来看，中低收入家庭占多数，但房屋供给结构中，中低收入住宅供应比例偏低且中小户型偏低，致使中低收入家庭购房难度加大；相反，高收入阶层比重相对较小，但高档住宅供给比重较大，这就使得房地产市场长期以来以投资或投机为主，必然会使房价存在泡沫。目前，这种泡沫已经积累到了一定的程度。

首先，三四线城市和部分二线城市供过于求，房价下跌。过去十年，在快速城镇化与工业化浪潮的强力推动下，城镇住房整体呈现供不应求的态势。一方面，大量农村人口涌入城市，形成巨大的住房刚性需求；另一方面，工业大发展、经济起飞所带来的国民家庭收入快速增长，必然催生大量家庭改善原有居住条件的诉求。与此相对应的是，我国原有的城市规模狭小、住房老旧，无法满足爆发性增长的住房需求。但 2014 年以来，住房“总量供不应求”时代已经淡出，“结构性过剩”时代已经到来。城镇化与工业化作为过去十年住房市场发展的超级引擎，目前都处于减速状态。经济增长进入“新常态”，城市经济结构正面临着巨大的转型升级压力。由于收入增长决定人口流向，经济减速也意味着城市对人口的吸引力正在减弱。在需求总量退热的同时，中国城镇住房却已经累积了巨额的存量，并且仍在按以往的惯性高速增长。特别在一些三四线城市，商品住房积压现象已经很严重。2014—2015 年，尽管政府对住房需求管控政策已经趋于宽松，但这些城市住房市场价格仍然在主动下调。这表明，住房市场形势正由总量供不应求进入结构性过剩阶段。

其次，一线城市住房供求矛盾突出，房价出现飙涨。虽然住房总量短缺的时代已经过去，三四线城市住房短期过剩明显，但由于人口的净流入及收入水平的提高，一线城市住房现阶段仍存在一定程度短缺，这是 2015 年一线城市房价暴涨的基本市场条件之一。一线城市在当前及未来一段时间内仍将呈现人口净流入的态势，这是由产业结构转变的趋势决定的。我国产业结构正面临深刻转型，第三产业在经济总量中的比重将不断上升，而第二产业在经济总量中的比重将趋于下降。由于第三产业主要集中于一线城市，而第二产业则是三四线城市的重要经济支柱，这种产业结构转型实际上指明了未来城市的人口流向图。三四线城市目前商品住房高库存及滞销问题已经较为严重，而当前及其未来一段时间内的人口又呈流出态势，住房供给结构性过剩问题必将会更加突出。而一线城市随着人口的大量流入住房仍供不应求。

此外，优质住房也存在“结构性短缺”。虽然从量的方面看，中国城镇商品住房已经出现结构性过剩。但从质的方面看，很大一部分家庭居住条件仍然较差，狭小公寓、老旧公寓或不成套住宅占存量住房的比重很大。随着人们收入的增长和对生活品质要求的进一步提升，对优质住房的需求还将稳步增长，优质住房仍然具有一定的稀缺性。

（三）供求信息不对称

一方面，一些企业利用虚假广告、虚假信息等手段欺骗消费者，加上一些中介机构的误导，引发了各种房地产纠纷和矛盾，导致消费者对房地产消费的信任危机；另一方面，由于房地产开发、建造和交易过程的复杂性，消费者作为弱势群体，无法真正获得商家及商品房的相关信息，与开发商所获得的信息相比，二者之间存在严重信息不对称，致使供需矛盾加剧。这种信息的不对称性导致了房地产行业一度成为暴利行业，而其他行业不断跟进，导致了全面开花的乱象。

可以说楼市预期混乱的背后就是房地产市场信息不对称所导致的，在楼市调控敏感期也好，还是市场正常培育期也罢，信息不对称都给房地产市场带来了消极的影响。房地产市场是一个典型的信息不对称市场，由于信息量有限、透明度不足，加之相关利益群体的博弈、作祟，房地产市场信息不时表现出凌乱、滞后和失真，不仅造成房地产市场资源的浪费，更严重扰乱了市场秩序，扭曲了供求关系。

按道理，影响价格变动的最主要因素是商品的供求关系，商品房也不例外。但在现实中，因为信息不对称，房价并不完全取决于信息关系，房地产商可以通过囤积房源、制造恐慌、哄抬物价等方式人为操纵市场供求信息，进而改变真实的供求状况，使得占有信息优势的房地产商一方在交易中获得更多的利益。而由于真实的信息不能及时、准确地传达给购房者，他们必然受到虚假、不全面信息的干扰，从而做出错误的决策，导致许多购买力非理性地进入市场，造成供不应求的假象，直接促使房价上涨。

根据统计，近几年来，先后有多个城市通过调整土地出让、首套房贷利率恢复、利率折扣、房源解禁、税费降低、买房奖励、购房入户、购房补贴、提高普通住宅价格标准、调整限购条件、提高公积金贷款额度等方式进行楼市政策微调，和中央政策或多或少都有些不一致、不协调的地方。正是基于房地产市场具有明显的信息不对称性，而消费者自身又缺乏过滤虚假信息的手段和方式，一些有失客观甚至是无中生有的信息往往令其形成有悖于市场真实情况的预期。毫不夸张地说，预期的变化有时会形成“滚雪球”效应，以致引发集体性的入市或退市。近年来房地产市场所出现的几次大的起伏背后，无不显现信息混乱引致市场预期不稳的魅影。

四、中介诚信缺失，市场亟须规范

目前，我国从事房产经济活动的人员超过 100 万，其中仅有 37000 人具有房产经纪人资格，占比仅为 3.7%，房产中介机构超过 5 万家，其中中小机构数量较多，当然也不乏像中原、上房置换、链家、21 世纪不动产等规模较大的连锁机构。

房产中介市场的迅速发展也使得中介市场鱼龙混杂、乱象丛生，各大城市有关房产中介的投诉居高不下。根据中国消费者协会统计，2011 年全国房产中介类投诉超过 5000 件，2012 年房地产投诉达到 20000 件，2013

年该类投诉飙升到28425件，2014年达到24599件，其中80%的投诉都是关于虚假的房源信息。虚假信息误导了消费者的决策，严重干扰消费者的购房过程，更为严重的是多起房地产中介跑路事件。2014年8月以来，全国超过9个省市发生以吴秉麟为法定代表人的“兴麟”系房产中介公司突然关闭事件，在经历了病毒式扩张之后的所谓“中国房产经纪机构总部”一夜间崩盘，超过2亿元房款蒸发。2014年河南的天运房产中介跑路，涉案金额逾4800万元，受骗群众近500人。2015年1月，房产中介员工低价买房骗取800余万元。2016年2月的链家事件更是暴露了房产中介乱象。

从整体来看，我国房产中介由于起步较晚，缺乏完善的行业法规，缺乏高素质的从业人员，房产中介市场存在无序竞争甚至是恶性竞争，执业过程中存在诸多不规范操作，整个行业的运作仍然处于相对无序混乱状态，整个行业诚信机制缺失，给广大置业者造成了诸多困扰甚至严重损失。

与此相对应的是我们国家目前对这一块的制度不完善、管理模式混乱。我国房产中介起步晚，法律法规不健全甚至很多是空白。目前我国唯一的房地产经济行业管理规定是《房地产经纪管理办法》，属于部门法律，法律层级较低，不能对人员资格、机构资质等行业问题作出规定，能规定的罚款上限仅有3万元。从各省市来看，由于缺乏全国的法律规范，地方政府在立法上也大都是地方性规章制度，立法的层级低决定了对房地产中介机构及从业人员的监管手段和处罚力度有限，存在查处难、取证难、处罚难等问题。单独制定的法律法规相对不完善，甚至无法有效予以执行。

我国的备案制使得房产中介游离于监管体系之外。比如前面所说的兴麟公司的所有店面只有一家有备案证件，其他分店都是复制总公司的备案证蒙蔽购房者。备案是非强制性的，不同于行政许可的强制性，只有与其他行政手段相配合才能有效发挥作用，对没有实行网上签约的地方来说，房产经纪机构不备案不影响其从事房地产经纪业务。因此，很多房地产经纪机构逍遥于监管体系之外，违法违规行为难以查处。如何促进这个行业健康发展，政府及相关监管机构还任重道远。

五、住房保障政策不健全，受益面窄

1994 年 7 月国务院颁布《关于深化城镇住房制度改革的决定》，住房制度改革初步启动，在全国范围内确立了住房社会化、商品化的改革方向。同时要求建设“安居工程”，将住房商品化与住房保障体系建设结合起来。其中安居工程的建设模式为：土地由政府划拨，建设资金主要为住房公积金。同时鼓励通过银行信贷分期支付房款。

1998 年 7 月《国务院关于进一步深化城镇住房制度改革加快住房建设的通知》颁布。全国城镇停止住房实物分配，实行住房分配货币化。同时提出建立和完善以经济适用房为主体的多层次城镇住房供应体系。对于不同收入家庭实行不同的住房供应政策，对低收入家庭采用由政府或单位提供的廉租房，中低收入家庭购买经济适用房。

2007 年 8 月《国务院关于解决城市低收入家庭住房困难的若干意见》颁布，首次将廉租房明确为住房保障的重点，同时明确土地出让净收益用于廉租住房保障资金的比例不得低于 10%。

2010 年 6 月，住房和城乡建设部等七部门出台《关于加快发展公共租赁住房的指导意见》，在全国范围内启动了公共租赁住房建设计划，其着眼点是解决中等偏下收入居民以及新就业人员、外来务工人员等“夹心层”群体，标志着我国住房保障制度建设进入了新的阶段。

自从住房分配制度改革以来，我国的保障性住房，在备受质疑的责难声中、在各级政府美好的愿望中、在广大中低收入家庭的期盼中，始终不懈地建设着。20 年来虽然各级政府不断完善保障性住房制度、更新政策、制度规划，加大投资力度，但终因一方面政策、制度还存在严重缺陷、执行乏力，另一方面保障房需求远远大于供给，导致保障房的保障作用和保障功能大打折扣。

六、房地产商观念滞后，品牌优势不明显

因为在房地产高速发展的这 20 年时间里，绝大多数开发商都是从事的住宅开发，其开发流程、模式和管理较为单一化，受政策面影响较大。长期以来，形成了一些固定思维模式，观念滞后，具体表现为：

（一）点石成金的思维

许多开发商为自己的项目不惜花重金请境外知名设计师“点石成金”，然后大肆宣传抬高自己项目售价，这种做法，或多或少能够起到一定作用，但是在同质化之后，这种做法将难以为继。

（二）以一当十的思维

在以往政策宽松和市场兴旺的年代里，做住宅的开发商一般都习惯于投资“少投多出”和“快进快出”。很多开发商可以用一个亿的投资来撬动十个亿的项目，这就是“以一当十”。当时流行的操作模式是开发商付了大部分的土地出让金以后可以办理土地证，办好土地证以后再抵押给银行贷款，贷来的款用于支付项目开发的前期费用，前期规划设计工作进入到可报批阶段即可以获得相应的规划许可证，开发商招来施工单位垫资开工，工程进展到一定程度就开始销售，销售回款可以用来归还银行贷款和支付工程款，这样的操作模式行得通，所以开发商往往声称可以“用一个亿的投资来撬动十个亿的项目”。但是在住房供应达到饱和，土地财政淡出之后，这种模式将不复存在。

（三）追随政府的思维

我国实行社会主义市场经济，但许多地方仍然存在官僚体制下的“市长经济”，企业的经营活动，尤其是房地产企业的开发活动受到各地市长（包括市委书记）的关注和干预。开发商的思维集中在政府公关上，而更少地去关注项目本身。随着民主化程度的不断深入，政府管理职能的不断弱化，这种一味地追随将不会被市场所认可，不会被消费者所接受。

这些滞后的观念，扭曲的操作模式，导致的直接后果就是我国房地产开发商的品牌优势不明显。2015 年中国房地产品牌价值研究全面启动，由国务院发展研究中心企业研究所、清华大学房地产研究所和中国指数研究院三家研究机构共同组成的“中国房地产 TOP10 研究组”，在深入理解国家政策的基础上，针对中国房地产企业的整体发展状况，对中国房地产企业的品牌价值深入研究，结论是 2015 年全国品牌前三位分别是中海地产、万科、保利地产。其品牌价值均超过 300 亿元，分别在价值创造、规模效益和成长速度方面引领行业品牌发展。

但是和美国四大房产公司 Pulte Homes、Centex、D. R. Horton、Lennar

相比较而言，其优势不明显。表 3-2 列示了美国四大房地产公司的基本情况（2003 财年的数据），从表中可以看出，无论是从规模、价值、净利润等指标，还是从其发展而言与美国四大房产公司都不是一个重量级。

表 3-2　美国四大房地产公司情况一览表

公司名称	Pulte Homes	Centex	Lennar	D. R. Horton
成立时间	1956	1950	1954	1978
上市时间	1972	1969	1971	1992
销售额（百万美元）	8930	9117	8728	8908
净收益（百万美元）	454	795	625	751
每股收益 EPS（美元）	7. 50	8. 83	2. 73	5. 10
员工人数	11000	18000	—	—

资料来源：百度文库，https://wenku.baidu.com/view/80d7cd74f11dc281e53a580216fc700abb685262.html。

七、法律法规滞后，弱势群体维权困难

房地产法是调整房地产所有权人之间、房地产所有权人与非所有权人（包括房地产使用人、修建人、管理人等）之间在房地产开发经营、房地产交易、房地产权属、房地产管理等过程发生的各种关系的法律法规总称。房地产法有广义与狭义之分。广义的房地产法是指对房地产关系进行调整的所有的法律、法规、条例等的总称。它包括宪法、民法、经济法中有关调整房地产的条款以及土地管理法、城市规划法、城市房地产管理法等普通法的规定以及房地产行政法规、部门规章等。狭义的房地产法是指国家立法机关即全国人民代表大会制定的对城市房地产关系作统一调整的基本法律即《中华人民共和国城市房地产管理法》。

我国房地产法律法规发展的重要阶段是 1988 年之后，主要包括：1988 年全国人民代表大会（简称全国人大）通过宪法修正案，土地的使用权可以依照法律规定转让，土地有偿、有期限使用制度得以建立，同年全国人大通过了修改后的《中华人民共和国土地管理法》；1989 年《中华人民共和国城市规划法》《城市危险房屋管理规定》《城市毗邻房屋管理规定》；

1990年《城市房屋产权产籍管理暂行办法》《中华人民共和国城镇国有土地使用权出让和转让暂行条例》《外商投资开发经营成片土地暂行管理办法》《城市房屋拆迁单位管理规定》；1991年《中华人民共和国城镇国有土地使用权出让和暂让暂行条例》《城市房屋修缮管理规定》；1992年《商品住宅价格管暂行办法》《关于处理原去台人员房产问题的实施细则》《公有住宅售后维修养护管理暂行办法》《工程建设国家标准管理办法》；1993年《村庄和集镇规划建设管理条例》《城市国有土地使用权出让转让规划管理办法》《城市国有土地使用权出让转让规划管理办法》；1994年《城市新建住宅小区管理办法》《中华人民共和国城市房地产管理法》,《城市新建住宅小区管理办法》《住宅工程初装饰竣工验收办法》《在中国境内承包工程的外国企业资质管理暂行办法实施细则》《在中国境内承包工程的外国企业资质管理暂行办法》《工程建设项目报建管理办法》；1995年《城市房地产开发管理暂行办法》《城市房屋租赁管理办法》《建制镇规划建设管理办法》《建筑装饰装修管理规定》《工程建设监理规定》《城市居民住宅安全防范设施建设管理规定》《城市住宅小区物业管理服务收费暂行办法》《中华人民共和国注册建筑师条例实施细则》《村镇建筑工匠从业资格管理办法》、《房地产广告发布暂行规定》；1996年《建筑幕墙工程施工企业资质等级标准》《城市房地产中介服务管理规定》；1997年《提高住宅设计质量和加强住宅设计管理的若干意见》《家庭居室装饰装修管理试行办法》《中华人民共和国建筑法》；1998年《城市房地产开发经营管理条例》《建设项目环境保护管理条例》《中华人民共和国土地管理法实施条例》；2000年《建设工程质量管理条例》《建设工程勘察设计管理条例》《房地产开发企业资质管理规定》《房产测绘管理办法》《住房置业担保管理试行办法》；2001年《城市房屋拆迁管理条例》《商品房销售管理办法》《建设部关于修改〈城市商品房预售管理办法〉的决定》；2002年国务院公布《关于修改〈住房公积金管理条例〉的决定》《住宅室内装饰装修管理办法》《商品住宅装修一次到位实施细则》等。

从上述立法踪迹可以看出，我国房地产开发立法看似齐全完整，但是从实施过程来看，房地产法律体系仍不够完善。比如构筑房地产法律体系核心的法律和作为房地产立法体系支柱的一些重要的单行法尚未出台，法律体系残缺不全，这是房地产立法不完善的表现。从立法学角度看，有无作为龙头的基本法，是一个法律体系是否完善的重要标志。我国房地产经济的发展需要一部完整的、先进的房地产法为其保驾护航。虽然我国已制定了《中华人民共和国土地管理法》和《中华人民共和国城市房地产管理法》，但从结构和条文内容看，它们都不具有房地产基本法的性质，充其量只能被称作“准基本法”，实在难当此任。就单行法而言，一些反映房地产经济一般要求的重要法律如住宅法、物业转让法等至今仍未出台。没有这些发展房地产经济所必需的配套法律，房地产法律体系就不可能完善，其缺陷也不会消除。所谓“乱”是指立法层次结构不清。如《中华人民共和国土地管理法》和《中华人民共和国城市房地产管理法》的关系就非常混乱。首先，从标题上和理论上无法确定二者是从属关系还是并列关系；其次，从内容上看，二者既有从属又有并行还有矛盾的部分。

此外法律规范之间交叉重复。由于对“房地产”的概念认识不统一，对房地产的管理也非常分散。每个相关部门受部门权力职能和利益的影响，在承担房地产法律法规的起草任务、设计具体条文时，不可避免地要考虑或追求本部门的利益得失；同时，每个机关在起草法律草案或制定法规、部门规章时，都强调法律的“完善”，而不考虑与相关法律的关系，结果造成大量的重复立法，损害了法律公正和立法效果。

种种事实表明，我国房地产法律法规总体上还是滞后的，正是这种滞后性，为消费者的合法维权、合理申诉间接地设置了较大的障碍。

第三节　中国房地产市场面临的环境和挑战

一、宏观环境分析

房地产行业是典型的资金密集型行业，具有投资大、风险高、周期久、供应链长、地域性强的特点。由于房地产业是我国国民经济的主导产业，在现代社会生活中有着举足轻重的地位，因而房地产行业的发展与整体国民经济的发展息息相关，国家宏观环境的改变极大地影响着房地产行业的发展。

（一）政治与法律环境

房地产作为国家的支柱产业，关乎国计民生，它对于经济结构的建设，对社会安全和政治稳定都特别重要。国家对房地产行业主要以扶持为主，但是又要根据市场发展适当作出宏观调控。国家宏观调控主要从房价、土地供应、税收、金融等方面入手，每年有所差异。其中国家对房价调控主要通过降准降息、宽松或紧缩的货币政策、财政支持、税收调节等手段。同时也通过不断健全法律法规体系，加强房地产行业的调控。

具体来说，政治法律环境主要包括：(1) 税收政策：比如说营业税优惠政策在一定程度上促进二手房市场的繁荣。(2) 限制房地产开发的贷款管理：国家规定对项目资本金比例达不到35%或未取得土地实用权证书、建设用地规划许可证、建设工程规划许可证和施工许可证的项目，商业银行不得发放任何形式的贷款；对经国土资源部门、建设主管部门查实具有囤积土地、囤积房源行为的房地产开发企业，商业银行不得对其发放贷款。限制了房地产商的资金来源，规范了房地产行业。(3) 规范土地储备管理：商业银行不得向房地产开发企业发放专门用于缴纳土地出让金的贷款。对政府土地储备机构的贷款应以抵押贷款方式发放，且贷款额度不得超过所购土地评估价值的70%，贷款期限最长不得超过两年。房地产开发的政治与法律环境强调全过程监管，制止擅自变更项目、违规交易、囤积房源和哄抬房价的行为。这些政策和法律的制定都切中要害，对资金、土地来源、购房者三方面进行控制，也是政府政策、房地产商、购房者之间的博弈过程。

（二）经济环境

1. 整体经济下行压力加大

2015 年全国国内生产总值 676708 亿元，按可比价格计算，比上年增长 6.9%，为 25 年来新低。其中固定投资增速为 10%，工业增加值增速为 6.1%，分别较上一年降低 5.7 和 2.2 个百分点。从产业结构来看，第一产业 6.08 万亿，第二产业 27.42 万亿，第三产业 34.16 万亿。相比 2014 年第一产业增速由 4.06%回落到 3.9%，第二产业增速由 7.26%回落到 6%，第三产业由 8.08%上升到 8.3%。可以看出，经济回落主要在于第二产业（工业和建筑业）；从投资角度分析，经济回落主要是投资回落造成的。

2015 全年全国房地产开发投资 95979 亿元，扣除价格因素实际增长 2.8%，其中住宅投资增长 0.4%。房屋新开工面积 154454 万平方米，比上年下降 14.0%，其中住宅新开工面积下降 14.6%。上述数据表明房地产包括建筑业已经出现回落态势，随着经济环境的改变，这种态势还将继续。

2016 年经济形势总的特点是缓中趋稳、稳中向好，经济运行保持在合理区间，质量和效益提高。经济结构有所优化，“稳中有进、稳中有为”的基调没有太大变化和调整，稳增长、促改革、调结构、惠民生、防风险是经济工作的核心主题。基本实现了“三升三降三平衡”，即新动力快速跃升、新动能不断上升、生产效率持续提升；经济降成本、融资降杠杆、企业降库存；风险收益平衡、流量存量平衡、规模效率平衡。根据中华人民共和国国家统计局 2017 年 2 月 28 日《中华人民共和国 2016 年国民经济和社会发展统计公报》显示，2016 年全年国内生产总值 744127 亿元，比上年增长 6.7%。其中第一产业增加值 63671 亿元，增长 3.3%；第二产业增加值 296236 亿元，增长 6.1%；第三产业增加值 384221 亿元，增加 7.8%。第一产业增加值占国内生产总值的比重为 8.6%，第二产业增加值比重为 39.8%，第三产业增加值比重为 51.6%，比上年提高 1.4 个百分点。全年人均国内生产总值 53980 元，比上年增长 6.1%。全年国民总收入 742352 亿元，比上年增长 6.9%。

从总体来看，经济没有那么糟糕，但是也没有想象中那么好。无论是“新常态”还是“崩溃论”，都有一个不争的事实，那就是我国确实进入了一个经济增速下滑期，图 3-3 有力地证实了这一点。所以从长远来看，我们亟须解决的问题还很多，资本要素投入增长放缓，投资回报率快速下降，人口红利逐步消失，人力资本没有深化，劳动生产率增速下降等。

2. 通货膨胀和人民币贬值双重影响

2015 年全年 CPI 上涨 1.4%，虽然这是自 2010 年以来首次进入“1”时代，但是根据我国目前 CPI 计算惯例，房地产价格涨幅不计入 CPI 计算口径，以及考虑人民币贬值影响，实际上我们仍然面临较大的通货膨胀压力。2016 年全年 CPI 上涨 2.0%，较上一年扩大 0.6 个百分点，这种通货膨胀压力仍在扩大，同时由于缺少更好的投资渠道，财富向资产投资转移，尽管房价飙升，但房地产市场依然是最佳投资渠道。

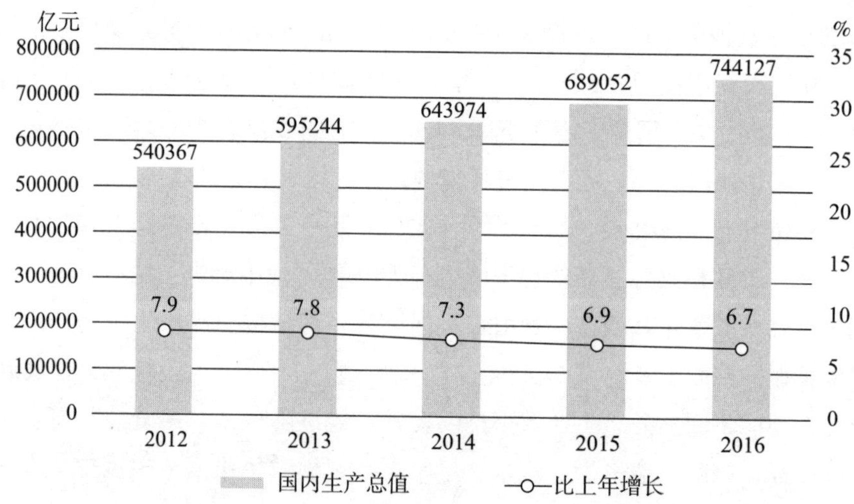

图 3-3　2012—2016 年国内生产总值及增长速度

资料来源：国家统计局官方数据整理。

随着系列调控政策的叠加，房地产业“良莠分化”的特征将越来越明显，政府为了防范泛地产行业风险，在土地供应、开发和销售环节将不断提高准入条件并加强监管，所以在短期或较长时期将对房地产市场产生波动影响。但是，万变不离其宗，任何行业都要遵循市场经济规律，包括房地产市场，“涤旧出新”将不断出现，注重品质和内涵，在产品质量、管理、配套服务等方面不断挖掘价值来源，将是该行业取胜未来的关键。

（三）人口环境

城镇人口数量、人口分布、人口流动等自然属性，直接影响房地产市场的潜在容量。根据我国 2011 年第六次全国人口普查公布数据，中国大陆总人口 13. 397 亿人，十年间增加 7390 万人；城镇人口占 49. 68%，十年间上升了 13. 46 个百分点；中国大陆流动人口 2. 6 亿人，十年间增加了 1. 7 亿人。到 2015 年末中国大陆总人口 13. 7462 亿人，较上年增加 680 万人，城镇人口达到 77116 万人，占总人口比重的 56. 1%，流动人口为 2. 47 亿人，比上年减少 568 万人，从上述两组数据对比分析可以看出，虽然中国大陆人口基数大，但随着城镇人口规模增长、流动人口增加放缓、中国房地产市场需求将逐步缩减，住房市场的潜在容量将逐步压缩。

另外随着我国计划生育政策的后期影响逐渐显现，1980 年代以后出生的“独生代”长大成人，他们组建自己的家庭，加之人口平均寿命的延长，形成了独特的“八四二一”家庭模式。即一个家庭包括了祖父辈的双方爷爷奶奶、外公外婆（8 人），父辈的爸爸妈妈、岳父岳母（4 人），夫妻（2 人）和孩子（1 人），一个计划生育家庭共 15 人，按照每 23 年为一代，家庭平均寿命为 80 岁计算，在短短几年内，家庭人口将减为 7 人，而独生子女父辈去世后，每对独生子女夫妇保守的讲将拥有至少三套住房，连同祖父辈加起来将多达七套，因此那个时候房价不但会跌，而且将面临崩盘的危险。也就是说，中国的人口红利将随着人口出生率的降低、老龄化的急剧增加而逐渐消失，到时候，不仅没有那么多人给我们盖房子，我们也不需要那么多房子，更没有那么多人消化房地产库存。

目前，虽然我国住房市场将逐步向改善型转换，尤其是我国存在的大量 20 世纪 90 年代前后的居民住宅，配套及户型已经难以满足居住需求，有一定的更新换代空间，但是随着人口生育结构的变化、人口年龄结构的推移、家庭规模小型化的演化，这些都将给现有房地产市场带来较大的考验。

（四）社会文化环境

随着市场竞争激烈化，房地产市场品牌化、企业集团化、项目开发规模化将成为趋势。从消费者来看，他们会越来越趋于理性，市场将越分越细，精细化发展将成为趋势，包括企业定位细分、产品定位细分、目标消费群细分，以及项目开发与企业经营的专业化、追求设计的独特性、注重功能的前瞻性、营销策划与市场推广的个性化与差异化等，都将给企业提出品牌优化和整合营销的新要求。

其次，从社会人口结构方面来看，一般规律是 25—35 岁是结婚的高峰期，“60 后”“70 后”在 2000 年左右正好是买房结婚的高峰。但 2008 年后，当 1978 年出生的人口年龄超过 30 岁时，在高峰期出生的人口将结束其买房结婚的高峰期。2008 年前后人口结构变化非常明显，2008 年之后的结婚人口比 2008 年之前下降 30% 多，而且是断崖式下降，这样的人口变动对房地产市场的影响是巨大的。

此外，中国的保障体系不健全促成了大量家庭的储蓄观念。目前“60 后”是主要储蓄者，他们在社会中占比较高。在储蓄率供给充分的情况下，利率水平低下，甚至是负利率，人们必定寻找新的增值、保值手段，或者买房子、或者买股票、或者搞收藏。这些都会推高资产价格，但是随着人口结构的变化，大家也意识到，这种资产很难传承到下一代，因为他们的下一代可能都是独生子女，这些资产给他们带来的边际效用并不明显。因此，从长远来看，房价必然会出现回落。

（五）技术环境

房地产行业是一个集技术和管理于一体的行业，随着精细化、专业化要求的凸显，品牌战略、技术密集、精细化整合设计、研发创新力、制度有效力等技术和管理问题将对该行业产生一定的影响。

品牌是主导企业发展最大的价值，从产品开发到企业形象定位，其背后蕴含的质量和服务是整体品牌的保障。而国内房地产企业的品牌目前多停留在规模集群的表述层面，除万科、保利等少数品牌外，很少有品牌能使人联想到其产品品质，如果企业品牌与产品品质不能有效结合，企业的长线发展将受到制约。纵观其他行业所有成功案例，其市场占有率和利润保障无不依靠自身清晰的品牌定位。所以项目和企业品牌融为一体、统一发展是房地产企业发展的必然趋势。随着市场分化逐步加剧，行业新的格局将逐步形成，包括资金、土地、项目、人才资本的集中，将形成一批有影响力的行业大腕，甚至是行业寡头，他们将从市场到项目选择、规划设计到运作执行等各环节不断追求专业化，对产品的品质高度将重于对项目效率的追求，进而推动房地产业进入产品时代。

随着住房需求的不断饱和，人们对住房观念也将逐步转变，将从追求数量向追求质量转变，对房地产产品技术含量将提出更高要求，而技术含量所带来的是产品质量、人性化、舒适度、节能环保等方面核心居住品质的提升，这些才是地产产品真正立于不败之地的核心竞争力。对于开发商，提高技术应用比例是成功的必由之路，一方面需要依靠常规技术、施工质量、用材品质的提升，另一方面需要创新做真正的高科技、高舒适度生态节能产品。

目前我国房地产还基本上处于粗放型发展阶段，在精细化设计方面仍属于起步阶段，但是高精度整合设计、标准化将是未来产品开发的必然趋势。在房地产品设计中将更多地融入客户未来需求，从结构到户型、室内设计、家装配套、营销策划等都需要更精准、人性化的考虑，可进行灵活的变更和调整以适应不同居住习惯和生活群体。如何突出产品特色和细节设计的多样性，促进销售将是未来地产商需要考虑的重点。

研发创新力是指企业在制度、产品、市场、营销等各个方面的研发能力和创新能力。未来的市场更多的是品质市场，企业需要通过系统地研究房地产的产品形态，研究消费者消费心理和购买行为，研究建筑的外观设计、户型设计等，设计出满足消费者需求的产品，才能够提高项目的销售力。只有在设计方面有大量、独特的创新才能更具有比较优势。

除了工业技术的大量应用之外，管理技术也在不断变化。房地产企业管理制度包括三个层面：最高层面是企业的基本管理制度，包括公司体制及公司治理结构、管理机制、薪酬制度、基本会计制度等；第二层面是企业的工作流程管理制度、规章等，包括行政事务、法律事务、财务、人力资源、采购、工程管理、销售、客户关系等方面的管理规章；第三层面的管理制度包括岗位、部门和项目内部使用的、没有纵向和横向工作接口关系的工作规程。一个企业的成功往往是制度的成功。职能设计合理、职责清晰、工作接口关系明确的组织机构设计比经常推诿、扯皮、内耗的企业更具有竞争力，有健全的管理制度且制度适宜的企业比建立了一堆不适宜、执行不力的制度的企业更具竞争力。

二、微观环境分析

微观环境（micro environment）是指直接影响房地产企业服务其目标市场能力的各种因素，包括企业本身、消费者、竞争者以及社会公众等。微观环境对房地产企业发展具有直接影响，微观环境中的各种行为者都是在宏观环境中运作并受其影响的。

（一）房地产企业内部环境分析

企业内部环境是指来自企业自身管理与经营过程中的各种因素，包括房地产商素质、企业采取的营运措施及后续的物业管理水平等。

目前较多开发商的项目存在房屋漏水、面积缩水、质量低劣、配套设施难以兑现、物业乱收费等问题，这些一方面给消费者带来了生活上的诸多不便，另一方面也给房地产企业自身造成了负面影响。在房地产市场中，开发商与消费者地位不平等、信息不对称，大量欺骗消费者、侵害消费者权益的纠纷频频发生，在很大程度上损坏了房地产开发商的形象。

在地产商品营销手段方面，随着购房者理性决策意识不断加强和推广竞争激烈程度的持续加剧，在很大程度上让楼盘推广销售困难增加。地产商的促销手段花样不断翻新，以内部员工团购价满足消费者的惠顾消费心理，以无理由退房打消消费者的安全忧患心理，以先租后卖完全解除消费者的防御心理使消费者对商品产生足够信心，这些招数都是从刺激消费者的购买欲望出发达到促销目的。其实最好的营销就是让顾客信任你，满意你的房地产商品。营销手段的不断变化给企业带来的直接影响就是成本增加。

地产商品使用期限长，售后服务已经成为人们关注的热点。一旦客户入住后更关心物业管理水平，其传递的信息对其他潜在客户群体具有带动作用。目前物业管理的因素已占到楼宇价值的20%—30%，而且越来越多的房地产投资者把物业管理效果的优劣作为投资和消费的重要选择因素。

从企业内部环境来看，目前我国地产商绝大多数还停留在圈地粗放型发展上，对于产品质量、营销花样、物业服务方面没有实质性改变。

（二）房地产消费环境分析

消费者需求具有多样性，因此其购买动机也是多种多样的，在不同购买动机的作用下，消费者采取不同的购买行为满足房地产消费者需求。房地产企业市场研究的核心内容，也是房地产企业计划发展的出发点，更是房地产市场开发活动成功与否的关键。

动机是指引起和维持个体满足某种相应需要的行为活动，并将此行为活动导向一定目标和方向的内在心理活动意念或愿望。房地产消费者的购买动机可分为：求实购买动机——消费者更注重房地产商品的实用价值；求新购买动机——青年人更易受广告的影响而产生购买行为；求美购买动机——购买者更注重房地产的外观设计；求廉购买动机——购房者更注重商品房的价格希望付出较少而获得较多利益；求名动机——购房者喜欢选购名牌追求品牌开发商的品牌房产；好胜购买动机——以购买某种特殊的房产或以稀少著称的房产来显示自己的不凡之处。

房地产购买行为的过程主要是指房地产消费者在何时何地购买，如何购买，以及由谁购买等问题决定在产生购买行为的过程中与购买有关的行为主体，包括产品的实际购买者、产品使用者、购买决策者、影响购买决策者等。房地产企业在其发展过程中必须对不同的产品进行不同分析，特别是对于购买决策者与影响决策者要有充分的了解与认识，并在广告宣传和推销策略上有明确针对性，使营销活动取得更好的效果。例如在购买时间选择上，一般农历新年前后天气偏冷，夏季7—8月份天气酷热的梅雨季节，均是房屋销售的淡季，不宜开展大规模的推销活动。同样对于购买地点，设计什么样的购买场所与气氛使消费者感觉最舒适，企业据此可以集中有限的力量搞好宣传和促销活动，以此推动房地产的销售。

目前房地产消费环境差异化很大，当然我国绝大多数地产商在研究消费心理方面都能运筹帷幄、泰然面对。

（三）房地产竞争环境分析

市场经济的灵魂是竞争。物竞天择、适者生存、优胜劣汰，唯有竞争，才能使社会经济不断推陈出新，飞跃发展。房地产市场作为一种特殊的商品市场，当然也存在竞争，但是由于房地产商品本身所具备的特殊性质，房地产市场并不具备纯粹、完整的商品市场的所有特性。它是一个不完全的“准市场”。在房地产市场运行中，市场机制、计划机制、法律机制都起着重要作用。房地产市场仍然像一般商品市场那样，其机制核心内容的竞争，成为整个市场运行的决定性因素。

竞争迫使企业想方设法开发新产品，满足客户的不同需求，千方百计提高产品和服务质量，从而大幅度改善商品房及其周边环境质量。竞争要求开发商必须精心策划、精打细算。认真研究市场、分析环境；科学地制订计划和方案，精心编织成本计划、投资计划，从而使房地产业经济活动的每一方面、每一环节都按照规范而科学的程序运行，确保效率和效益。房地产业的一个基本特征是投资额度大、投资周期长。规模大的企业拥有或可调配资源多，在竞争过程中处于优势地位；规模大的项目，便于降成本、聚人气、造声势，自然也处于竞争优势地位。房地产业的信息主要有土地资源信息、商品房供求信息、消费需求信息、城市规划与城市建设信息以及社会经济发展的其他有关信息。开发商一般都非常重视信息资源的开发利用，不仅在具体项目的投资决策时广泛地进行调查研究，收集信息资料，即使在日常的经营活动过程中，也十分注意信息渠道的建设和信息资源的开发利用，以此占据信息的竞争优势。

每个企业，在长期的商务实践中，都已具备或力争具备区别于别人的核心竞争力，或是品牌，或是管理，或是质量，或是服务。一是看其是否存在让顾客感知的价值，即是否能让顾客感受到它的效用；二是看其是否具备让竞争者难以模仿的独特性，即是否形成竞争差异性；三是判断其是否可覆盖多个部门或产品，是否具备扩展性，是否提供进入潜在市场以便扩展和运用的条件。竞争态势是立足于市场调查与分析资料，在综合考察基础上，对自身在市场竞争中的地位所做的一种估计和判断。态势地位不同，意味着竞争态度和策略不同。市场领导者即市场的支配者，他们往往占有绝大多数（40%以上）的市场份额，拥有绝对的影响市场的能力和资源条件。这一类企业所追寻的目标，当然是保持或更突出市场的领导地位。依靠市场调查和消费者需求分析可以发现许多潜在的客户群，针对这些客户开发的新产品就能拓展一方需求。

目前房地产市场竞争环境可以说非常激烈。但各开发商已经意识到危机，都在寻求差异化竞争，避免同质化竞争，在新产品开发、信息利用、人力资源开发、核心竞争力培育方面都力求有所突破。

三、目前房地产行业面临的挑战

房地产发展的过程同时也是市场和政府调控的过程，作为国民经济的重要支撑产业之一，虽然呈现逐步下降的趋势，但是其行业稳定一直是政府工作的重要议题之一。在经济转型期，无论是国家宏观层面，还是房地产企业都面临着巨大挑战，如何面对这些挑战，将是国家长治久安，企业维系生存的重要议题。

（一）融资的挑战

自美国“次贷危机”爆发以来，严重影响了投资人的信心，并对房价造成一定冲击。房地产项目一般投资大、周期长、风险高，不容易出现供求平衡。我国房地产企业内部融资主要包括自有资金和预收的购房定金或购房款。预收的购房定金或购房款虽然可以部分筹集建设资金并将市场风险转嫁给购房者，但是房地产企业单纯依靠内部融资是不能满足其全部资金需求的，更多的资金需要通过外部融资获取，主要渠道有发行股票、股权投资、发行企业债券、银行贷款、房地产信托、利用外资、合作开发、产业基金等。而目前房地产企业融资渠道单一，主要是通过银行贷款。据统计，全国房地产开发资金中银行对开发商发放的贷款占23.86%，企业自筹资金占28.69%，定金及预收款占38.82%，定金及预收款大部分也是银行对购房者的个人住房贷款，所以我国房地产开发资金约有60%~70%来自银行贷款，房地产开发资金对银行的依赖程度很高。高地价推动房价上涨的模式实际上是透支市场购买力和区域成长空间的做法，如果后市进行调整，该类区域将面临较大冲击。业内人士指出，房价快速上涨的同时提升了金融性风险，如果市场调整，银行资产价格缩水，金融风险将加剧，因此很多银行开始收口子，对象就是开发贷款、个人按揭贷款。其次房地产企业融资窗口期也渐行渐远，从A股市场上市房地产企业近几年公司债的发行数据可以看出其发债成本都有所上升，也意味着房地产企业直接融资成本已呈上升趋势。随着房地产下行压力加大和政策调整加剧，行业内部分化严重，持观望态度的人将增多，融资潜在客户将减少。

（二）开发模式挑战

中国房地产未来模式的创新将是企业的核心竞争力，因为城市化进程还将继续，房地产企业要改变视野和立足点，不在于地产而在于城市；不在于开发而在于整体运营。传统地产投资模式将无法支持新的浪潮，房地产市场将从“供求失衡”向“供求平衡”转变；房地产行业将从“整体扩张”向“结构分化”转变；房地产企业将从“追求规模”“粗放经营”向“追求利润”“精细经营”转变；普通消费者将从“盲目追逐”向“理性回归”转变。从战略层面来说，就是要推动“大城市圈”的新生项目；就是要坚持联动开发方式；就是要坚持综合性发展，引入大量产业服务机制和产业内容；就是要将经济、商业、民生、社会、人文等进行全面整合。因此房地产企业一方面面临着新技术、新业态、新模式的深刻影响，面临着跨界竞争、颠覆性的商业创新模式的不断挑战；另一方面，企业成长模式发生革命性、颠覆性的变化，线性、积累性、连续性的成长模式，逐渐被非线性、跳跃式、突变性的成长模式所取代，企业在竞争中更替速度加快，这些都将是新时期房地产企业面临的新型挑战。

（三）高增长红利缩减的挑战

自 2010 年以来，房地产行业销售净利润呈下降趋势，土地成本、融资成本和人力成本快速攀升是侵蚀房地产企业利润的三把利剑。房地产行业经过了 15 年高增长后增速有所回落，在这种情况下，先前行业中某些不合理的利润将不复存在，回归理性市场也使得利润下跌，那种房地产市场遍地是金的局面将一去不复返了。

但是，房地产的“音乐”并不会停止，只是从过去慷慨激昂的进行曲逐步向温婉舒缓的华尔兹过渡。相对于进行曲的激昂，华尔兹的节奏和风格更加多变，更讲究合作，具备更强的生命力，这也是很多企业对房地产行业未来的憧憬。

随着宏观经济增速换挡和结构调整的不断深化，中国经济逐渐步入“新常态”，宏观经济高增长的红利将逐渐缩减，在此背景下，如何寻找新的高成长发展空间，将是房地产企业一个全新的挑战。

第四节　经济新常态下中国房地产去库存的重要性

改革开放以来，中国城市化进程迅猛，造就了异常火爆的房地产市场。从 20 世纪 90 年代开始，经营城市理念逐渐风行，基本上都走了一条相同路径：营造环境—推高地价—抬高房价。房地产价格的一路飙升，大大增加了财政收入，又利用大量资金反哺城市建设。这些年城市面貌的日新月异，基础设施的不断完善，就是城市经营的结果，也是房地产行业的贡献。

房地产业产业链条长，对经济拉动作用大，但物极必反，原则上讲凡是能够工业化批量生产的物品，都不可能只涨不跌，尽管房地产项目地段不可复制，但价格上涨超过合理限度，也是不可持续的。从 2013 年开始，不少城市供需关系出现转折，只涨不跌神话被打破，开发进度并未放缓，于是出现了中国特色的房地产库存问题。关于房地产库存数据，能说清楚的人好像不多，官方与民间的数据差异很大。国家统计局在 2015 年 11 月末公布数据显示，截至 2015 年 10 月，全国商品房待售面积为 6.9637 亿平方米，尚未开工的企业拿地库存面积 42.3 亿平方米，在建商品房面积

（扣除预售）49.1亿平方米。如果假设待售商品房面积全部是住宅待售面积（实际上住宅待售面积仅占一半以上），按照城镇户籍人口人均36平方米的住房面积来计算，可供2.7323亿人居住。而中国社会科学院的估计数字认为，2015年底商品房库存量为40亿平方米左右。北京师范大学钟伟教授估计，中国房地产库存数字更可能在85亿—90亿平方米。不论这些数据真实与否，其实都在传递一个共同信号，那就是房地产库存已经达到非常严重的程度了。

另一方面，我国经济进入了新常态，经济新常态是调结构稳增长的经济，而不是总量经济；需要更加着眼于经济结构的对称态及在对称态的基础上的可持续发展，而不仅仅是GDP、人均GDP增长与经济规模最大化。经济新常态就是要找准经济增长点，就是要调整结构稳定增长。为了实现“调结构稳增长”的目标，政府需要实行常态化的财政政策。根据再生经济学原理，无直接经济效益的长期基本建设投资永远优先于有直接经济效益的中短期基本建设投资，基本建设投资永远优先于生产资料生产投资，生产资料生产投资永远优先于消费资料生产投资。由于无直接经济效益的长期基本建设投资只能由政府实施，所以政府投资永远优先于民间投资。同样再生经济学认为，只有增量改革才有存量调整，只有新经济增长点才能优化结构、化解产能过剩、实现经济结构优化升级、转变增长方式、保证经济质量。由于节约有利于积累，积累有利于投资，投资有利于生产和经济发展，所以节约观念、居民高储蓄率有利于经济发展，而铺张浪费、“寅吃卯粮”不利于经济发展，“消费拉动经济”也许是个伪命题。经济发展需要投资驱动和创新驱动双管齐下，只有靠投资驱动，创新创业和先进技术促使产业结构升级、效率提高、增长方式转变，提高经济质量才有基础，投资驱动才有明确的目标和方向，使投资更加有效。

中国经济进入新常态，就意味着经济增速放缓，意味着经济增长速度更加平稳，增长动力更加多元化，意味着经济结构需要优化升级，经济结构将发生深刻转变，质量会更好，结构会更优。那么我们发展了几十年，曾经一夜暴富、良莠不齐的房地产行业必然也要适应新常态，做出巨大改革，首要的问题就是当前的去库存，全面化解房地产产能过剩。

2015年11月10日，中共中央总书记、中央财经领导小组组长习近平主持召开中央财经领导小组第十一次会议提出要化解房地产库存，促进房地产行业持续健康发展。在2016年全国两会上，李克强总理在政府工作报告中明确指出，2016年重点工作之一是去库存，这些都表明房地产库存问题已经成为当今社会共有现象，房地产库存问题已经成为影响我国经济发展的重大问题，已经到了不得不解决的地步。去库存对于我国政治、经济健康发展具有重要意义。

一、去库存关系到国家政治稳定发展

房地产具有双重属性，一个是市场属性，另一个是民生属性。政府要为买不起房的低收入阶层提供居住地方，适时调节政府保障房和商品房比例，对保持房地产市场健康平稳发展具有重要作用。市场需求高时，多释放保障房用地，增加保障房供应，抑制市场过热；市场需求较弱时，适当减少保障房用地的供应，以求市场回暖。政府通过对供求关系的把握，引导百姓对房地产的理性消费，减少投机行为。

在中国传统文化里，一个重要的观念是“安居乐业”，普通民众对“居”是非常看重的，认为没有房子就没有“家”，这种文化根深蒂固。一方面房价高企不下，低收入人群望价兴叹；另一方面“高库存”导致企业资金压力巨大，严重影响正常经营。这种供需矛盾仅靠市场这只“无形的手”已经乏力，必须依靠政府调控这只“有形的手”。因为如果不能有效“去库存”，导致房地产行业全面萧条，而房地产行业链条长，影响面广，会导致系统性风险全面爆发，严重影响国家政局稳定。2008年7月美国房地产抵押贷款巨头房地美和房利美身陷次贷危机，从而引起金融动荡就是一个最好的例子。

一个行业的库存问题，被当成“国家任务”来解决，确实是30多年来的改革开放前所未有的新现象。毫无疑问，房地产的库存问题如果解决不好，可能导致地方政府破产，如果房地产倒下了，占其总财政收入60%左右的政府卖地收入及各种税费收入将无法保证；如果库存问题解决不好，可能将银行系统拖垮，发生系统性金融风险，到目前为止，房贷应该是银行最安全的资产之一，若这最安全的资产发生问题，银行的基本业务就会有危险；如果库存问题解决不好，可能导致社会上不稳定因素大增。

就居民来说，其一辈子的财富可能就集中在一套房子上，通过按揭贷款还产生了杠杆，如果房价下跌，售价不能偿还自己的按揭贷款，个人可能破产，造成社会不稳定。所以房地产去库存值得国家背书，因为它关系到整个国家政治稳定。

二、去库存关系到国家经济健康运行

房地产是财富的基石，在居民财富中占比很高，是银行贷款最主要的抵押物，房价暴涨暴跌都是极其不利的，美国的次贷危机最初的标的物就是房地产。随着房地产不断繁荣，民众信心膨胀，银行乐观估计，提供各种优惠把款贷给百姓买房，甚至贷给了根本没有偿还能力的购买者。金融机构将这些贷款通过资产证券化的方式循环打包，在市场上出售。杠杆率不断加大，接盘者根本不了解也不想了解标的为何物。泡沫吹过了总是要破灭的，当基础标的物出现下跌，在这基础上建立的大厦就会轰然倒塌。违约的人多了，银行资产缺乏流动性，手里拿着大量房子的消费者必须尽快变现，但当大家都在抛售的时候，房屋根本无法出手，金融危机由此爆发，这比单个行业的危机要严重得多。

房地产业的发展无疑对宏观经济影响巨大。房地产业至少包括两方面：一是房地产开发投资，二是住房消费，这两方面对其他产业有很大的拉动作用，并关系到地方税收和政府收入。从房地产开发投资看，影响到钢材、水泥、建筑设备、建筑业、就业、地方政府土地出让收入等。从住房消费看，影响到装饰装修、家电、家具等。同时，房地产交易还影响到地方税收。

房地产开发投资对经济的影响，包括创造就业机会、增加职工收入、贡献政府税收等直接效应，带动家具、建材、家电、建筑、家装、钢铁等相关产业发展的间接效应，还包括在直接和间接效应下获取收入或利润的人将其收入用于购买商品和服务的诱导效应。可以看出，如果房地产经济活动放缓，对宏观经济、地方政府、房地产及相关行业企业与职工，都会产生负面影响。

房地产行业产业链条长，对拉动经济作用很大，影响程度也很高。地产开发贷、住房按揭贷、政府平台公司贷，以及各种各类企业贷款的抵押物中跟房产、土地有关的比例非常高。泡沫一旦破裂，银行贷款的重要基础垮了，后果很严重，甚至会引发金融危机，所以要确保行业健康、平稳、可持续发展就必须化解房地产库存。

如果房地产库存居高不下，建设资金、营运资金流转不起来，企业就会陷入资金危机，银行贷款成为呆账甚至坏账，多米诺骨牌效应随即而到，整个国家经济秩序、经济环境将受到重创。所以房地产去库存事关国家经济运行大局。

三、去库存关系到房地产行业健康发展

从长期趋势看，住房市场已经跨越了数量短缺阶段，正从追求数量向追求质量转变，改善型、季节型、第二住房、高舒适度住宅、适老住宅、青年公寓等差异化、特色鲜明的房地产品将成为市场供给重点。房地产供过于求是在近几年形成的共识，房地产库存过量与之前盲目投入、僵化管理相关。房地产去库存从根本上还是要依靠企业自身，政府、行业主管部门只能引导，无法也不可能直接介入。如果引导得不好，这个市场情绪调动不起来，消费者消费意愿不积极，库存将如同滚雪球越滚越大，企业运行困难，最终将面临关门大吉，那么后续的问题仍然需要政府接手。同时，大量房地产企业倒闭，行业重新洗牌，这对行业发展的打击是致命的。当然房地产去库存，能够使得房地产企业有更多的流动资金，经过经济新常态的洗礼，房地产企业势必对房地产未来布局和行业发展有了更加深刻的认识。一方面，中小企业在投资建设时会更加理性，对于资金管理和防控风险能力也会有相应提升；另一方面，大规模企业能够通过平衡产业布局进行更加有效的风险管控，提升自身房产投资建设能力，同时针对一些大型房产企业进军海外市场的实际情况，能够提供一些积极参考。总之，通过减少库存量，企业能够获得足量的流动资金，进行产业升级，提升自身行业生存能力。

房地产是连接短期经济运行和长期战略实现的核心关键，是连接工业化与城市化两化之间的核心，是连接投资与消费的核心，是连接超时与乡村的核心，是连接实业与金融的关键点，是连接传统和创新的关键点。做好去库存工作，纠正发展中的偏差，为房地产发展卸下包袱，才能真正为

去产能调结构提供空间，为房地产行业发展开辟一条新的道路。

四、去库存有利于维护社会稳定

房地产库存持续走高，使得房地产开发商资金容易出现问题，严重的甚至导致资金链断裂，尤其是中小开发商往往由于产业布局单一，融资成本高，根本无法从银行贷到款，再加上当前房地产形势不好，很多开发商停工，形成烂尾楼。烂尾楼的存在使得很多动迁户无法回迁，购买者无法入住的事件频频发生，一些购房者为了买房耗尽了毕生的积蓄，这无形中给社会带来了一定的不稳定因素，集体上访、维权人数急剧攀升，一些地方政府在解决此类信访事件中因为不作为或作为不够等原因造成了流血冲突事件。这是烂尾楼现象带给社会的沉重负担，也是我国经济转型发展必然需要解决的房产事件。

综上所述，去库存表面上看是一个时期经济发展的问题、是一个行业的问题，实质上是关系到国家政局稳定、经济健康良好发展，人民安居乐业的公共问题。因此去库存在当前政治经济生活中具有重要和深远意义。

第四章　中国房地产去库存路径及可行性和制约因素分析

经过十多年的发展，房地产市场利益失衡。投资投机者、开发企业、各级地方政府、刚性需求者，共同拉动了房地产的快速发展和价格的不断攀升，由此导致中国房地产开发规模、开发范围都急剧增加。过去的土地财政格局和盲目追求 GDP 的发展目标，促使地方政府过量拍卖土地，鼓励房地产开发商进行大规模的房地产开发；不断上涨的房地产价格既强化了这种无序开发、无序竞争行为，也诱使全社会的各种投资投机需求疯狂的参与其中。

2015 年开始，全国房地产市场开始出现分化，北京、上海、广州等一线城市供小于求，房价持续上扬；部分二线城市及三四线城市市场恢复缓慢，出现滞销现象。房地产开发商利润率普遍下调，大型房地产企业集中度进一步加强，中小型房地产企业纷纷剥离地产业务谋求新的发展转型。由此积留的房子，形成了巨大的库存。化解房地产库存是 2016 年经济社会发展的五大任务之一。如何消化库存，通过哪些路径去化解房地产库存，将促使房地产行业集中度提高、规模化增强，成为学者研究的热点。

第一节　去库存路径之一：农民工市民化

一、农民工概念及其发展历程

农民工是指户籍仍在农村，进入城市务工和在当地或异地从事非农产业劳动的劳动者。农民工是中国特有的社会现象，也是中国改革开放几十年来人口红利的巨大贡献。据国家统计局发布的《2016 年全国农民工监测调查报告》显示，2016 年全国农民工总量 28171 万人，其中本地农民工 11237 万人，外出农民工 16934 万人。

当今社会对农民工存在一定的误解，认为农民工就是搞建筑的，其实他们从农村来到城里打工，遍布各行各业，有些白领也是农村户口。农民工大多数是一线工人，他们往往无奈地在贫困线上苦苦的煎熬，过着“蜗居”的日子，不能公平地享受社会各种保障。

中国的改革最初是从农村开始，从 1978 年第十一届三中全会召开后的四五年时间，困扰全国若干年的粮食问题得以解决，农村产业结构开始调整，促进了农村加工业、乡镇企业的蓬勃发展，出现了第一次民工潮。乡镇企业共接纳一亿多农村剩余劳动力。第一次民工潮以乡镇企业为就业目的地，体现了“离土不离乡、进厂不进城”的特点。

但是，乡镇企业的快速发展成为计划经济部门的有力竞争者，政府有关部门局限于计划经济观念思维，没有很好地把握住此次农村城市化的机会。1988 年，出现了全民大抢购，国家采取了财政紧缩政策，对乡镇企业产生了较大冲击，出现了不景气的现象，接纳劳动力的能力大大降低。与此同时，邓小平南方谈话之后，中国改革开放迈向了一个新的征程，各种各样的开发区迅速发展，对人力资源需求扩大，1992 年共有 4000 万农民工进城务工，这就是历史上的第二次民工潮。此次农民工的目的地是城市。

第一代、第二代农民工的出现，为我国社会经济发展做出了巨大贡献，社会对农民工的认识以及农民工群体自身都发生了较大的变化，催生了新生代农民工的出现。所谓新生代农民工，主要是指“80 后”“90 后”，这批人在农民工中占到 60%，他们上完学以后就进城务工，相对来说，对农村、农业不是那么熟悉；另一方面，他们渴望进入城市、融入城市，而城市在很多方面没有完全做好接纳他们的准备。新时代农民工年龄偏小，以“三高一低”为主要特征：受教育程度高，职业期望高，物质和精神享受要求高，工作耐力低。中国社会科学院研究院王春光用更为学术的语言对他们进行了描述：新生代农民工有 76% 未婚，基本上没有务农的经历，很多是从学校毕业后就直接外出的，甚至连基本的农业常识都没有；从动机上看，他们基本上不是基于“生存理性”外出，而是更多地将流动视为改变生活方式和寻求更好发展的契机。

二、农民工进城买房去库存的可行性

新生代农民工如今已经成为农民工主体。对于新生代民工来说，他们向往城市，却不被城市接纳；他们根在农村，却对农村日益疏远。城市对他们意味着一种新的生活方式，意味着不一样的前途，不一样的命运。他们希望通过进城务工或经商，以此改变祖祖辈辈“面朝黄土背朝天”的生活。他们有强烈的在城市生活的愿望，预期上是可行的。

从国家政策环境来看，2015 年 12 月 21 日，中央经济工作会议在北京闭幕，会议将“稳定房市”作为中央经济工作关键字眼，指出去库存更是五大任务之一，单独成段论述，而农民工进城买房，被提到了化解房地产库存的政治高度。在此次会议上提出：要按照加快提高户籍人口城镇化率和深化住房制度改革的要求，通过加快农民工市民化，扩大有效需求，打通供需通道，消化库存，稳定房地产市场；要落实户籍制度改革方案，允许农业转移人口等非户籍人口在就业地落户，使他们形成在就业地买房或长期租房的预期和需求；要明确深化住房制度改革方向，以满足新市民住房需求为主要出发点，以建立租购并举的住房制度为主要方向，把公租房扩大到非户籍人口。这些措施的提出，意味着国家政策环境是宽松的，允许、支持和鼓励农民工进城买房。

从目前国家和社会发展实际情况来看，农民工进城买房也是可行的。《国家新型城镇化规划》提出的目标是到 2020 年实现常住人口城镇化率达到 60%。目前，中国城镇化率大约为 55%，城镇常住人口约 7.6 亿。有专家预测，按照全国 14.5 亿人口的总量算，未来五年内会有 1.2 亿农民工进城。按照人均 30 平方米的住房推算，若有 70% 人口选择在城镇购房，将带来总量为 25.2 亿平方米的潜在需求，即“新市民”将拉动每年约 5 亿平方米的住房消费。更有著名经济学家茅于轼提出，“从长远看，进城打工的农民工，应该是唯一能够成为大批卖方的未来客户”。

此外，随着我国经济的快速发展，农民财富也有一定程度的集聚。根据国家统计局对外公布的《2016 年农民工监测调查报告》显示，农民工月均收入达到 3275 元，比上年增加 203 元增长 6.6%，增速比上年虽有所回落但仍高于城市员工增长均速。图 4-1 是 2011 年以来农民工收入增长情况，可见其收入可谓是稳步上升。另一方面，农民工的消费支出人均 1012 元，约占收入的三分之一。很多农民工家庭，一家三口四口就职于不同的行业和地域，家庭毛收入一般可达到 5 万—8 万元。一般一个农民工家庭经过三至五年基本能够有一定数量的积蓄。部分家庭有能力支付在三四线城市的购房消费。

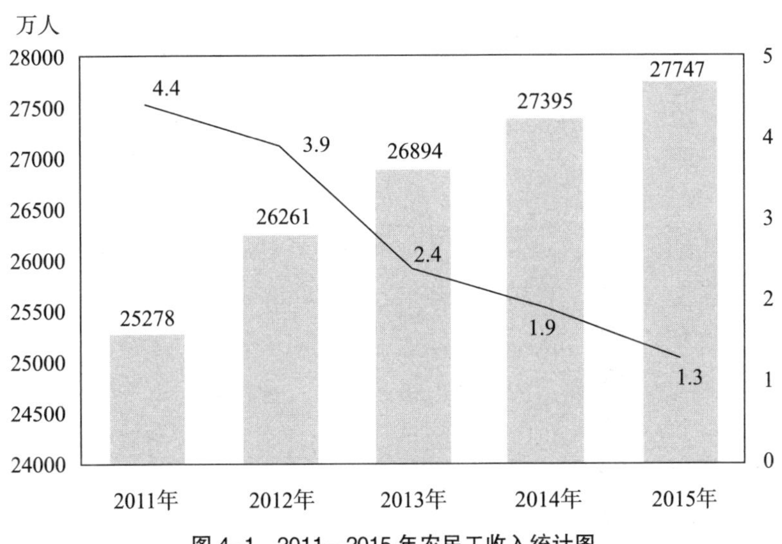

图 4-1　2011—2015 年农民工收入统计图

资料来源：国家统计局《2016 年农民工监测调查报告》。

中国农村的婚恋观也是影响农民工进城买房的另一可行因素。成家立业是一件人生大事，而对于已经接近 1 亿人的新生代农民工来说，虽然这件美好的事有些沉重，但也有些期待。和父辈相比，新生代农民工距离乡土更远，却未必距离城市更近。城市经历使他们的婚恋观更加现代，但缺乏相应的社会环境支持，谈一场自由恋爱，有一个温馨小家，也许是他们最大的幸福。所以，越来越多的新生代农民工渴望在城镇安家落户，渴望在城镇拥有自己的爱巢，这不仅是他们市民化的象征，也是他们绝大多数人成功的象征。目前，中国新生代农民工结婚，很多都会在附近的城镇购买住房，或是依靠自己积蓄，或是依靠父辈扶持，或是按揭贷款……无论何种方式，进城购买婚房已成为一个普遍现象。因此，传统的婚恋观也使农民工进城买房化解库存成为可能。

三、农民工进城买房去库存的制约因素

农民工进城买房，消化城市房产库存问题，从中央到地方，都有各种做法，但是也存在一定的制约因素。

农民工的家庭属性首先是农民，农民进城买房的首要问题就是资金。我们把农民从经济上分为三类：低收入人群、中等收入人群和高收入人群。按照目前我国的实际情况来看，家庭年纯收入不超过5万的可以定义为低收入人群。这类人群基本上一个家庭没有固定职业者，家里的劳动力多会出去打工，他们的收入一般在一年6万—7万元，扣除开销，能有3万—5万的结余。这些钱多用于老人看病、孩子上学、人情开支，一年下来，存款寥寥无几，如果没有其他支持，其进城买房的可能性很小。第二类是中等收入人群，农村的中等收入人群家庭年收入在5万—10万元之间。他们基本上在家乡从事某种职业，他们对土地、对家乡的依赖性非常高。做厨师的离开了熟悉的客户群挣不了钱，种粮食的离开了土地没了收入……这类人在农村本可以舒坦的生活，没有必要进城折腾，除非有更好的收入。第三类是高收入人群，家庭年收入在10万元以上，这类人比例较小，他们在城里买房的可能性较大，当然也有生意的地域性、子女上学就业等问题掣肘。

其次，农民进城买房的客观条件不成熟。对于农民工进城购房落户，城市配套设施仍然存在较多的短板，比如农民工最为关注的就业、教育、医疗、养老等问题。

从目前我国城镇化的进程来看，急需消化库存的城市主要集中在三四线城市以及小城镇。因为大城市的就业岗位和创业机会较多，基本公共服务较好，所以我国农村向城市的人口流动基本上集中在大城市。大量人口涌入大城市，又会进一步加剧大城市交通、住房、就业等各方面的矛盾，所以政府希望控制大城市的规模，发展中小城市规模或加快小城镇的建设，这就导致了人口流向和国家城镇化的发展方针不一致。在农民工市民化进程中，城市地区政府的主要财政负担在于新市民的就业、教育、医疗、养老和住房，所以从当前的情况来看，要全面实现基本公共服务向农业人口的覆盖，还需要一个较长时间的财富积累

和改进过程。

农民工进城务工，依旧掌握不了任何的生产资料，在房地产利润的分割中，属于劳动力成本投入高，但回报率低的群体。体力耗损带来的各种疾病，权益受损带来的各种冲突在中国屡见不鲜。城镇化的发展应该打破这个群体进入城市的门槛，让他们自由平等地享受各种权益。所以，当前城市对于农民工市民化的短板还不具备短期内补齐的能力。这也是农民工市民化去库存的最大制约因素。

最后，农民进城买房的主观条件不成熟。目前我国农民工数量多，收入低。农民工没有在城市安居落户的资本，无法承担高昂的住房贷款。虽然在农村，土地带来的收入具有季节性和周期性，但是土地成为唯一可以为农民提供长期稳定收入的资产。回顾几次重大金融危机，相比资本主义国家，中国能够相对平稳地走出危机的阴影，一个重要的原因就在于中国经济受到冲击时，大批农民工可以返乡依附于土地，也在一定程度上减轻了经济回稳的负担。

虽然考虑到近年来农民工的收入有所增长，具备一定购买能力，但是却没有考虑到农民工的购买欲望。有效需求包括购买能力和购买欲望，根据四川省统计局的一项调查项目，四川省进城务工人员对将农村户口转为城镇户口普遍较为谨慎，有半数被调查者不愿意将农村户口转为城镇户口。近年来，农村各种显性和隐性土地使用市场出现，使得土地价值不断攀升。一方面土地的经济价值提升了；另一方面使农民普遍意识到，土地不仅仅是一种保障其生存的资源，还等价于其个人及家庭长期的财富。在这样的背景下，城市购房入户吸引力必然下降，仅仅依靠政府刺激农民工进城落户就不会达到理想的预期。

在中国的经济转型过程中，农民工扮演着重要却又有些被动的角色。一方面，农民工话语权较低，利益受到侵害时，很少能够用正常的渠道去保护自己的合法权益；另一方面，对于工作地点的选择，他们扮演着“追随者”的角色，他们没有固定的工作，又如何能够抉择在哪个城市买房呢？

影响农民工在城市买房的另一个重要影响因素就是城市生活成本。最直接的表现就是，农民在农村身无分文可以生存，而在城市一日身上无钱就意味着无法生活。实际上，多数农民工进城务工，却更倾向于回乡养老，这也导致其在城市购房的欲望必然不高。

第二节　去库存路径之二：房地产企业并购重组

中央经济工作会议提出鼓励房地产开发商调整营销策略，适当降低住房价格。中小型房地产企业行业地位低、资金实力差，降价潜力小；大型企业处于绩优领先地位，又无降价欲望。马太效应在行业愈演愈烈，行业并购成为可能。

一、企业并购重组基本概念和理论

房地产企业并购包括兼并和收购两层含义、两种方式。国际上习惯将兼并和收购合在一起，统称为 M&A，在中国称为并购。兼并又称吸收合并，指两家或者更多的独立企业、公司合并组成一家企业，通常由一家占优势的公司吸收一家或多家公司。收购是指一家企业用现金或有价证券购买另一家企业的股票或资产，以获得对该企业的全部资产或者某项资产的所有权或对该企业的控制权。

房地产企业并购的动因可以概括为获取资本、土地、政策与资格等资源；扩大战略发展范围，增强企业竞争力；培育公司新的利润增长点或形成新主业；资源整合，实现价值转移和价值创造；国有企业战略改组、优化资源配置、调整产业结构。

住房市场化初期，全国各地出现了大量的房地产公司，这些公司普遍规模小、资金少，甚至开发活动带有很大的投机性。经过这么长时间的发展，这些企业已经很难继续下去，效率低下，但他们却占用着绝对数量不少的社会资源，这些资源要在市场中重新进行优化配置，只有被一些大集团并购重组才能实现。此外，我国城市建设的重点在基础设施和旧城改造上，这类项目的投资期长，投资额也比较大，技术要求高，小企业很难胜任。对于一个房地产企业而言，要想真正具有高成长性，仅仅依靠企业内部管理型战略是远远不够的，因为一个企业不是孤立的，它自身要在一定的环境中成长，同时又要和很多企业发生联系，这就是企业的外部交易型战略，它在企业发展中尤为重要。因为交易型战略调整强调的是通过资本运营，如组建合营企业、战略联盟、长期融资、进行兼并与收购等，来实现企业的超常发展。当今世界实力雄厚的大集团公司，无一不是通过交易型战略的多次运用才取得今天的规模、市场份额和强大的竞争优势。

随着我国房地产市场从量变向质变转折点的到来，房地产企业的并购与重组也是箭在弦上、不得不发，不管并购目的是出于增强竞争，还是优势互补；是出于新市场进入，还是经营多元化；房地产企业的并购和重组都显得尤为重要，通过并购与重组发展一些实力雄厚、规模宏大、竞争力强、多元化经营的综合性企业，也是行业发展的重中之重。

二、房地产企业并购重组去库存可行性分析

鼓励房地产企业兼并重组，降价去库存作为中央去库存措施之一，具有一定的可行性。

首先，目前我国房地产总体上已经供大于求，一二线城市局限于地块供应、城市规模的限制，要想继续大规模开发已不太现实，他们的发展需要新的战场，开发商开始将重心转向三四线城市，在各种退出机制逐步建立、日益完善的现阶段，进入三四线城市开发有品质的地产是个不错的时机。很多大型房地产企业为了降低成本，加速融入当地开发，选择本土房地产开发企业合作。

其次，本土房地产企业一般在当地拥有一定的社会资源，对当地风土人情、风俗习惯等都非常了解。但是这些企业大多数集中在三四线城市，这样的城市消化能力较差，抗压能力也较弱。去库存面临压力更大的是中小型房企，主要原因是基础库存比较大，去化能力动力不足。在这样的情况下，大房企的进一步扩张压缩了小房企的生存空间，中小企业只有被兼并、淘汰或者转型。中国房地产及住宅研究会副会长顾云昌表示，面临很大的挑战，对房地产行业不是坏事，有些企业被大企业兼并了，行业发展会更加健康，我们不可能指望所有的企业都好，优胜劣汰是市场的必然表现。顾云昌也认为，楼市深度调整，中小房企退出房地产市场或被收购是正常现象。“好的企业强的企业会脱颖而出，越来越强越来越大，而那些没

品牌的，运作能力差的、资金实力差的企业将被淘汰，这样下来就会使好的企业产品品质更好。我们过去是好坏都赚钱，这种市场其实不是一种好市场。”顾云昌表示。[①] 近年来，房地产企业并购宗数增长较快，2016 年房地产行业并购宗数为 217 宗，涉及金额为 4012.5 亿元，同比上升 44%，涉及金额规模仅次于材料行业；2015 年并购案宗数为 341 宗，涉及标的价值为 2853 亿元，同比增长 12%。从上述分析以及事实证明，房地产企业并购是一种趋势，是完全可行的。

最后，通过并购一方面可以改变房地产企业竞争格局，无论是基于地产开发层面的规模扩张，还是以并购促进自身多元化发展，进而反哺主业寻找新的利润增长点，不管是受政策主导推动的提质增效，还是避免同业竞争，房地产企业并购都带来了积极的变化。通过并购，行业集约化和专业化程度将不断提升，房企的竞争也将更为激烈，通过兼并收购，本身就具备竞争优势的房企势必会“强者恒强”，而地产开发基础较为薄弱的房企将面临被收购整合的风险，房企之间优胜劣汰加剧，竞争会更加激烈，市场会更加健康。通过并购，房企的竞争格局将发生改变，两极分化也将逐步扩大，马太效应更加明显。通过并购，地产开发延伸细分领域将出现更多机会，这些领域包括代建、物业、医疗、金融等，部分房企凭借在其细分领域的口碑优势，抓住时机，以收代购迅速占据市场份额，奠定竞争优势，发挥自身特质，在细分领域寻求新的机会。通过并购，使得房企规模效应扩大，承压能力加强，降价成为一种可能，去库存成为一种可能。

三、房地产企业并购重组去库存制约因素分析

降价去库存无疑是一种较为理想的路径，房企适当让利，降低库存规模，但不动产作为兼具投资和消费品属性的大额资产，购房者“买涨不买跌”的投资心态浓厚。若房价发生普遍性降价，则很可能会影响潜在购买需求和投资需求，反而会影响房地产企业消化库存。另外，房地产企业的兼并重组案例不多，主要原因在于有能力并购的大型房企和中小型房企的

① 搜狐财经：http://business.sohu.com/20151208/n430206649.shtml。

区域分工明确，多数大型房地产企业业务重点在一二线核心城市，中小型房企则主要集中在本地域内的房地产市场，二者很难有交集。

去库存作为国家战略任务，倡导鼓励企业并购的目的实际是希望通过降价来化解库存。但事实上，房价并没有降低，而且真正需要去库存的三四线城市也没有展现明显效果。

从宏观区域角度来说，市场出现严重分化，这是正常现象，本身一二线城市和三四线城市在资源分配方面是不均衡的，房价外化的市场表现也自然不同。国家信息中心经济预测部主任祝宝良表示，我国房地产去库存时期的价格上涨与去库存的初衷相悖。他解释说："如果农民工不买房，我们的房子就多了，如果农民工买房子的话，我们的房子是不够的。但是房地产通过 P2P 等方式加了很多杠杆，价格开始暴涨，但是市民化这块没有起来，反而造成土地价格进一步上升，房价进一步上涨，这跟当时的初衷是违背的"。

在楼市去库存的大背景下，为什么房价反而会涨呢？原来大家都以为只有房价上涨才能去库存，一线城市带动二线城市，然后带动三四线城市，真的这么简单吗？其实对于一些高库存的三四线城市早就不是房价涨与跌的问题，期待通过房价上涨刺激消费或者通过房价下跌吸引消费者可能都难以真正实现目标，即使房地产库存数据降了，这也不仅仅是一个行业的问题，而是涉及教育、户籍、就业、养老等各方面的问题。

所以，去库存永远不能只是停留在纠结房价上涨与下跌上。湖北省省长曹广晶曾经说过，过去我们担心房价上涨，如今更应该担心房地产价格下跌。泡沫一旦破裂，银行贷款的重要基础垮了，后果很严重，甚至会引发金融危机，这比单个企业甚至单个行业的危机严重得多！

不管如何，房地产绑架中国经济已经成为一个不争的事实，所以就有两种截然相反的观点，一种观点是既然房地产绑架了中国经济，那么就不允许房价出事，不行了就一定要通过宏观调控来刺激；另一种观点则是已经被绑架了，那么关键时刻再刺激一下也无妨。也就是说，不管如何，都需要刺激，房地产才能向前发展。所以单纯地通过兼并重组、降价促销去库存存在观念性、系统性制约。

第三节　去库存路径之三：政策性调整

房地产关系到国计民生，关联着多个行业，国家要进行宏观政策性调控，让其有序、有效、有力、有利发展。房地产政策性调整主要是指国家利用经济、法律和行政等手段，从宏观上对房地产行业进行指导、监督、调节和监控，促进房地产市场总供给和总需求、供给结构与需求结构的平衡与整体优化，实现房地产整个行业与国民经济协调发展的管理活动。

一、我国房地产政策性调控发展历程

我国房地产调控政策是伴随着国家住房制度变化及国民经济整体健康发展而展开的，可以说调控政策年年都有，调控频率越来越频繁，调控力度越来越大，调控影响越来越广泛。概括起来，分为以下几个阶段。

第一阶段：1978—1985 年。这个阶段的主要政策目标就是所有制试水。在此之前，我国一直是计划经济、国有经济，宁要社会主义的草，不要资本主义的苗。整个经济体制就是管得过多、统得过死，没有朝气和活力，只要公平没有效率，严重制约了社会经济的发展。

1978 年，邓小平同志提出解决住房问题的政策能不能宽一点的想法。为我国住房政策改革奠定了基础，也为后续的住房政策调整埋下了伏笔。

1979 年，原国家城市建设总局、国务院侨务办公室制定了关于用侨汇购买和建设住宅的暂行办法，鼓励华侨、归侨和侨眷用侨汇购买和建设住宅；并且规定所有权和使用权归自己，国家依法给予保护。业内人士认为这个暂行规定是住房商品化的萌芽。同年我国政府探索把“住宅出售给职工”，原国家城市建设总局选择南宁、柳州、桂林、梧州和西安五个城市进行增量住房向职工出售的试点，即进行政府统一建设，以土建成本价向居民出售。

1980 年，邓小平再次发表关于住房问题的讲话。他说：“要考虑城市建筑住宅、分配房屋的一系列政策。城镇居民个人可以购买房屋，也可以自己盖。不但新房子可以出售，老房子也可以出售。可以一次付款，也可以分期付款，十年、十五年付清。住宅出售后，房租恐怕要调整。要联系

房价调整房租，使人考虑买房合算”。同年 6 月中共中央、国务院在批转《全国基本建设工作会议汇报提纲》中正式提出实行住房商品化政策。国家规定，“准许私人建房、私人买房、准许私人拥有自己的住宅”。

1981 年，公房出售试点扩展到 23 个省、自治区的 60 多个城市和一部分县镇。1982 年，在总结前两年公房出售试点经验的基础上，鉴于城镇居民工资水平低，购买能力有限，原国家建委和国家城市建设总局决定在郑州、常州、四平和沙市四个城市试点公有住房的补贴出售，即政府、单位、个人各负担房价的三分之一。截至 1985 年底，全国共有 160 个城市和 300 个县镇实行了补贴售房，共出售住房 1093 万平方米。在出售公房的同时，有些地方还实行了住房租金的改革，进行了一些有益的尝试。主要包括按成本计算租金、定额补贴、超标加租等政策。

在此背景下继续强化允许私人建房，城市居民可以自购自建政策，开始真正意义上的住房制度市场化改革，调整产业结构，下放管理权，发布城建综合开发管理办法，推行商品化试点。最为典型的代表性事件就是深圳东湖丽苑，掀开了中国住房商品化的序幕。

该阶段的核心问题就是所有制问题，社会主义国家究竟能不能适当的私有制，住房能不能商品化。事实证明，社会主义国家允许适当的私有制，所中所有制是对公有制的有益补充，和公有制相得益彰。

第二阶段：1986—1992 年。解决了所有制问题后，进一步明确住房商品化路径和政策引导。基本思路就是住房要全面市场化，利用市场原则解决全国人民的住房问题，改变过去国家统建统分的格局。

在之前试点的基础上，城镇住房制度改革取得了重大理论和实践突破，掀起了第一轮房改热潮。

1986 年 2 月，国家成立了“国务院住房制度改革领导小组”，下设办公室，负责领导和协调全国的房改工作。

1988 年，第七届全国人大一次会议通过宪法修正案，对“八二宪法”做出第一次修改，其对第十一条增加规定：“私营经济是社会主义公有制经济的补充。”首次从立法上突破了多种经济成分并存的禁区，明确了私有经济的法律地位。同时，为了促进经济合作的扩大，适应外商投资企业的用地需要，修正案还专门增加规定：“土地使用权可以依照法律的规定转让。”允许土地批租；全国城镇分期分批推行住房制度改革有了法律保障。

1989 年，国家发布了《关于加强房地产市场管理的通知》，旨在规范市场行为，整顿市场秩序；压缩固定资产规模，紧缩银根。

1991 年 6 月，国务院发出了《关于积极稳妥地推进城镇住房制度改革的通知》，提出分步提租、缴纳租赁保证金、新房新制度、集资合作建房、出售公房等多种形式推进房改的思路。同年 10 月召开了全国第二次房改工作会议，确定了租、售、建并举，以提租为重点，“多提多补”或“小步提租不补贴”的租金改革原则；基本思路是通过提高租金，促进售房，回收资金，促进建房，形成住宅建设、流通的良性循环。

1992 年，国家进一步加大引进外资的力度，调控房地产价格，扩大市场调控范围，下放权力，准许发放开发消费贷款。为房地产的进一步发展打通了融资渠道。

该阶段调控的主要成就在于彻底解决了住房多元化问题，明确了国家住房分配制度改革的方向，理顺了住房开发的思路。

第三阶段：1993—1996 年。随着房地产市场的全面放开，房地产开发公司急剧增加，房地产投资高速增长，出现了以炒地皮、炒钢材、炒项目为主的房地产热，房地产市场异常活跃，最为典型的就是海南三亚、广西北海等地，房地产开发过热，形成了严重的房地产泡沫，国家开展了具有针对性的宏观调控。

1993 年 6 月，国家先后发布了《关于加强房地产市场宏观管理，促进房地产业健康持续发展的意见》、《关于开展房地产经营机构全面检查的通知》和《关于当前经济情况和加强宏观调控意见》(即中央 6 号文件)，主要针对“四高”“四热”“两乱”展开宏观调控。具体来说，“四高”就是高投资增长、高货币投放、高物价上涨、高贸易逆差；“四热”就是房地产热、开发区热、集资热和股票热；“两乱”是指金融秩序混乱、市场秩序混乱。房地产行业进入调控、消化、稳定的发展阶段。

1994 年 7 月，国务院下发《关于深化城镇住房制度改革的决定》，确定房改的根本目的是建立与社会主义市场经济体制相适应的新的城镇住房制度，实现住房商品化、社会化；加快住房建设，改善居住条件，满足城镇居民不断增长的住房需求，房改的基本内容被概括为“三改一建”。“三改”即改变计划经济体制下的福利性的旧体制，包括改变住房建设投资由国家、单位统包的体制为国家、单位、个人三者合理负担的体制；改变各单位建房、分房和维修、管理住房的体制为社会化、专业化的体制；改变住房实物福利分配的方式为以按劳分配的货币工资分配为主的方式。“四建”即建立与社会主义市场经济体制相适应的新的住房制度，包括建立以中低收入家庭为对象、具有社会保障性质的经济适用住房供应体系和以高收入家庭为对象的商品房供应体系；建立住房公积金制度；发展住房金融和住房保险，建立政策性和商业性并存的住房信贷体系；建立规范化的房地产交易市场和房屋维修、管理市场。该决定要求全面推行住房公积金制度，积极推进租金改革，稳步出售公有住房，加快经济适用住房的开发建设，标志着城镇住房制度改革已进入深化和全面实施阶段。

1995 年颁布了《中华人民共和国房地产管理法》《中华人民共和国增值税法》，旨在整顿金融秩序，开始全面实施安居工程。

1996 年全面推行住房公积金制度，租金改革和公有住房出售有了新的进展，政策性贷款制度开始建立，安居工程进一步顺利推进。

第四阶段：1997—2002 年。1998 年亚洲金融危机爆发，我国经济开始出现“通货紧缩”，房地产业随之进入低潮。为了刺激消费，拉动内需，1998 年国务院颁布《关于进一步深化城镇住房制度改革、加快住房建设的通知》(简称 23 号文件)，通知进一步明确提出“促进住宅成为新的经济增长点”，并全面彻底拉开了以取消福利分房为特征的中国住房制度改革的帷幕。至此，我国已经实行了近四十年的住房实物分配制度从政策上退出了历史舞台。所以，人们称 23 号文件为中国住房制度改革的里程碑，它宣告了福利分房制度的终结和新的住房制度的开始。

1999 年，中央政府开始在全国范围内停止福利分房制度，推行住房分配货币化制度。大大激活了低迷数年的房地产市场，推动了房地产业的高速发展，我国房地产市场和房地产业进入发展新时期。

这一时期存在的主要问题就是住房供应结构不合理，房地产市场秩序混乱，其调控主要是为了打击“囤地”“倒地”等现象，规范土地交易市场，核心是促进住宅成为新的经济增长点，落到实处就是房改。

第五阶段：2003—2005 年。从 2003 年开始，我国房地产投资快速增长，再次出现经济过热现象。从 2003 年开始，土地使用权全面推行招投标、挂牌、拍卖等取得方式，导致土地价格和房价大幅上涨。与此同时，自 1998 年开始的房地产信贷给尚不成熟的中国银行体系带来了巨大的潜在风险。2003 年中国人民银行下发了《关于进一步加强房地产信贷业务管理的通知》，调整商业银行个人住房贷款政策，这是自中国第一轮房地产牛市启动以来中央政府第一次采取抑制房地产过热的措施。同年 8 月，国家出台《关于促进房地产市场持续健康发展的通知》，明确指出“房地产业关联度高，带动性强，已经成为国民经济的重要支柱产业”，并提出促进房地产持续健康发展是保持国民经济持续快速健康发展的有力措施。

2005 年 3 月 26 日，为了对房价过快上涨进行全局性控制，国务院办公厅发出《关于切实稳定住房价格的通知》，就稳定房价提出八条意见（简称为“国八条”），主要包括高度重视稳定住房价格工作、切实负起稳定住房价格的责任、大力调整和改善住房供应结构、严格控制被动性住房需求、正确引导居民合理消费预期、全面监测房地产市场运行、积极贯彻调控住房需求的各项政策措施、认真组织对稳定住房价格工作的监督检查等内容；4 月 27 日，温家宝总理又召开国务院常务会议，研究进一步加强房地产市场宏观调控问题，并提出八项措施引导和调控房地产市场（即“新国八条”）；5 月 11 日，建设部、发展改革委、财政部、国土资源部、人民银行、税务总局、银监会等七部委又联合出台《关于做好稳定住房价格工作的意见》；5 月 31 日，国家税务总局、财政部、建设部三部委出台《关于加强房地产税收管理的通知》，限制期房转卖；10 月 18 日，国家税务总局下发《关于实施房地产税收一体化管理若干问题的通知》，强调要对 20%的个人所得税进行一体化征收。

这个阶段不同意见的文件出台，将政府既害怕房地产价格和投资增长过快又希望房地产拉动经济增长摇摆不定的矛盾心理展露无遗，而各级政府日益增大的金融信贷风险等问题都逐一暴露出来。

第六阶段：2006 年至今。自 2005 年房价攀升开始，房地产调控周期变短，频率加快，至今调控已经 12 年，回顾房地产调控历史，收缩期明显长于宽松期，且每次收紧的调控几乎都被打上“历史最严”的标签，但每次调控，房价总是先抑后扬，政策稍微一放松，便会出现“报复性反弹”。

自2005年“国八条”出台以来，我国房地产调控总体呈现“松紧交替、松短紧长”的特点。表4-1是2006年以来我国房地产调控相关文件汇总。

表4-1 2006年以来我国房地产调控相关政策汇总

状态	时间	调控政策内容（文件）
收紧	2006年5月29日	“国十五条”：《关于调整住房供应结构稳定住房价格的意见》，是对“国八条”政策的进一步细化和落实，其实质影响更大。
	2007年5月29日	“9.27房贷新政”：《关于加强商业性房地产信贷管理的通知》
放松	2008年10月22日	《关于调整房地产交易环节税收政策的通知》，降低房地产交易环节税收为开始，政府开始鼓励住房消费和房地产投资
	2008年12月17日	“国十三条”：《关于促进房地产市场健康发展的若干意见》
	2009年10月24日	“国四条”：增加供给、抑制投机、加强监管、推进保障房建设
收紧	2010年1月10日	“国十一条”：《关于促进房地产市场平稳健康发展的通知》
	2010年4月17日	“新国十条”：《关于坚决遏制部分城市房价上涨过快的通知》
	2011年1月26日	“新国八条”：把二套房贷首付比例提高到60%
	2013年2月20日	“新国五条”：对房价上涨过快的城市及时采取限购措施
放松	2014年9月30日	“9.30房贷新政”：《关于进一步做好住房金融服务工作的通知》
	2015年3月30日	“3.30房贷新政”：《关于个人住房贷款政策有关问题的通知》
	2015年9月30日	将不限购城市首套房住房最低首付比例下调到25%
	2016年3月	“两会”期间，房地产调控定调因城施策去库存
收紧	2016年9月30日	国庆节调控新政，北京、天津、南京、厦门、深圳、苏州、合肥、无锡、成都等19个城市重新启动限购限贷政策
	2017年3月17日	多省市调控新政升级，部分城市采取限贷、限购、限售、限价、限商

资料来源：搜狐焦点，https://house.focus.cn/zixun/fede69db2d1de682.html。

总体看来，如果以2013年房价开始分化作为分界点，在此之前，一二三线城市房价变化基本同步，调控政策属于全国性的普调，从2013年开始，一二三线城市房价开始出现分化，出现了因城施策的调控特点，随后因城施策日趋明显。另外，调控政策也综合考虑房价和经济情况，经济过热、房价攀升过快时政策收紧，但当经济下行压力较大时则放松调控，在房价调控的同时兼顾GDP的发展，GDP背后始终存在房地产市场的影子。

2006年以后房地产调控政策总体上表现出以下几大特征。

第一，调控目标不够精准。从根本上说，政府力图通过政策调控房地产价格其实是反市场的行为，也是超越政府行为能力的目标，政府真正应该做的是规范市场秩序、保障民生以及防范严重的房地产泡沫的发生。因此，房地产调控的目的首先应该明确为保民生，也就是建立起适合中国国情的分层住房保障体系，其次是促进经济的健康稳定增长，最后才是房价的稳定。而在现实中，中国房地产调控的主导目标被确定为稳房价，但因为我们到目前为止始终没有告别经济增长型政府的特点，经济增长目标其实被内定于房地产调控目标之上，因此，房价调控的目标也就难以得到始终如一的坚持。

过去十年间，以“地根”撬动“银根”，以房地产创造GDP的模式，一直是地方政府间经济竞争的法宝和政绩的最好体现。因土地财政而明里暗里助推高房价，即使不能说是地方政府的故意之举，也是在当前的权力结构和政绩制度安排下，地方政府的无奈之举。但是，这种发展模式到底还能持续多久，这个问题值得我们深思。

第二，调控手段不够精准。从经济学角度看，房地产调控无非就是增供给，抑需求。而我国的调控政策最重要的还是抑需求，特别是抑制投资性投机性需求。就世界各国的经验以及我国的国情而言，走完全的市场化道路是非常不现实的。房价之所以越调越高，很重要的一点，就是我们的限购措施出台太晚，而且执行不到位。在我国，收入分配失衡、财富两极分化是一个极其严峻但又难以很快改变的现实。一些人手上集聚了大量的资金，在应对通货膨胀确保财富保值增值，以及对房价上涨的预期下，必然对房地产市场有较高的投资和投机需要，再加上银行信贷杠杆效应的推波助澜，炒房之风必然越刮越猛，并造就诸多的“房叔”“房婶”们。炒房暴富的示范效应一方面导致了房价的持续飙升和失去理性的再投资冲动，另一方面也使得中国房地产演化成了有钱人的储钱罐。这种畸形的财富储存模式在世界上都绝无仅有，由此导致的住房空置问题不仅是巨大的资源浪费，更会让本已紧张的住房供需矛盾雪上加霜。

第三，调控决心不够。2005年，中央政府就提出将稳定房价提高到政治高度，建立政府负责制，并首次明确提出对住房价格上涨过快、控制不力的地区要追究有关责任人的责任。2010—2012 年，中央政府又多次提出要毫不动摇地实行房地产调控，重申调控问责制，在 2011 年各地也陆续制定了房价上涨的控制目标。但几年时间调控目标究竟实现多少我们都不得而知，这都充分体现了从中央到地方各级政府调控决心的不坚定。

2006 年建设部规定，建筑面积 90 平方米以下住房所占比率必须达到 70%以上，在其后几年也多次强调，但事实上，开发商的执行以及各省的土地供应计划完成率堪忧。即使出台了最严厉的限购政策，除了北京等一线城市尚能认真执行外，地方政府能认真执行呢？给中介几千块钱，全套手续就能办齐，难道说政府一点都不知情？不是不知道，恐怕更多的是默许甚至是纵容吧。政府无政策执行的动力和决心，又怎么会有政策调控的真正效果呢？

中国房地产调控历史伴随着房地产市场的发展而产生，从其发展历程来看，曾经一度风起云涌的房地产爆发增长期可能已经渐行渐远，一度神话的炒房暴富也明显退潮，次贷危机后一度异常宽松的货币政策也在明显转向。

二、政策性调控对去库存的可行性和必要性

目前我国对房地产行业调控已经持续了若干年，但从全国情况来看，各大城市房价依然难见明显回落，由此我们不得不思考调控政策的可行性和必要性。

从可行性角度而言，调控是完全可行的。

首先，调控目标可行。对于房地产来说，政府调控的目的到底是什么，是降低房价还是控制房价的快速上涨；是抑制需求还是扩大供给、改善供给结构；是在不均衡的市场中发现深层次的问题还是要建立健全城市住房供给体制。其实这几个目标无论是从短期还是长期来看都或多或少的存在。

一般商品都有较强的流动性和较短的生命周期，能够根据价格信号迅速做出快速反应，自动调节需求状况，但是住房市场由于承载其土地位置的固定性、生产周期长、住房的金融属性等特点，对价格信号的反应相对

比较滞后，自我调节能力本身也比较薄弱。房价的不断上涨，应是市场供求不平衡的必然表现。从近年来影响我国房地产市场价格的内部因素以及供求关系方面进行分析，不难发现，房地产商提供的产品结构趋于高档化，造成了房价统计指数不断上涨，从地价、建材到各项开发成本的不断走高也造成了房价的不断提高；需求市场上的投机风气盛行，外资的涌入，经济的迅速发展导致资金市场上过多的流动性以及投资渠道单一化都是导致供求关系失衡的直接内部因素，当然也有外部因素在加剧供求失衡，如城市建设用地供给的有限性，土地资源的稀缺性，政府对土地的垄断性，财政对土地收益的追逐和依赖性，信息的不对称性等。因此，政府宏观调控的应该是供求关系，应是政府对总量即供给与总需求的调整和控制，通过总量控制进而稳定整个社会经济周期中的房价大幅波动。通过制定总量调控目标，分类别差异化制定调控政策，可以解决长期需求和短期需求、本地需求和外地需求、国内需求和国外需求、刚性需求和柔性需求等方面的需求矛盾，只有通过调控，掌握各分割市场的需求特点并长期跟踪调研，统计数据分析，测算政策效应的准确值，才能制定及时、准确、稳妥的调控政策。所以政府调控对于房地产市场的供求平衡、结构合理是可行的。

其次，调控手段和方法可行。虽然我国住房宏观调控政策具有点状和短期性的特点，缺乏科学系统的测算，对政策的结果效用缺乏量化分析，但是目前调控政策一般通过政策引导、限制等手段，其调控效果短期内是较好的，调控方法和手段略加改进也是可行的。我国对房地产采取宏观调控的基本手段包括法律手段、经济手段和行政手段。即主要通过制定和运用经济法规来调节房地产市场，如各种通知、规定等；通过经济政策来调整和影响房地产市场，如信贷政策、货币政策的调整；通过行政机构的强制性命令、指示、规定等来调节房地产市场，如工商、质检、税务、住建等部门联合打击炒房。通过这些政策出台，可以在一定程度上抑制投机，引起一系列连锁反应，甚至有可能改变市场运行规则。例如要降低土地价格，土地作为一种非常重要的生产要素，在我国相对稀缺，在城市地区尤甚，其使用效率和价值通过市场机制能够体现得更充分，通过政府调控可以加快城市化进程。如果进一步将房地产领域各类数据来源和统计口径统一完善、对外公开，各个部分通力配合，调控政策进一步细化，引进量化分析手段，调控效果也会立竿见影。

最后，调控效果可行。通过调控出现房地产市场稳定均衡和国民经济健康发展的双赢局面也是可行的。关于房地产调控和经济增长是否可以出现双赢局面，已有相关文献主要从以下几个方面进行了分析：一是从定量角度分析房地产对于宏观经济增长的影响程度，如顾云昌（1998年）通过定量分析认为房地产对于国民经济增长具有极大的带动效应，王国军和刘水杏（2004年）在此基础上对房地产的带动效应进行了测算；二是从定性角度探讨房地产和宏观经济之间的影响方向，如格林（Green）研究发现房地产投资的变化有助于预测经济增长，科尔森（Coulson）和金姆（Kim）通过格兰杰因果检验认为房地产投资导致了经济增长，但是沈悦和刘洪玉（2004年）却认为经济增长对房地产投资具有单向因果关系，经济波动对房地产投资的波动有较大影响；三是从货币供应、股市指数等其他反映宏观经济运行的指标出发，检验其与房地产之间的关系，如胡国和朱建江（2005年）通过对房地产的周期波动与货币政策传导机制来研究房地产与国民经济的关系，张红（2005年）就房地产开发与货币供应量的互动关系来反映房地产开发投资对国内生产总值的影响。关于房地产宏观政策调控和国民经济健康发展双赢可行性的研究，较为典型的是徐扬和王玉霞（2013年）利用2007年9月—2012年8月的国房景气指数和宏观经济景气一致指数，根据月度数据对两者之间的长短因果关系进行实证分析，他们发现宏观经济和房地产之间存在正相关性。短期和长期的格兰杰因果关系检验结果显示，短期内房地产和宏观经济之间存在双向因果关系，房地产不仅是宏观经济的格兰杰因，同时也是宏观经济的格兰杰果，两者之间的依赖关系极大；而长期中两者的因果关系则不复存在，即两者之间在很大程度上失去了依赖关系。根据研究，他们发现如果短期内对房地产调控操之过急，将会对国内经济形势造成极大地冲击，并带来极大的负面效应；但是在随后的时期，房地产对经济形势的冲击则是之前的调控政策带来的滞后影响，不能将其认为是当期调控措施的结果；进而判断当期的调控措施正确与否，此时房地产调控对经济增长不再存在极大的抑制效果。长期内如果始终坚定地执行房地产调控政策，逐步对房地产形势实施降温处理，妥善处理好短期房地产调控对经济形势的遗留和滞后影响，便可以通过调节土地供应、抑制地价、增加住房供给等多种措施达成房地产调控、经济持续增长的目的，最终成功实现房地产调控和国内经济增长两者之间平稳健康的过渡和发展，实现两者的双赢。(徐扬、王玉霞，2013 年)

依此看来，政府对房地产的宏观调控不仅有利于房地产行业和房地产市场的健康发展，也有利于国家宏观经济和整个国民经济持续健康增长。

另一方面，自由市场经济的最大缺点就是盲目性，造成社会资源的不合理配置。房地产是一种特殊的商品，它是人们日常生活的必需品，也是资本投资的投资品，同时消耗大量社会资源，如水泥、钢铁以及建材生产期间消耗的各种能源。宏观调控是国家从社会经济的宏观和总体角度出发，运用计划、经济政策和各种调节手段，引导和促进社会经济的健康发展，影响社会经济的结构和运行，维护和促进经济协调、稳定和发展的一种国家调节方式。房地产宏观调控旨在持续稳定发展房地产行业，是规范房地产市场运行、推动房地产良性发展的迫切要求和重要内容。国家进行有限、有效地调控是必要的。

第一，宏观调控是优化资源配置的必要。社会资源以市场配置为基础，这是市场经济体制的基本要求，有利于资源配置的高效率。但是，市场配置资源也存在自发性和盲目性，为克服市场失灵，保证其健康运行，政府必须对市场经济进行有效的干预和调控。房地产经济作为我国市场经济中的一个子系统，其资源配置在充分发挥市场机制调节作用的基础上，同样需要政府的调节和控制，尤其是作为房地产基础的土地作为一种稀缺资源，具有不可再生性，迫切需要通过政府的宏观调控来实现其合理配置。

第二，房地产作为国民经济重要支柱产业，调控也是必要的。房地产行业关联度大，带动性强，在国民经济中占有重要地位。房地产业的运行状况和发展水平，会影响到诸多产业的繁荣与衰退，房地产业的发展还会直接影响社会总供给和总需求的总量平衡和结构平衡，正因为房地产业的特殊地位和巨大影响力，保证市场健康有序运行，克服市场失灵，中央和地方政府采取各种手段和措施，对房地产行业实施有力的宏观调控是必要的。

第三，房地产业作为特殊产业，调控是必要的。房地产是不动产，具有相对固定的位置，短期内难以调整或调整费用很高，所以必须在一个相对较长的时间内进行合理的规划和控制。同时，由于房地产使用年限较长、价值较高，所以房地产投资决策正确与否，对整个社会的房地产供给总量和需求总量平衡和结构平衡会产生巨大影响，甚至会关乎整个社会经济是否良性运行。此外，房地产交易是一种产权交易，要通过产权转让来完成，如产权的界定、分割、复合、重组、转移等需要依靠法律界定、确认和保护，因而也需要运用法律手段来规范其行为。正是因为房地产行业的这些特殊性，决定了政府宏观调控的必要性。

第四，房地产市场的迅猛发展和暴利的存在，会吸引大量资金，改变资金的流向，使得原本流入其他生产领域的资金转而流入房地产市场。投资环境恶化会导致资金流出基础生产领域，给社会带来了巨大的边际成本，可能导致基础行业发展不足，经济结构恶化。而且暴利行业会直接影响到人们的意识形态，助涨拜金主义。基于此，国家对房地产进行宏观调控也是必要的。

总之，房地产发展既要遵循市场规律，也需要政府这只有形的手进行适当干预、合理调控，尤其是在行业发展到关键节点——库存高企的发展阶段更需要政府加以调控，其可行性和必要性同步共存。

三、政策性调控对去库存的有限性和制约性

政府对房地产的宏观调控是有限的。从理论上来说，政府能力包括调控能力本身是有限的，古训有“量力而行”，对政府同样是适合的。

第一，政府调控能力赖以建立的物质基础是有限的。物质基础是政府履行职能的基本保障，也是进行市场调控的基本保障。在现今社会环境下，政府赖以生存的物质基础就是财政收入。政府的存在和运行需要大量的行政开支，庞大的政府机构和公职人员队伍需要庞大的行政开支来支撑。政府筹集资金的途径要么靠税收，要么靠举债，要么制造货币（即通货膨胀）。但税收的数量和来源都是有限的，过高的税负会严重影响经济的正常发展，而大量举债和过高的通货膨胀又会导致严重的经济和社会问题（陈国权，2004 年）。因此，有限的物质基础所能支撑的政府能力必然

是有限的，有限的政府能力导致其对房地产的调控也是有限的。

第二，政府调控能力赖以建立的有用信息资源是有限的。早在 1947 年美国著名学者赫伯特·西蒙就通过对组织行为的实际考察提出了有限理性理论。他认为，人的信息加工和计算能力是有限的，因此，由人组成的任何组织无法完全按照理性模式去行动，即人和组织没有能力同时考虑所面临的所有选择，无法按照“效率最大化”和“最优化原则”理性地指导自己的行动。信息是政府能力赖以建立的重要资源，政府调控在一定意义上就是一种信息的收集、传输、存储、处理、加工和利用过程。政府通过信息的加工处理来控制和管理行政事务，实现政府调控。信息的准确、全面、适用和及时是保障政府高效调控的基本条件。虽然政府具有权威性、集中性、综合性和全面性，政府管理对信息的要求非常高，但是信息的收集、整理、传输、存储等既需要大量的行政开支，也需要技术和人才的支持，尤其是在如今的大数据环境下，要准确、全面和及时地获取有效信息是一项极为困难的事情，信息的泛滥严重局限了政府调控能力的形成和发挥。

第三，政府调控能力赖以建立的管理水平是有限的。政府调控能力事实上是政府运用公权力所释放出来的能量，其调控能力取决于政府管理部门，具体到某位官员的管理水平和管理素养，而每个人的知识、经验、素质、能力都是有所限制的，不管多么伟大的政治家、管理专家，都是人而不是神，不可能无所不知，无所不能。另一方面，房地产不仅是一个行业的问题，在这个链条上所表现出来的经济问题、社会问题和政治问题都是非结构化的，而且越来越复杂。当代政府对房地产行业管理的一个重要问题就是政府总是陷于一些琐屑的具体事务或问题的一个方面，缺乏管理的宏观视角。特别是对于一些地方政府而言，他们缺乏长远的计划，急功近利，涸泽而渔，头痛医头，脚痛医脚，结果往往是得不偿失。那么，出现的问题就是政府官员用有限的知识和经验去调控无限的房地产市场，必然具有一定的局限性，甚至是瞎指挥的现象。

第四，政府调控能力赖以建立的社会支持是有限的。社会支持是政府调控能力得以发挥的基础。政府在社会发展过程中主要起规划、组织、指挥、监督和协调的作用，政府和社会是一种互动的关系，缺乏政府有效监管的社会是一个没有凝聚力的社会；而缺乏社会支持的政府则是一个软弱无力的政府。社会对政府的支持是有一定限度的，这既与政府的权威有关，也与整个社会的价值取向有关，并在一定程度上取决于社会公民可能提供的资源。因此，并不是任何政府行为都能得到社会的支持，社会对政府的支持不是盲目的，往往是一个权衡和选择过程，甚至是一个博弈过程，其依据的价值取向既可能与政府一致，也可能与政府背离。政府的任何政策不可能得到社会绝对的服从和支持，通过宏观调控化解房地产库存的社会支持也是一样的。

政府能力的有限性决定了政府对房地产去库存调控的有限性，所以政府必须适度界定调控范围，明智的政府要做到“有所不为才能大有作为”。政府对当前房地产市场只有做到适度调控才能更好地发挥政府作用，适度调控要求政府把有限的能力最有效地运用到市场调控中去，充分平衡开发商、政府、人民群众的利益。

政府对房地产宏观调控虽然是必要的，也是可行的，但是调控不仅是有限的，而且还受多种因素制约。

第一，各地方政府对宏观调控认识不一致，部分地区对调控甚至是消极抵制。很多宏观调控政策实质上是调整中央和地方政府之间的资源配置权利。当宏观调控政策与地方政府的利益不一致的时候，地方政府完全有可能“曲解”宏观调控政策。

从制度经济学和行政管理的职能看，政府兼有“社会人”和“经济人”两种职能。政府既要维护社会公平，使政治权利趋于最大化，也要发展地方经济，使财政收入最大化。在我国现行的土地和房地产制度安排下，毫无疑问，地方政府是房地产市场利益格局中的重要一员，它可以通过土地使用权的出让，促进房地产商品价值的形成和市场利益的优化分配。

中央政府和地方政府的职能定位不一样，追求的经济目标不同。中央政府追求的经济目标是经济增长、充分就业、物价稳定和国际收支平衡，而地方政府追求的经济目标是经济增长和充分就业。由于经济目标的差异，中央政府在追求经济增长时必须兼顾物价问题和国际收支问题，控通胀，保增长，维持货币稳定。而地方政府在推动经济增长时，是弱化或者不考虑物价和国际收支问题的。这就诱发了中央政府和地方政府行为方式的差异，即中央政府要严控房市过热、稳定房价，而地方政府仍希望房市火爆。两级政府博弈的结果就是房地产市场继续上涨，中央政府的调控效力打折。

第二，半开放的经济和缺乏弹性的汇率形成机制，使得货币政策的效果被削弱。从理论上来说，在实行固定汇率体制的开放经济中，货币政策对抑制投资增长没有作用，这是因为紧缩货币供给将提高利率水平和吸引外资流入。这样的体制必然会对货币政策的独立性和实施效果带来较大的挑战。

第三，企业所有制结构的多样化，自有资金实力的明显增强，使宏观调控的部分措施失效。不同所有制企业受到政府的行政干预的情况和程度是不一样的，其差别主要表现在政府对企业资源的控制方面或企业对政府资源的依存性方面的差异。国有企业在资源获取上仍对政府部门有一定的依存性，行政手段对国有经济的行为有一定的约束力。相比之下，非国有企业本身对政府资源依存性就小，受政府行政约束也小，所以对非国有经济的调控只能采取经济手段和法律手段，行政手段的效力受到了一定的制约。

第四，不同部门对经济形势和宏观调控认识不一致，不能给企业发出清晰的信号，影响了调控政策的时效性，增加了调控政策协调成本。我国经济增长的共享性较低，经济增长带来财富积累和生活水平的提高，但对低收入群体的波及效应、辐射效应不明显，表现为高收入阶层与低收入阶层的收入差距扩大。劳动收入主要由市场决定，取决于供求两方面的因素。低收入阶层普遍为非熟练技术工人，这一群体的规模增长很快，劳动供给弹性很大，劳动供给曲线趋于水平，即使有较高的劳动需求量，收入水平也增长较慢。高学历、高素质的高收入群体则不同，一方面劳动供给有限，另一方面经济发展对高素质人才的需求旺盛，共同导致这一群体能获得较高收入。CPI 统计结果与老百姓切身感受也不一致。近几年，百姓的切身感受是生活成本与日俱增，而官方公布的 CPI 值却变动不大。要回答这个问题，需要正确认识 CPI 的构成。为确保 CPI 数据的真实性、全面性和可比性，国家统计局选择了涵盖全国城乡居民生活消费的八大类商品与服务价格作为数据采集对象，其中食品类权重较高，大约占30%，而居住类权重偏低，仅占17%左右，而美国居住类占比高达40%。这就造成老百姓个人感受与官方公布的权威数据不尽一致，也导致不同部门对宏观经济形势认知的不一致。另外，真正对宏观调控形成硬约束的只有投资、货币和税收政策，其他政策对企业层面的约束力是受制约的。

第五，我国部分统计数据未能真正反映房地产经济运行的实际情况，还存在一定的水分，制约了宏观调控政策的效力。国民经济统计的信息、咨询职能在我国社会主义现代化建设事业中发挥着越来越重要的作用，社会各部门对统计数据给予了更多关注。然而，在我国统计数据不真实，尤其是人为故意歪曲事实、弄虚作假之风愈演愈烈，甚至呈蔓延趋势，给管理层决策带来了很大的障碍。辽宁省统计数据造假事件就是统计水分的一个典型缩影。

统计是国家实行科学决策和管理的一项重要基础工作，特别是在市场经济体制激烈竞争的信息社会中，准确、及时、全面的统计数据对正确分析国民经济运行态势、保障社会的健康发展起着重要的作用。经济越发展，统计越重要，房地产业越是发展到关键时刻，统计数据对于国家决策越显得至关重要。很多地方或是因为统计指标体系的定义不明确，指标计算和采集的方法不规范；或是统计基础工作薄弱，难以保证统计基础数据的准确性；或是行政主管部门的重视不够；或是主管领导从各自利益出发，直接授意或暗示统计部门修改统计资料、编造虚假统计数据，正是这些主观或客观原因，影响了统计工作的生命，给政府的公信力造成了极大地破坏，对经济的发展规划和决策造成了不可估量的损失。每一个房地产调控政策的出台，都是建立在统计数据分析和预判的基础之上的，没有准确、全面、可靠、真实的统计数据，调控政策的效力势必会打折扣。

总而言之，无论是房地产行业本身健康发展，还是整个国民经济的稳定有序发展，各级地方政府对房地产行业进行宏观调控是必要的，也是可行的，但应该多管齐下，不能完全寄希望于政策调控就能解决当前的高库存问题，因为宏观调控的效力是有限的，是会受到各种因素制约的。

第四节　去库存路径之四：扩大政府购买

房地产去库存的另一有效路径就是加大政府收购力度。重点体现在打通商品房市场与棚改安置房、公租房和租赁市场。目前，政策性适用房主要通过政府划拨土地、减免税费和开发商配建代建政府回购的方式进行。受制于资金和购买规模的问题，政府购买存量商品房筹集政策性住房还未能在全国范围推广，但是财政部已经鼓励地方政府运用 PPP 模式（Public Private Partnership，政府和社会资本合作）推进公共租赁住房投资建设。商品房和棚改房打通将以货币化安置的方式进行，体现在居民自主购买或政府购买存量商品房或一次性货币补偿；公租房与商品房的打通，体现在政府收购存量商品房，并尽量不再新建。这些将为房地产去库存开辟另一条路径。

一、政府购买概述

政府购买是指各级政府购买物品和劳务，它是政府支出的一部分。政府购买一般分为两种，一种是从居民那里购买劳务，另一种是从企业或公司购买商品或者服务。

早在 20 世纪 60 年代，美国总统约翰逊就提出“同贫困的战争”运动，预示着美国政府购买公共服务的开始，同时期美国社会出现了一系列的浪潮，这些浪潮直接导致美国社会对社会福利项目的服务激增。在没有政府购买公共服务的前提下，美国政府需要对公共部门进行数额巨大的补贴，财政负担十分沉重。政府购买公共服务的出现作为一种新的创新解决方式，正好解决当时的社会问题。随后美国政府购买发展成为政府成规模的购买，这个阶段政府购买的公共服务主要涉及公共设施的维护和管理。到如今美国政府向非营利组织购买服务获得了更加蓬勃的发展。

在 20 世纪 70 年代，英国政府也提出以市场为导向，以经济和效率为目标，率先在公共部门中引入竞争机制的政府购买公共服务。强制实行非垄断化是英国政府实行购买公共服务的主要方式。其改革的目标是更注重提高“顾客满意度”以及公共服务质量，为了实现这个目标，英国政府实行了“公民宪法运动”和“竞争求质量运动”。发展到今天，英国公共事务70%以上都采用政府购买的方式实现，社会管理效率得到极大提高。

政府购买在我国发展最早可以追溯到20世纪80年代，改革开放为社会组织的发展释放了大量的空间，各种学会、研究会以及协会在各级政府的支持、推动下相继成立。社会组织的兴起承接了部分政府公共服务职能，这一承接过程以及与之伴随的公共服务经费的转移，意味着政府购买社会组织公共服务职能悄然兴起。这是一种隐性购买，即由政府推动成立的社会组织，承接政府的部分服务和管理职能，政府给予一定的经费、实物和政策资助的一种政府购买社会组织公共服务的方式。其较低的交易成本，帮助政府能够在体制转型所引发的公共服务需求激增而传统公共服务供给体制逐步解体的现实困境下迅速做出反应。

政府购买随后逐步显性化，甚至引进了竞争机制。显性购买的主要特征就是政府和服务提供方之间的购买关系通过契约化的形式得以确立。尽管仍有相当数量的政府购买服务，特别是政府与自身扶持起来的社会组织的合作，还难以严格地称之为政府与社会组织的完全平等、独立的主体之间的合作，但是至少政府和社会组织通过契约的方式形成了形式上的分离。这个阶段主要是采用非竞争购买，也就是说，没有通过招投标，而是通过指定、委托、协商等方式完成的购买行为。值得强调的是，政府向民间组织购买公共服务，在特定的公共服务领域，原来由政府推动成立的社会组织与这些民间社会组织之间形成了一定程度的竞争关系。也就慢慢演化为现在的竞争性购买、竞价性购买，即采用公开询价、招投标等方式，引入市场竞争机制，政府根据公共利益需求，在多个社会组织提供的公共服务项目或方案进行比较和择优，并通过契约化的方式与社会组织建立合作关系。为政府购买营造了一个公平公正的环境，竞争性购买方式被认为是政府提高公共服务质量，降低公共服务成本，提高公共服务效率的一种最为理想的公共服务购买方式。①

政府购买的理论基础在于激励经济学、公私多元合作与放松规制理念

① 邹焕聪：《政府购买公共服务的责任分配与行政实体规制——基于公私协力视角的探索》，《行政论坛》2017年第11期。

以及法权互动理论。首先在经济学理论中，关于激励性规制，经济学理论做了二维性的诠释，即认为部分规制的目标指向不单单是单向度的约束，而另有引导、激励性的一面。例如特许投标以特许激励私人或组织完成某一事务，区域间竞争规制引导双方或多方合作的实现，改观了管制、约束引致的理论僵局。经济学的这一理论，对经济法规制理念的转变颇有借鉴意义，尤其适用于政府购买公共服务这一多元主体合作的领域。政府向社会公共服务组织购买服务，与之形成契约式合作，如何保证其合作的持久需要制度的切实激励。于是，作为对经济学研究成果的回应，经济法必然将激励性规制的经济学理论融入其分析研究的视角中，生成了日本学者金泽良雄先生所提出的二维划分规制的理论。其中促进保护的“积极性规制”便是经济法视角激励分析的理论成因。其次就是公私多元化合作与放松规制的理论。就国际公共服务发展趋势而言，政府单一提供的模式早已不适用于公共服务领域，市场组织和社会组织参与和补充服务的功能则日渐受到重视，以致多元主体公私合作的模式日渐成为管理学一再主张的公共服务提供模式。更为重要的是，政府购买公共服务的模式可避免政府包办服务单一性、资源和能力有限性等弊病，满足民众对公共服务多元化的需求，更能激励公共服务的市场化购买。西方国家在公共服务的提供上，经历了从规制向放松规制的转变，公共服务的公私合作模式在以社会主导抑或私化运作的格局形成强大的生命力。美国90%以上的公共服务通过私化外包的方式转包，欧洲福利国家以社会组织承接服务的形式构建“政府—社会”二元提供公共服务的格局。两种模式各有特色，其共性的特点在于放松规制，借助市场、社会组织的优势，增强政府提供公共服务的能力。政府购买的第三理论基础是法权互动理论。政府购买一改传统法权“互侵”的局面，当代经济法在对待权力与权利的关系上更强调两者的“互动”，即主张权力与权利之间的协调。在政府购买公共服务中，政府将公共服务委托给社会公共服务组织提供，倘若以政府的权力侵及社会公共服务组织的权利，则无以有效激发后者提供公共服务的动力。于是，法权互动的理论力求凸显服务组织的权利，以恰当的法权分配保障社会组织体的权利，从而激励主体功能的发挥。由此可见，政府购买公共服务的模式内含激励的要素，经济法将激励作为其基本的分析工具时，则应注重以制度的激励契合其内在激励性的需求。

政府回购商品房的背景是，一方面房地产库存高企，另一方面保障房建设任务艰巨。业内人士指出，政府回购商品房是政府的新一轮救市举措。中原地产首席分析师张大伟表示，虽然从价格看，统购价格低于市场价格 15%，很少有市民愿意出售给政府，但这一政策将对购房者而言具有托底的作用，在政府回购的影响下，购房者入市的积极性会提高。尤其是高库存的三四线城市，开发商或市民可能更有动力把多余的房子卖给政府。

2015 年 1 月，福州首发《关于福州市统购商品房和安置房、回购安置协议指导意见（试行）》，指出各级政府指定一家国有企业作为统购商品房和安置房的购买主体，解决被征收房屋群众对安置现房的需求，成为全国政府购买房屋先河。紧接着，包括四川、安徽、江苏、辽宁、内蒙古、贵州等地方政府相继发布文件，试点回购商品房充当保障房。

政府购买是政府资源配置的一种有效形式，在房地产高库存情况下，也是一石二鸟——既降低了库存，又缓减了政府保障房压力。

二、政府购买商品房去库存的可行性分析

政府购买商品房去库存有其存在的可行性。随着我国住房市场化的进程加快，中低收入家庭住房困难始终是一个棘手的公共性问题，政府必须采取保障性住房政策，即根据国家政策以及法律法规的规定，由政府统一规划、统筹，提供给特定的人群使用，并且对该类住房的建造标准和销售价格或租金标准给予限定。主要包括经济适用房（政府划拨土地，免收城市建设实施配套费等基金、实行税收优惠，以政府指导价出售给有一定支付能力的低收入住房困难家庭）、廉租房（政府或机构拥有，按照政府核定的较低租金租赁给低收入家庭）、公共租赁房、定向安置房（拆迁房）、两限商品房（限套型、限房价）、安居商品房等。政府回购商品房用于保障性住房，将改变原有的政府拆迁自建的单一模式。根据市场状况，全国一年的商品房竣工量在 800 万套左右，年保障房需求大约 470 万套。如果政府回购的商品房量达到 20%，就是 160 万套，这对部分库存量过剩的城市是一个很好的对冲，有利于房地产市场的平衡健康发展。在商品房供应

过剩的形势下，采用政府回购商品房用于安置的方式，可以使企业、政府、百姓多方受益，实现共赢。

有专家指出，政府回购的好处有以下几点：一是安置房从拆迁到搬入，需要两到三年时间，过渡期政府要补贴的相关安置费用较高，而且还会给人们生活带来很大的不便，回购商品房可以缩短过渡期；二是安置一般都是就地安置，回购商品房给被安置户更多的选择余地；三是政府回购商品房可以一步到位，避免拆迁补贴中的复杂矛盾；四是回购的商品房相比就地安置可以分散到不同的小区，可以防止出现中低收入集聚区，即所谓的贫民窟。

从现实情况来看，党的十八大以后，特别是2013年以后，各地搞的棚户区改造，也就是旧城改造。棚户区改造对应的是刚性需求，或者政策化一点，叫做基本住房需求。这部分的需求由于是刚需，不存在积压，这应该是我国民生工程恰恰需要补的一个短板。尽管这些年国家、政府下了很大的力气，也取得了相当的成效，但问题依然突出，比如配套不足，后续运营管理，现代物业管理制度不配套等。在这种情况下，恰逢去库存这一契机，保障性住房正从实物保障到货币化保障试点，即可以用棚改安置房小区建设的钱、中央财政的钱、省级财政的钱来购买市场上的商品房。当然形式可以多样化，一是直接给棚改住户发钱走人，一是政府组织建立一个采购平台，把一些相关的项目，由政府出面跟开发商谈定一个低于市场的价格，然后组织拆迁户来买，也可以政府直接拿钱来买，然后分配给住户。使用比较多的是第二种形式，即政府搭建一个平台，组织棚改的拆迁户在这个平台上购买，在机制上虽然需要政府多付出，但是总体来说还是可行的。

至于其他类型的保障性住房，如公租房、廉租房等，目前虽然也有一定规模，但是城镇化脚步在加快，各类保障性住房的需求在不断增加，我们也可以通过购买公共服务的方式来解决。所以，政府跟市场是可以对接的，从过去政府自己建，到现在形成一个政府发动社会资本，发动市场购买服务的机制。通过政府购买消化掉一部分库存，有利于低收入、中低收入人群群组问题的解决，也有利于他们享受一些现代服务，分享改革开放红利，更有利于国家房地产市场的宏观调控。

从上述分析可以看出，通过政府购买来解决住房保障问题，能够适应多层次需求。对低收入、中低收入、中等收入家庭都能有所选择，也能形成一种多元混居的模式。就中国现状而言，选址偏远、配套缺乏的保障住房空间布局，可能造成保障房社区居民居住空间和社会地位的双重边缘化，引发或加剧社会分层和贫富差距的标签化、贫困的聚集与再生产、纵向社会流动不畅等问题，进而重蹈其他国家“居住隔离”的覆辙，那么要避免这一情况发生，需要构建“多元混居社区”的目标。在普通住宅项目内配套一定比例的保障房，已经被世界各国广泛践行。像欧洲国家在吸取以往教训的基础上，公共住房建设开始经历由集中到分散、由整体开发到开发配建的转变；英国政府要求，新的住宅项目中，低收入居民住房需要占总量的15%—50%，德国要求新建住宅区的20%要用于建造福利用房，法国规定建设廉租房比例约为总住房面积的15%—20%。我国一般都是采取整片拆迁整片安置，无暇顾及或者没有考虑到这方面的问题。虽然和西方国家相比，目前我国的社会阶层矛盾整体并不突出，城市中心城区和郊区的双重繁荣，使得低收入者在市区和郊区都有一定的分布，并没有像部分西方国家那样形成大规模的贫困居民集聚现象。另外计划经济时代的单位大杂院杂居模式，也使得多数城市居民对多元混居有较高的心理接受程度，因此多元混居在我国具有先天优势。但是，随着经济的不断发展，社会阶层分化是必然现象，不同社会群体在收入水平、消费能力、生活方式等方面的差距将会体现出来，甚至各阶层之间的相互抵触和隔膜也会产生，所以相似社会属性居民的居住空间可能会出现“大混居，小聚居”。具体到保障房社区，可采取插花式布局，既要在不同区位开发小型化保障房，又要在一定的大型商品房项目中配套一定比例的保障房。最终实现既有利于不同阶层接触与交往，又能保持一定空间距离的效果，以满足不同群体的社会心理需求。政府购买就刚好能够迎合这种需求，对不同收入状况的住户安置不同级别的社区，提供不同类型的服务。

三、政府购买商品房去库存的制约性因素分析

中国房地产经历了无数次的宏观调控和市场调整，总体上向好，随着不动产登记制度的正式实施，以及呼声越来越高的房产税政策的逼近，人

们开始对房屋的居住属性有了更加理性的认识。这是一个创业的时代，更是一个创新的时代，这个时代的特点就是没有做不到，只有想不到。以前人们总是抱怨政府提供的住房太少，老百姓的住房需求太大，供求失衡成为楼市的主要矛盾。但近年来，随着整个房地产市场的迅猛发展，已经从供不应求转为供大于求。但是，仔细分析可以发现，因为人口城镇化会长期存在，人口对住房的需求也呈刚性，那么从理论上说，就不存在供过于求的情况，关键的问题就是房价过高。只要房价合适，成交应该不成问题。北京市的调研报告表明，只要是价格合理的楼盘都卖完了，就是最好的佐证。

政府从市场回购房屋，是完全可行的，也是有道理的。据统计，市场上的高库存，给开发商造成了很大的浪费，房地产都是重资产，闲置一年的损失不可估量，而很多项目更是闲置多年。以前房价一路上涨，闲置成本可以通过涨价来消化，但是，根据市场规律，任何商品都不可能只涨不跌，房价也会出现不涨反降的那天，这样的话，闲置成本就无从消化了。闲置资源不仅仅是企业的损失，更是社会的灾难，一方面大量的房屋空置，另一方面众多的购房人望房兴叹。此时，政府及时出手，把闲置房从开发商手中收购过来，再通过保障房的形式用于住房保障，不能不说是一个一举双得的好办法。

但是，从中国房地产发展的历史进程看，目前出现的房屋闲置，虽然有多种原因，但是归根结底都是“投机”造成的。一些人手里的多套房屋，一般都是通过投资楼市获得的，这其中很多房屋购进时的价格是很低的，目前的资产价格与当初相比上涨了好几倍。这些人闲置房屋多年，没有投入社会使用，是造成楼市供求关系紧张的一个重要因素。这些年，中国人投资楼市的主要目的都是对赌房价上涨，如果房价不上涨，谁还会投资房产？上年就出现了投资一套房亏损几十万元的情况。从开发商方面来说，前几年疯狂抢地，多地出现“面粉贵过面包”的现象。究其根本原因，就在于房屋的定价权控制在开发商手中，很多地区房价上涨速度惊人，有的楼盘一期和后期的价格都能相差一倍以上。地王频频出现，带动整个区域，甚至整个城市的房价快速上涨。

这种不理性的楼市，从 2015 年开始进入了还账的阶段。政府在这个时候出手回购，实际上还是起到了一种托市的作用。高房价的直接作用就是高估城市价值，无论是 GDP 目标，还是城市形象，都与高房价息息相关。这种目的无可厚非，但是更应该通过经济增长、居民收入增加、社会整体水平提高这种正确途径实现。更危险的是托起来的高房价未必能一直托下去，当各种问题一起涌现，特别是当人们对楼市真的失去信心的时候，最后政府的包袱就会越背越重，一些“鬼城”的教训就在眼前。

表面上看政府回购商品房用于保障房分配是为老百姓办了一件好事，但是，政府的钱也是纳税人的钱，政府高价回购商品房使用的也是社会资金。把社会资金多用于购买商品房，就会影响社会发展其他方面的投入，最终损害的还是整个社会的利益。从制度建设上来说，政府支出也是有预算、有计划、有规定、有方向的。这也是每年召开一次人大会议的主要任务之一。政府大批资金投入购房中，很难说是在政府预算之中，更不大可能经过人大批准。从法律程序和操作层面上来说是一大制约因素。

另外，政府统购商品房的资金本身来源问题难以协调。根据国家部署，2015 年，全国保障房建设任务为 700 万套，棚户区改造规模不低于 470 万套。有人测算，根据 2014 年 6 月国家开发银行《关于进一步加强统筹协调好棚户区改造贷款资金的通知》，回购商品房作为棚改的安置房总投资的比例从 20%提高到 40%，而住建部提出 2015 年棚户区改造资金将不低于 5000 亿元，若按 40%的货币补偿计算，将有近 2000 亿元的资金用于回购商品房，形成近 100 多万套商品房的需求。政府回购资金的另一来源是财政拨款。前财政部部长楼继伟在 2014 年 12 月底的全国财政工作会议上说，政府出钱，保障住房，但不再只是支持新建住宅，而是要“盘活存量房”。此外，住房和城乡建设部副部长齐骥表示，可大力推进棚户区改造的货币化安置，组织居民自主购买，或者由政府购买安置住房进行安置；与此同时推进国家开发银行的直接贷款与 PPP 市场化融资手段。政府本身资金是存在缺口的，购房资金从哪里来，是一个严重的制约因素。相关部门已经明确要求，不能再以政府的名义负债融资。而绝大部分平台公司已经负债累累，没有能力再独立融资。所以，保障房建设资金是非常棘手的一个问题。纵然政策上支持政府回购商品房用于保障房，资金问题也会制约地方政府实施这项政策。

另外回购取得的商品房，分配给哪些人，是否棚改区的人都具备享受保障房的条件，也是一个问题。因为，在前些年的地方大拆大建中，一部分人已经通过一定方式，收购了大量的棚改房屋用于投资。如果让他们享受保障房政策，势必让保障房政策变调。在保障房供应过程中，如何防止这类人员参与保障房分配，是必须做好的一项工作。否则，保障房不仅会变成变相的福利房，还有可能成为投机分子的暴富平台。

政府以回购商品房的方式为保障房增加路径，此举也可能会刺激开发商进一步建设商品房的热情，特别是能够找到关系的开发商，有可能会利用这样的机会，继续扩大商品房供应，使原本就已经过剩的市场供应关系更加失调，导致空置房继续增加，库存更高。如何预防这个问题，也是此项政策的一个潜在隐性制约因素。

事实上，在棚户区改造过程中，是否一定要通过政府回购的方式消化存量房，也是一个值得商讨的问题。因为，如果能够进行货币安置，被安置对象一样会购买商品房，没必要多一道政府的程序。政府真正需要做的，是帮助那些比最低住房标准还低的居民，获得一套可以达到最低住房面积标准的商品房，以便于他们能够改善住房条件。如果政府过多地购买商品房、储备商品房，会把开发商的负担转化成政府的负担，让开发商腾出资金再去建商品房，这就形成恶性循环了。

也有业内人士指出，政策虽好，但对于巨大的三四线城市库存的消化来说，作用可能并不大。以 60 平方米一套计算，回购 100 万套也就只有 6000 万平方米，占 6 亿平方米库存的 10%。而一年中全国新建商品房销售面积是 12 亿平方米。

总之，政府回购从表面上看能够缓解眼前的矛盾，实际仍存在很多制约因素，也会留下许多后遗症。所以，以政府回购商品房的方式增加保障房供应，除了起到给开发商鼓劲的作用之外，没有更好的作用。这绝不是长久之计，最多仅是权宜之计。(2015 年南方网，谭浩俊)

第五节　中国房地产去库存必由之路

房地产库存高企，去库存从 2016 年的国家战略任务到目前过了将近两年时间，尽管有很多路径可走，如农民工进城买房、政策调整、企业兼并、政府回购等，但是在去库存过程中出现了一个诡异的现象，按照市场规律，供大于求就应该是降价销售，事实是非但没有降价，反而是楼市“大火”从一线城市烧到二线城市，波及三四线城市，乃至很多地方政府不得不紧缩调控政策，限购、限贷、限售、限价，限商，真正需要去库存的三四线城市并没有随着一线城市楼市的火爆而出现去库存的明显效果。

从宏观区域来看，市场出现严重分化，是很容易理解的，毕竟一二线城市与三四线城市的资源分配是不均衡的，房价外化的市场表现也自然应该有所差异。但是说好的去库存，却来了个颠覆性的反转，带来的是地价飞涨、房价猛升，这是一个异常现象还是必然现象呢？其实，这说明我们的房子不是多了，市场上表现出来的供过于求只是表面现象，真正的原因还是二八现象分化严重，房价太高了，房子的价值被高估了。有很多有刚性需求的购房者因为高房价买不起房，同时又有很多投机者欲囤积住房，以求其保值增值，但是房价如此之高也不敢轻易出手，这样一方面买不起，另一方面因为价高不舍得卖，市场僵持导致销量下降，库存高企。因此无论采用何种去库存的方式，都必须解决一个关键问题，那就是资金问题，有钱的不敢进场，没钱的又进不去，需要搭建一个平台，寻求一条路径，在两者之间建立起一架桥梁，去库存基金无疑是一条最优可选路径。

我们必须认识到，住房不仅具有居住属性，还具有金融资产属性。随着我国家庭收入的增加，投资者理财观念的增强，金融市场投资环境的改善以及投资产品种类的丰富，家庭资产投资结构发生了很大的变化。20 世纪 80 年代，我国家庭主要以储蓄和现金形式持有金融财富。80 年代后期投资的形式逐步丰富，出现了股票、保险金、外币储蓄和债券等金融资产。随着物价连年上涨，大家意识到以储蓄为主的投资方式的弊端，储蓄比例开始出现大幅下降，持有的其他类型金融资产占比不断上升，达到 30%左右（张海云，2010 年）。伴随着家庭资产结构的日益复杂化，家庭资产投资也备受关注，受各种因素影响，不同家庭的资产组合在横截面上和生命周期上均表现出异质性。20 世纪 80 年代末我国住房制度改革开始推行并逐步深化，住房成为家庭资产的重要组成部分，而且占比较高。虽然住房的基本功能是居住，但也具有一定的金融资产属性。

金融资产一般具有收益性、流动性、风险性等特点。任何资产都预期可以产生回报，能够在短期或长期内不受损失地变现，预期收益具有不确定性。房屋作为一种实物资产的同时，也是一种特殊的金融资产，

其一，房子作为一种资产具有高收益、高风险的特征。根据弗莱文（Flavin）和山下式（Yamashita）在1998年对美国经济数据的分析结果显示：在美国，房屋资产的平均收益率以及风险（标准差）都高于国库券、债券和抵押贷款，仅次于股票。近30年我国住房经历了由实物性福利配给到资产所有的改革，商品房市场迅速膨胀，住房资产表现出高收益高波动的特征。根据张慧洁2008年对在我国证券交易所上市的72家房地产公司各年投资收益率计算表明，2001—2007年平均收益率分别是：7.7%、8.3%、13.5%、8.3%、12.5%、12.6%和9.7%，远远高于银行存款利率和其他投资同期收益率。持有房屋资产也具有较大风险，如价格波动的风险、利率风险、被迫拆迁的风险等。

其二，房子是一种低流动性的资产，房产投资的流动性较低，因为房产交易需要支付较大的成本，例如信息搜集成本、佣金费、税收等。另外持有环节也需要持有成本，如物业费、清洁费、保养费等。其低流动性本身也是一种潜在风险。

其三，住房资产既可以作为投资品又可以作为消费品。作为投资品，可以通过租赁获得租金，可以获得增值带来的收益，作为消费品，可以自用，也可以满足户主的心理需求，如满足个人虚荣心，给予业主安家乐业的稳定感和舒适感。在中国住房消费还具有附加功能，如户口问题、孩子上学问题、社区服务问题等。

既然住房是一种金融资产，而在市场上又出现了资金错配、库存高企，那么就有必要采用一定的融资手段，建立基金来缓减这种错配现象。房地产去库存基金将是一种有益的尝试和探索，也是中国房地产去库存的必然发展之路。

第五章 中国房地产去库存基金可行性与制约因素分析

我国房地产去库存已经迫在眉睫，在2016年去库存成为国家五大战略任务之一，除了需要完善居民住房合理消费的税收、信贷政策导向之外，关键的问题是解决如此巨大库存消耗所需要的资金来源。显然完全由居民来承担并不可行，以牺牲居民消费能力为房地产利益链条的过度扩张买单也是不公平的社会政策。

房地产跟股市相似，成交量的放大往往在“上涨途中”与“下跌底部”出现，按理而言，让房地产价格大涨大跌才是去库存的有效方法，但副作用很大。政府去库存最常见的策略，一般都是从交易费用、资格准入、融资便利性等方面加以刺激，不过政府任何促进销量的策略都会被购房者解读为价格上涨的利好；但如果政府放任库存累积，结果将导致价格崩盘，泡沫破灭，对居民、行业乃至国家都将是致命的打击。这就是中国房地产目前存在的经济悖论之一——既要销量涨，又要价格稳。

房地产属于不动产，所以各个区域之间市场割裂，库存水平差异大。如果依靠政策和资金驱动房市，购买力首先会在库存水平低、未来销售看好、居民购买力较强的区域涌现，助长该地区房产泡沫；而真正需要去库存的地方，反而不能获得投资者的青睐。如果政府出面，把库存高地拿下，可能洼地会水漫金山。这就是中国房地产去库存悖论之二——库存“洼地”发大水，库存“高地”闹干旱。

房地产去库存如箭在弦，从前面分析可以看出，国家除了宏观调控以外别无所能，因为任何一个举措都可能造成一定的负面影响，那就需要市场这只无形的手去调控库存，但市场的调节能力总是有限的。因此可以借助第三方——去库存基金进行去库存资金筹措。

第一节 传统房地产去库存融资方式分析

房地产融资方式即房地产企业融资的渠道。一般可以分为债务性融资和权益性融资。债务性融资包括银行贷款、发行债券和应付票据、应付账款等；权益性融资一般指股票融资。债务性融资构成负债，权益性融资构成企业自由资金。常见的房地产融资方式有：上市融资、融资租赁、不动产抵押、股权转让融资、提供担保融资、互联网融资等。

上市融资是房地产企业以筹资和实施股利分配为目的，按照法定程序，向投资者公开募集资金的融资形式。这种方式可以迅速筹集巨额资金，且筹集到的资金可以作为注册资本永久使用，没有固定的还款期限，对于房地产企业具有很大的优势。上市融资是房地产企业一个理想的融资渠道，分为直接上市融资和间接上市融资两种。直接上市融资额度较大，但是上市融资的门槛高，比如负债率不能高于70%的规定使很多企业都望尘莫及。间接融资就是通常所说的借壳上市，买壳上市需要大量现金，其目的是通过增发、配股再融资筹集资金，但前提是企业必须有很好的项目和资产进行置换，而拥有大量现金、好的开发项目和优质资产，这些都是中小企业很难具备的。鉴于上市融资一般都有比较苛刻的条件，绝大多数企业是不能入围的，我国房地产企业走上市融资的路子还很艰难，上市融资在房地产业总资金来源中的比重较小，在去库存融资方面也只能是水中望月。

融资租赁是指出租方根据承租方对供货商、租赁物的选择，向供货商购买租赁物，提供给承租方使用，承租方在契约或者合同规定的期限内分期支付租金的融资方式。融资租赁是集融资与融物、贸易与技术于一体的新型金融产业，也是现代化大生产条件下的实物信用与银行信用相结合的新型金融服务形式，是集金融、贸易、服务于一体的跨领域、跨部门的交叉行业，对于加快商品流通、扩大内需、促进技术更新、缓减中小企业融资困难、提高资源配置效率等方面发挥了重要作用。融资租赁除了融资方式灵活的特点外，还具备融资期限长、还款方式灵活、压力小的特点。在去库存过程中，开发商可以租赁房屋给住户，所有权和使用权分离，但是房地产是资金密集型投资行为，这种去库存融资肯定是难以为继的。

不动产抵押是指以不动产为抵押标的物而设立的抵押，是最普遍的抵押形式，是一种物权担保，具有物权的排他性和追及性等一般特点。不动产抵押是目前市场上使用较多的中小企业融资方式，在房地产市场不饱和的情况下这种融资方式尚可施行，但是经历了十多年扩张式发展，房地产市场已经趋于饱和，房子空置率增高，库存放大，通过房产抵押获取资金这种方式已经具有较大的风险了。对于银行来说，最大的风险就是很难把控消费者对贷款的使用，但是银行很难约束众多的消费者，所以很可能出现贷款人把贷款用于投资，结果无法偿还贷款的风险，显然金融机构不会接受。

股权转让融资是房地产企业通过转让公司部分股权而获得资金，从而满足企业的资金需求。房地产企业转让股权实际上是引入新的合作者，吸引直接投资者的过程。这种融资模式在去库存过程中，也是不可行的。随着库存积压增多，大多数投资者已经清晰地认识到，房地产市场那种遍地是金的局面将一去不复还了，即使你想转让股权，接收方需要审视你的债务风险，需要看你公司的库存情况，没有一个公司愿意接受一个没有充足流动资金的死气沉沉的公司，也没有人愿意去为高库存承担风险。所以这种融资方式在去库存这场运动中也是不合适的。

提供担保融资的主要优势在于可以把握市场先机，减少企业资金占有压力，改善现金流量。融资担保是担保业务中最主要的品种之一，是随着商业信用、金融信用的发展需要和担保对象的融资需求而产生的一种信用中介行为。信用担保机构通过在包括银行在内的资金出借方如金融机构、企业或个人与资金需求方之间搭建桥梁，作为第三方保证人为债务人向债权人提供信用担保，一般担保债务方履行合同或相关资金约定的责任和义务。这种融资方式适用于在银行已开立信用凭证的企业。和不动产抵押一样，能为房地产企业提供担保融资的一般只有大型银行、金融财团。但是就目前国内外环境来看，银行不愿意让房地产企业将风险转嫁给自己，所以一般也不会提供担保。

互联网融资是随着网络技术发展而产生的一种新型融资方式，互联网金融平台对申请融资的企业进行资质审核、实地考察、筛选出具有投资价值的优质项目，将投融资信息向投资者公开，并提供在线投资交易平台，实时为投资者生成具有法律效力的借贷合同；监督企业的项目经营，管理风险保障金，确保投资者资金安全。这种融资方式一方面利用互联网开放性的优势，同时结合传统金融机构在风险控制、信贷审核等方面的专业度为用户的投资信息提供全方位的服务以及为资产处置提供后续保障。[①] 互联网金融作为一种金融创新活动，无论是在支付清算、资源配置、风险管理方面，还是在征信方面都为信贷双方提供了较好的服务，尤其是信息对称性方面更是其他融资方式所不能比拟的，但是这种融资方式的结果还是不容乐观。2013 年中国网民 P2P 用户中，全部投资成功的用户占比仅为 37%，而另有 29%的用户曾经有过投资失败的经历，还有 34%的用户尚未到期，投资成功与否尚不明朗（资料来源：样本 186，iClick 社区联机调研，2014 年 5 月）。在所有遭遇失败的人群中，13%的人因为有担保而没有遭受实际的资金损失，另外 7%的人对损失资金正在追缴，其余 80%的人都有实际的资金损失。因此，新环境下对金融机构风险控制的要求更高。随着互联网金融行业的逐渐渗透，以及中小微企业融资难问题的发酵，使得传统金融环境已经产生了很大的变化。未来无论是传统金融还是互联网金融，目标市场虽有一定差异，但所服务的对象都是我国旧有的金融环境未能覆盖的领域、行业和个人。而且在互联网金融结合更加紧密的趋势下，未来传统金融与互联网金融的关系更加紧密，而金融最为核心的风险控制也将因为这种趋势，逐渐加大对互联网的依赖。艾瑞分析认为，在互联网时代，客观环境对金融领域中风险控制将有更高要求。作为房地产去库存所需资金量巨大，周转周期较长，理智的投资者在高库存环境下很难去涉入这些项目，而且就算有人愿意为去库存冒险，也是短周期的，难以维系长周期融资需求。

综合以上分析，传统的融资方式在解决去库存资金方面都存在或多或少的问题，很难从根本上解决实际问题，那么就需要寻求一种新的融资方式。

---

① 冯科、宋敏：《互联网金融理论与实务》，清华大学出版社 2016 年版，第 2 页。

第二节　房地产去库存融资工具分析

融资作为金融体系的功能之一，对于企业发展壮大极其重要。融资是所有企业都面临的问题。无论是创办一个新企业，还是现有企业的扩张，都需要融资。我国是一个资金短缺的国家，融资难是中国企业必须面对的现实，但是随着资金市场的不断开放，融资渠道和融资方式也在不断增多，除了银行贷款等直接融资之外，还有很多融资工具可供选择。

融资工具是指在融资过程中产生的证明债权债务关系的凭证。它记载着融资活动的金额、期限、价格（或利息）等，对债权债务双方均具有法律约束效力。这种书面凭证反映了一定的信用关系，融通了借贷双方的货币余缺，也称为"信用工具"或"金融工具"。虽然目前市场上还没有专门针对房地产行业的融资工具，但是一般融资工具都具有以下特点：

偿还期：是债务人必须全部偿还债务所经历的时间。各种信用工具在发行时都有不同的偿还期，偿还期不同可以满足不同债权人和债务人对借贷期限的要求。因为信用工具是可以流通转让的，所以偿还期的计算只有相对当前考虑才有实际意义。在融资工具的偿还期中比较特殊的是永久性公债和银行的活期存款，前者偿还期无限长后者随时可以兑现，偿还期实际为零。

流动性：是指融资工具迅速变现而不致遭受损失的能力。除了现金和活期存款，各种融资工具都存在不同程度的不完全流动性。一般来说，流动性与偿还期成反比，偿还期越长，流动性越小，而流动性与债务人的信用成正比，债务人信誉越高，流动性越大。

安全性：是指收回购买融资工具的本金的保障程度。融资工具可能会遭受到两类风险，一是信用风险，即债务人不履行合约，不按期归还本金的风险，二是市场风险，即信用工具的市场价格下跌的风险。信用要受债务人的信誉和经营能力的影响，市场风险主要受市场利率变化的影响。一般来说，安全性与偿还期成反比，偿还期越长，可变性因素越多，风险越大，安全性越小。安全性与流动性成正比，与债务人信誉成正比。

收益性：是指信用工具能定期或不定期给持有人带来收益的特性。信用工具有时就被称为“金融资产”。信用工具的收益性大小用收益率来衡量。收益率有名义收益率、即期收益率、实际收益率。名义收益率是指融资工具的票面收益与票面金额的比率；即期收益率是指融资工具的票面收益与当时的市场价格的比率；实际收益率是指融资工具的票面收益加上（或减去）本金收益（或本金损失）后与当时的市场价格的比率。

融资融券作为金融体系的重要功能之一，对于企业发展壮大极其重要。融资可能是目前去库存这场硬战面临的最迫切问题。中国是一个资金短缺的国家，目前除了直接融资之外，较为常见的融资工具有短期融资券、企业债券、可转换债券、股权融资、项目融资、权证等。

短期融资券（Commercial Paper）是指企业依照相关规定条件和程序在银行及债券市场发行和交易并约定在一定期限内还本付息的有价证券。我国短期融资券自 2005 年 7 月至今已发行了 4000 多亿元。短期融资券的融资成本较低，一般 10 年期企业债券总融资成本约为 4.7%—5.1%，一年期银行贷款利率 5.58%，一年期短期融资券融资成本在 3.5%左右。另外，短期融资券无须担保，从而节约了担保费用。发行门槛低，企业只要具有稳定偿债资金来源，流动性好，最近一个年度盈利就具备了发行短期融资券的核心要件。审批程序比较简单，短期融资券实行备案制，其唯一管理机构中国人民银行须在自受理符合要求备案材料之日起 20 个工作日内通知是否接受备案，并且允许企业自主决定发行时间和利率。其发行时机企业也可根据自己经营实际情况自主决定，企业在中国人民银行核定最高余额范围内，可分期发行，具体发行时间只需要在每期融资券发行日前 5 个工作日向中国人民银行备案即可。

短期融资券虽然具有上述优势，但是其风险也是不可小觑的。第一是信用风险，由于公司治理结构不规范，违规成本低，与企业财务状况紧密相连的风险提示处于空白状态。部分企业为了达到低成本融资的目的，对披露的财务数据、经营业绩进行一定的粉饰，隐藏了一定的信用风险。如果现有制度安排中隐藏的信用风险得不到及时的发现和披露，一旦市场扩容，或经济环境变化，都会使信用风险迅速扩大。少数企业违约的信用风险可能通过市场传导为系统性风险，甚至影响到整个金融体系的稳定。第二，滚动发行机制隐含“短债长用”的投资风险。按现行规定，人民银行对企业发行融资券实行余额管理，监管部门只需控制融资券待偿余额不超过企业净资产的40%即可。这就使部分企业有可能绕过中长期企业债的限制，通过滚动发行短期融资券进行长期融资。由于监管缺失，难以避免企业将通过短期债融入的资金用作长期投资。任何中长期投资项目都面临市场、技术、产品等方面的风险，随着短期融资券发行规模的扩大，其隐含的投资风险将不断加大。第三，短期融资券风险可能向银行转移。这主要体现在三个方面：一是隐性担保的潜在风险。短期融资券是无担保信用债券，不少企业将银行授信额度作为提高偿债能力的条件，主承销银行出于自身利益，心甘情愿地提供隐性担保。一旦出现违约风险，企业的信用风险就可能向银行转移和积聚。二是银行自销、自买短期融资券，容易产生泡沫，造成短期融资券异常火爆的假象。一旦个别企业出现兑付风险，必然引发投资者对相同信用等级短期融资券产生质疑，可能引发大范围抛售，金融机构持有的短期融资券价值将迅速下降。如果银行将短期融资券作为流动性的重要工具，必然导致银行体系流动性风险的爆发。三是银行竞相承销短期融资券，互相挖客户，容易产生道德风险和违规风险。最后，信用评级不成熟，道德风险加大。突出表现在评级缺乏时效，使短期融资券发行时的评级出现终身化倾向；评级手段落后，大多采用长期债券的评级方法，没有短期债券的特性；评级标准不统一；监管主体缺位，至今没有明确评级机构的监管部门，有关法律法规不健全。

企业债券（Enterprise Bond）：发行企业债券主要的法律依据是1993年《企业债券管理条例》，条例规定：股份公司净资产规模不低于3000万元，有限责任公司净资产净额不低于6000万元；近3个会计年度连续盈利；债券余额不得超过其净资产的40%。用于固定资产投资项目，累积发行额度不得超过总投资的20%；企业债券的利率不得高于银行相同期限居民储蓄定期存款利率的40%。申请上市的企业债券的实际发行额在人民币1亿元以上债券信用等级不得低于A级；发行企业债券需要有实际偿债能力的企业提供担保。我国企业债券市场目前存在的主要问题一是市场规模小。与发达国家相比而言，我国企业债券市场在投融资体系中份额相对较小。例如截至2005年6月底，美国债券市场余额接近25万亿美元，是美国股票市值的1.6倍，是美国国内银行贷款的5倍；而中国同期企业债券大约只占到债券市场整体比重的 4%，债券总量只占 GDP 的 24%，企业债券占 GDP 的比重更小，与国内其他债券比较，企业债券规模远远小于国内其他债券同期规模，截止 2002 年末，我国国债余额为 1.6 万亿元，金融债券余额接近 1 万亿元，而企业债券余额只有 600 亿元，仅为国债余额的 3.75%，金融债券余额的 6%。二是从发行主体结构情况看，企业债券并不是真正意义上的企业债，而是具有“准国债”的性质。我国企业债项目的确定一直都是按照国家产业政策和行业发展规划进行的，募集资金的投向都是国家重点项目，主要是能源、交通、重要原材料和大型基础设施项目，如三峡水利枢纽、铁路、高速公路、电力工程、石油天然气开发、石油化工、重点区域基础设施、城市地铁港口建设等；安排发行债券的企业绝大多数都是国有大型企业，如国家电力公司、中国石油天然气集团公司、中国石油化工集团公司、中国国际信托投资公司、中国光大集团公司、中国长江三峡工程开发总公司、宝山钢铁集团公司等。三是企业在发行债券过程中面临着多头管理，由国家发展与改革委员会负责额度审批，中国人民银行负责利率控制，中国证券监督管理委员会主管上市流通。四是企业债券品种少，结构单一。目前市场交易的品种只有按年付息和到期付息两种，以到期付息为主，多为固定利息券，大多数债券期限集中在 5—10 年。

可转换债券（Convertible Bond）分为分离型和非分离型，分离型是指认股权证可与公司债券分离，单独在市场上自由买卖，非分离型是指认股权证不能与公司债券分开，两者应同时流通转让，也就是通常所说的可转换债券。发行可转换债券的基本要件：最近 3 个会计年度连续盈利；最近 3 年及近期财务报表未被注册会计师出具保留意见、否定意见或无法表示意见的审计报告；被注册会计师出具带强调事项的无保留意见审计报告的，所涉及的事项对发行人无重大不利影响或者在发行前重大不利影响已经消除；最近 3 年以现金或股票方式累积分配利润不少于最近 3 年实现年均可分配利润的 20%；最近 3 个会计年度加权平均净资产收益率平均不低于 6%；本次发行后累积公司债券余额不超过最近一期期末净资产额的 40%；期限最短为 1 年，最长为 6 年；自发行结束之日起 6 个月后方可转换为公司股票，转股价格不低于募集说明书公告日前个交易日该公司股票交易均价和前一交易日的均价。可分离可转换为企业债券另外规定：公司最近一期未经审计的净资产不低于人民币15亿元；认股权证的行权价格应不低于公告募集说明书日前20个交易日公司股票均价和前一个交易日的均价；认股权证的存续期间不超过公司债券的期限，自发行结束之日起不少于6个月；分离交易的可转换公司债券募集说明书应当约定，上市公司改变公告的募集资金用途的，赋予债券持有人一次回售的权利。

可转换债券兼有债券和股票的双重特性，对企业和投资者都具有吸引力，也具有双重选择权。投资者可自行选择是否转股，并为此承担转债利率较低的成本，转债发行人拥有是否实施赎回条款的选择权，并为此支付没有赎回条款的转债更高的利率。这种双向选择权的存在使投资者和发行人的风险、收益限定在一定的范围内，并可以利用这个特点对股票进行套期保值，获得更加确定的收益。

表5-1是三种金融工具的比较。

表5-1 不同金融工具对比表

券种	年成本	约束	期限	门槛	程序与环节	发展趋势
短期融资券	3%—3.5%	硬	短期	低	简单	向好
企业债券	4.5%—5%	硬	中长期	高	较复杂	向好
可转换债券	2%	硬	中长期	高	复杂	向好

资料来源：百度百科，https://baike.baidu.com/item/%E8%9E%8D%E8%B5%84%E5%B7%A5%E5%85%B7/2747190?fr=aladdin。

从表中可以看出，短期融资券为中国人民银行推出的融资品种，且发行门槛较低，程序环节简单，资金成本低，报批通过的可能性大，企业应积极利用，但其期限短，企业的财务压力大。这个问题可利用银行将来的票据发行便利（NIF）工具来解决。企业债券目前对中小企业来说不是理想的融资工具，因为存在多头管理，效率低下，目前实际上主要是中央直属大企业才能发行企业债券。但企业债券未来几年在规模和品种上将有突破性发展，中小企业应密切关注。可转换债券是一个非常好的融资和投资工具。可转换债券资金成本最低，期限长，企业还本付息的压力小，并且可转换债券有转股的可能，一旦转股，由于在中国债权是硬约束而股权是软约束，这将消除还本付息的压力。为了达到这个目的，企业应创造条件让可转债转股。另外可分离的可转债是新推出来的融资工具，上市公司应积极申报，获批的可能性很大；非上市公司可转换债券的融资近几年发展很快，特别是在风险投资中得到广泛的应用，这对创投企业来说是一个不错的融资选择。

针对房地产去库存，没有现成的经验可以借鉴，没有成型的金融工具可以直接利用。短期融资券虽然发行门槛低、发行程序简单，但是其期限短，而且不具规模的公司难以支撑大面积债务难题。企业债在国人心中，一般都认可财大气粗的国有企业，对于小公司的认可度较低，普及面较窄，因此其在去库存中的作用也难以奏效。可转换债券约束性强、门槛高、程序复杂，小型公司、一般企业也无能为力，所以面对房地产去库存，应该开发新的金融工具。

第三节　房地产去库存资产证券化 ABS 的可行性分析

一、资产证券化概述

资产证券化是以特定资产组合或特定现金流为支持，发行可交易债券的一种融资形式。资产证券化最早起源于 1970 年美国发行住房抵押贷款证券，随后联邦房贷抵押贷款公司发行了住房抵押贷款参与凭证。随着市场的发展，住房抵押贷款过手证券作为初级产品自身存在缺陷，另外市场也趋于饱和，并且石油危机的影响引发人们转投其他金融资产。为了扩大资本市场的参与，1983 年联邦抵押贷款公司发行抵押担保债务凭证，后来又衍生出纯利息债券和纯本金债券。美国 1984 年通过的《加强二级抵押贷款市场法案》使所有已评级的抵押贷款支持证券成为合法投资对象，紧接着简化了审查程序、降低了发行成本。1986 年，美国又通过《税法改革法案》，提供了合理的税收体系。最后的 FASIT 立法提案产生了金融资产证券化投资信托，资产范围扩大到多种金融资产，标志着资产证券化制度趋于完善。

自 1970 年美国的政府国民抵押协会首次发行以抵押贷款组合为基础资

产的抵押支持证券——房贷转付债券，完成首笔资产证券化交易以来，资产证券化逐渐成为一种被广泛采用的金融创新工具而得到迅速发展。

广义的资产证券化是指某一资产或资产组合采取债券资产这一价值形态的资产运营方式，包括四种类型：

实体资产证券化：即实体资产向证券资产的转换，是以实物资产和无形资产为基础发行证券并上市的过程；或者说是项目和纯资产形态的资产经过一定结构安排，以组织的信用或资产的现金流为支撑发行受益凭证的过程。

信贷资产证券化：是将一组流动性较差的信贷资产，如银行的贷款、企业的应收账款，经过重组形成资产池，使这组资产所产生的现金流收益比较稳定并且预计今后仍将稳定，再配以相应的信用担保，在此基础上把这组资产所产生的未来现金流的收益权转变为可以在金融市场上流动、信用等级较高的债券型证券进行发行的过程。

证券资产证券化：即证券资产的再证券化过程，就是将证券或证券组合作为基础资产，再以其产生的现金流或与现金流相关的变量为基础发行证券。一个重要的形式就是证券投资基金，即通过对现有证券资产组合的未来收益为基础发行的新的证券，另外证券衍生工具大部分也属于证券资产证券化。

现金资产证券化：是指现金的持有者通过投资将现金转化成证券的过程，即投资者将现金投资于证券，获得证券的未来现金流，实现预期的经济收益。现金资产证券化是通过投资者在证券市场上购买证券而实现的，它的逆过程——证券资产向现金资产转换是通过投资者在证券市场上出售证券而实现的；所以现金资产证券化同时也可以理解为现金资产在证券发行市场上购买新发行证券，在证券流通市场上购买已发行证券的投资行为。

狭义的资产证券化是指信贷资产证券化，按照证券化资产种类的不同，信贷资产证券化可以分为住房抵押贷款支持的证券化（Mortgage Backed Securitization，MBS）和资产支持的证券化（Asset Backed Securitization，ABS）。住房抵押支持的证券化是指金融机构（主要是商业银行）把自己所持有的流动性较差但具有未来现金收入流的住房抵押贷款汇聚重组为抵押贷款群组，由证券化机构以现金方式购入，经过担保或信用增级后以证券的形式出售给投资者的融资过程，这一过程将原先不易被出售给投资者的缺乏流动性但能够产生可预见性现金流的资产，转换为可以在市场上流动的债券。资产支持的证券化是一种债券性质的金融工具，其向投资者支付的本息来自基础资产池产生的现金流或剩余权益，资产支持证券不是对某一经营实体的利益要求权，而是对基础资产池所产生的现金流或剩余权益的要求权，是一种以资产信用为支持的证券。

资产证券化是世界金融领域的重大创新，通过资产证券化，打破了直接融资和间接融资的藩篱，拓展了企业融资渠道，对于提高金融体系效率、促进实体经济发展具有重要意义。资产证券化与房地产结合，为房地产业发展注入了新的活力，是房地产金融创新的重要发展方向。具体来说，资产证券化对房地产去库存的促进作用表现为：

资产证券化可以满足高库存房地产行业统一经营需要的长期资金支持，是高库存房地产行业发展的内在需求。房地产本身具有很强的资产属性。高库存的原因要么确实是区域经济实力不够，要么就是开发过度，两者的共同特点就是“出售”比较困难，那么统一经营就是一种很好的解决方式，其稳定的收益能给经营者带来长期价值。但是，由于房地产投资额大、回收期长、统一持有经营对长期稳定的资金需求量大，在其他融资渠道不畅的情况下，资产证券化的出现，无疑使得房地产企业“柳暗花明又一村”，满足了商业地产长期资金的需求，缓解了企业资金压力，增加了投资机会，实现了企业资产规模扩张，为最大程度获得回报创造了条件。此外，和债务融资相比，资产证券化不但不会增加债务负担，而且还在一定程度上改善了企业资产负债结构。

资产证券化保持了物业经营权的完整性，实现了统一经营。无论是商业地产还是非商业地产，都需要有比较专业的管理团队进行统一的管理和经营才能确保整体综合效益不断提升。简单的散售模式必将造成品质不一，物业管理难度加大，物业品质难以保证的状况，不利于资产保值升值。通过资产证券化运作，无损物业经营权的统一，有利于优质物业的养成，进一步提升其价值。

资产证券化实现了众多投资者的参与和选择，形成了有效的激励机制。资产证券化扩展了大众投资者的投资渠道，给中小投资者投资大型物业提供了机会。投资者通过投资证券化产品间接持有房地产份额，从而分享其投资带来的回报和增值收益。尤其是采取公开上市的资产证券化产品，其投资回报、运营管理更加透明，大众投资者很容易从中选择优秀物业、优质资产管理公司。这就无形中形成了房地产优胜劣汰竞争机制，激励房地产管理者采取更加有效的资产运营策略和提供更加优秀的资产管理服务来提升其物业价值。

资产证券化分散了房地产风险，促进了行业稳定发展。通过资产证券化手段，将市场风险分散到了众多投资者之间，有助于缓冲风险。第一，相比实物资产，证券化产品有更强的流动性，在市场遇到波动时，通过出售证券而不是实物资产，可以起到平缓市场变动的作用，这比持有不动产具有更大的灵活性，风险将大大降低；第二，基于不同的预期和个人偏好，有的投资者会将这类证券化产品视为房地产周期回升中的一种稳定、安全的投资品，愿意购买并持有，从而有助于对冲市场风险；第三，在房地产市场繁荣期，通过引导资金投资证券化产品，可以分流投资、投机于实物资产的资金，更好地保障民生，进而有利于房地产业整体健康稳定发展。

所以资产证券化对于解决房地产去库存问题可以说是进退自如，完全通过市场调节，无论是对投资者还是对开发商都是一个双赢的选择。

二、资产证券化的中国发展路径

资产证券化是债券市场发展的必经之路，我国债券市场发展时间不长，而在国内经济调结构、促转型的大背景下，推动资产证券化发展既有利于拓宽实体经济融资渠道，同时也能分散金融风险，维护金融体系稳定。我国资产证券化虽然发展滞后，于20世纪80年代传入国内，1992年海南三亚开发建设总公司发行的“三亚地产投资券”被视为国内资产证券化之发轫。随后我国学者对地产证券化的相关探索，也主要停留在商业地产领域。但是目前资产证券化已经进入常态化发展阶段，对实体经济的支持作用也在逐步显现。典型案例大致可以分为如下三类：

第一类是真正意义上的房地产信托投资基金（英文简称为REITs），是房地产证券化的重要手段，主要是指把流动性较低的非证券形态的房地产投资直接转化为资本市场上的证券资产的金融交易过程。包括房地产项目融资证券化和房地产抵押贷款证券化两种基本形式。在我国比较有代表性的是开元房地产信托投资基金和春泉房地产信托投资基金，以国内酒店、写字楼为基础资产，通过房地产信托投资基金打包在香港上市。开元房地产信托投资基金于 2013 年 7 月 10 日在香港港交所主板上市，基础资产为浙江开元集团旗下 4 家五星级酒店（杭州开元名都大酒店、杭州千岛湖开元度假村、宁波开元名都大酒店、长春开元名都大酒店）和一家四星级酒店（浙江开元萧山宾馆）。实际发行 25%的基金份额，发行价为 3.5—4.2 港元区间，募集资金 6.75 亿港元，预期回报率为 7.8%，由开元集团担保，如达不到预期收益率，则由开元集团补足。从投资人的结构来看，公众持有人比例为 34.42%，凯雷为 28.39%，浩丰国际为 39.20%。春泉房地产信托投资基金于 2013 年 11 月在香港发售，管理人为春泉资产管理有限公司，基础资产为北京华贸中心写字楼 1 座、2 座的所有办公楼层，以及位于两幢写字楼地库的约 600 个地下停车位，该项目属于北京 CBD 的超甲级办公物业，面积约 12 万平方米，停车位面积 2.51 万平方米。发售定价为每单位基金份额 3.81—4.03 港元，募集资金规模为 16.74 亿港元，预计年收益率为 5%左右（4.94%—5.23%）。

第二类为企业资产证券化。如欢乐谷主题公园入园凭证收入专项资管计划和海印股份专项资管计划。这类专项资管计划属于企业资产证券化，是以企业预计可产生的现金流来实现融资。

其中欢乐谷主题公园入园凭证专项资管计划发行于 2012 年 11 月，基础资产为华侨城下属子公司拥有的欢乐谷主题公园入园凭证，管理人为中信证券，募资总规模为 18.5 亿元，设优先级收益凭证和次级收益凭证两种收益凭证。其中优先级受益凭证规模为 17.5 亿元，信用评级为 AAA；次级受益凭证规模为 1.0 亿元，由华侨城 A 全部认购，期限不超过 5 年。华侨城 A 的母公司华侨城集团公司为该资管计划提供不可撤销连带责任担保。

广东海印集团在 2013 年 5 月设立专项资产管理计划，并获得中国证券监督管理委员会批复同意。以其旗下 14 家商业物业经营收益权为基础资产，募资规模不超过 16 亿元，其中优先级资产支持证券不超过 15 亿元，由符合资格的机构投资者认购；次级资产支持证券不超过 1 亿元，由公司代表原始受益人全额认购。海印集团对该资产管理计划进行担保，如基础资产未来现金流不足以偿付本金和预期收益，则由海印集团进行差额补足。所以，海印股份的案例更像是现金流支持的企业贷款，并且没有达到资产负债表出表的目的。

第三类是私募房地产信托投资基金。典型的是高和资本的中华企业大厦案例和中信启航资管计划，尤其是中信启航，由于可进入交易所挂牌交易，甚至可以认为是准公募房地产信托投资基金。

中华企业大厦位于上海市南京西路静安寺商圈绝版地段，东邻静安寺、西邻 1788 国际中心、北邻北乐门、南邻会德丰国际广场。周围都是超甲级写字楼、购物中心、五星级酒店、著名景点林立，处于市中心最核心的位置，体量 2. 6 万平方米。高和资本通过非公开方式向高净值人群募集，门槛一般在 3000 万元以上，同时还利用了较高的金融杠杆。中华企业大厦的总投资金额约 9 亿元，资金结构为银行并购贷款，信托公司夹层融资，高和持有的劣后级为 3 : 2 : 1。收购中华企业大厦后进行整体改造，汰换租户，提升品质，并引入国际物业管理公司，将项目打造成南京西路稀缺的精品写字楼。高和资本通过深入的资产管理，包括设定投资人门槛、统一物业管理、统一出租、流动性支持等一系列最长可达 10 年的资产管理服务确保物业自身运营管理的完整性；同时通过整层出售给民间投资人使产权可以自由流动。这样一来，既保证了基金的推出，也保持了物业运营的整体性和品质。这是一种类私募房地产信托投资基金探索，是国内地产基金行业在金融市场不成熟和监管尚未开发背景下的无奈之举，也是向标准房地产信托投资基金方向的一种有益探索。

中信启航专项资产管理计划设立于 2014 年 1 月，设立人为中信金石基金管理有限公司，基础资产为北京中信证券大厦第 2—22 层和深圳中信证券大厦第 4—22 层房产及对应的土地使用权。根据深圳市戴德梁行土地房地产评估有限公司出具的市场价值评估报告，目标资产合计估值 50. 38 亿元。募资规模为 52. 1 亿元，其中优先级 36. 5 亿元，次级 15. 6 亿元，比例为 7 : 3，优先级份额存续期间获得基础收益，退出时获得资本增值的 10%；次级份额存续期间获得满足优先级份额基础收益后的剩余收益，退出时获得资本增值的90%。优先级的评级为AAA。期限不超过5年，投资人以机构投资者为主，该交易实现了税务筹划、评级、交易结构等多项突破，特别是中信启航项目已经实现了交易所系统挂牌交易，可以说距离标准房地产信托投资基金只有一步之遥。但是从投资标的而言，中信拿出了旗下非常优质的写字楼物业，租客都是AAA级品牌，再加上中信证券为该产品提供了流动性支持，产品设计可谓诚意十足，但意向的投资者显然是大机构，与中小投资者相距甚远。这也从侧面反映出地产金融格局，无论是国资还是民资，都将注意力锁定在大机构的需求上，以期望实现制度套利，而真正的产品创意并未站在舞台中央，这也是为什么中信启航专项资产管理计划未能真正成为标准房地产信托投资基金的原因所在。

房地产真正的转折点是在2015年。2015年是中国房地产值得记忆的年份，行业曾经的辉煌及骄傲在这一年被改变，瞬间爆发的新概念、新思维、新元素不断与房地产行业产生交集；与此同时，房地产行业传统的开发方式、资本模式、商业态势却面临着空前的失控和颠覆。在这样的情况下，由世茂集团发起，世茂房地产联合博时资本、招商银行股份有限公司、北京市金杜（深圳）律师事务所等四家公司共同推出“博时资本—世茂天成物业资产支持专项计划”，并在2015年7月10日获得上海证券交易所无异议函，意味着世茂全国首个物业费资产证券化项目（物业ABS）正式出炉，该项业务不仅填补了国内市场空白，同时进一步拓宽了中国金融产品组合区间。世茂集团声称：“该项目不仅为企业获得了新的融资渠道，也为投资者提供了不同类型的产品选择”。

表5-2　中国主题的ABS项目一览表

项目名称	基础资产	融资规模	预期回报率	期限
开元房地产信托投资基金	4家五星级酒店和 1家四星级酒店	6.75亿港元	7.8%	永续
春泉房地产信托投资基金	华贸中心2座写字楼 及地下停车位	16.74亿港元	5%左右	永续
欢乐谷主题公园 入园凭证专项资管计划	主题公园 入园凭证收入	18.5亿元	—	不超过 5年

续表

项目名称	基础资产	融资规模	预期回报率	期限
海印股份 专项资管计划	15 家商业物业 未来的租金收入	16 亿元	—	不超过 5 年
中信启航 专项资管计划	北京中信证券大厦、 深圳中信证券大厦	52.1 亿元	—	

资料来源：搜狐网，http://www.sohu.com/a/160966142_ 498910。

以上商业地产资产证券化的尝试，为未来房地产信托投资基金在我国实现突破和发展在实践上进行了探索和准备。

经过持续的发展，我国资产证券化主要取得了以下几个方面的成效：

第一，参与主体范围逐步扩大。从发行主体看，目前已涵盖政策性银行、国有商业银行、股份制商业银行、汽车金融公司、资产管理公司以及其他非金融企业。在投资主体方面，我国资产支持证券的投资者结构也日渐多元化。以信贷资产证券化为例，在我国信贷资产支持证券最初的持有人结构整体上比较集中，商业银行占比超过 70%，银行互持现象明显。而随着近年来债券市场的快速发展，各类投资者对创新产品的认知和接受程度也有所提高。信贷资产支持证券的投资者范围也逐步扩展至国有商业银行、股份制商业银行、城市商业银行、城乡信用社、财务公司、证券公司、证券投资基金、社会保障基金等。

第二，产品种类日益丰富，基础资产范围逐步扩大。我国资产证券化产品目前主要有三类：一是由银监会审批发起机构资质、人民银行主管发行的信贷资产支持证券；二是由中国银行间市场交易商协会主管的资产支持票据；三是由证监会主管、主要以专项资产管理计划为特殊目的载体的企业资产支持证券。其中，信贷资产支持证券规模最大，其次为企业资产支持证券，资产支持票据规模最小。截至 2014 年上半年，我国信贷资产支持证券余额为 960.07 亿元，占我国资产证券化存量的 74%；券商专项资产管理计划余额为 212.5 亿元，占比 16%；资产支持票据余额为 129.3 亿元，占比 10%。

在相关产品日益丰富的同时，基础资产池中基础资产的种类不断丰富，目前已经涵盖一般中长期贷款、个人住房抵押贷款、汽车贷款、中小企业贷款和不良贷款五大类。监管部门于2012年5月下发的《关于进一步扩大信贷资产证券化试点有关事项的通知》鼓励选择符合条件的国家重大基础设施项目贷款、涉农贷款、中小企业贷款、经清理合规的地方政府融资平台公司贷款、节能减排贷款、战略性新兴产业贷款、文化创意产业贷款、保障性安居工程贷款、汽车贷款等多元化信贷资产作为基础资产。表5-3列示了我国资产证券化产品基本情况。

表5-3 我国资产证券化概况

产品	信贷资产支持证券	资产支持证券	资产支持票据
监管机构	人民银行、银监会	证监会	银行间交易商协会
业务类型	试点业务	常规业务	常规业务
审核制度	资格审批与产品备案结合	核准制	注册制
基础资产	银行信贷资产、由资产管理公司收购的银行不良贷款等	企业应收款、信贷资产、信托受益权、基础设施收益权等财产权利或商业物业等不动产财产或财产权利和财产的组合	符合法律法规规定，权属明确，能够产生可预测现金流的财产、财产权利或财产和财产权利的组合。基础资产不得附带抵押、质押等担保负担或其他权利限制
发起人	银行业金融机构（商业银行、政策性银行、邮政储蓄银行、财务公司、信用社、汽车金融公司、金融资产管理公司等）	金融机构、非金融企业	非金融企业
信用评级	双评级，鼓励采用投资者付费模式评级；定向发行则与投资者协商	不强制双评级	双评级，鼓励采用投资者付费模式评级；定向发行则与投资者协商
交易场所	可选择跨市场发行	证券交易所、证券业协会机构间报价与转让系统、柜台市场	银行间债券市场
登记托管机构	中央国债登记结算有限责任公司	中国证券登记结算有限责任公司	上海清算所

资料来源：和讯债券，朱雯杰，2016年8月6日。

第三，制度框架逐步完善。我国资产证券化主要依照“边试点，边立法”的原则逐步推进。经过试点，相关管理制度已逐步完善，其中以信贷资产证券化的制度框架最为成熟。试点过程中，人民银行、银监会等相关监管部门陆续制定颁布了《信贷资产证券化试点管理办法》等多项部门规章，涉及业务操作、入池资产抵押权变更登记、会计处理、资本风险计提、税收征管政策等多个方面，为我国信贷资产证券化业务的稳步开展提供了制度保障。危机之后，国内监管部门在吸取危机教训的基础上对相关管理制度予以了进一步完善：一是审慎选择入池资产；二是改进和完善证券化信用评级管理，引入双评级并鼓励采用投资人付费模式评级机构的评级结果；三是进一步加强信息披露；四是对发起机构探索实施一定比例的风险自留；五是鼓励扩大投资者范围，降低银行业金融机构对资产支持证券的互持比例。表 5-4 列示了我国资产证券化相关法律法规及监管条文。

表 5-4　我国资产证券化相关法律法规和监管条文

	法律法规及监管条文	发文单位	发布时间
信贷资产支持证券	《信托法》	人大常委会	2001 年 4 月 28 日
	《信贷资产证券化试点管理办法》	央行、银监会	2005 年 4 月 20 日
	《信贷资产证券化试点会计处理规定》	财政部、国家税务总局	2005 年 5 月 16 日
	《资产支持证券信息披露规则》	人民银行	2005 年 6 月 13 日
	《资产支持证券交易操作规则》	人民银行	2005 年 8 月 1 日
	《金融机构信贷资产证券化监督管理办法》	银监会	2005 年 11 月 7 日
	《关于信贷资产证券化有关税收政策的通知》	财政部、国家税务总局	2006 年 2 月 20 日
	《关于信贷资产证券化基础资产池的信息披露有关事项的公告》	人民银行	2007 年 8 月 21 日
	《关于资产支持证券质押式回购交易有关事项的公告》	人民银行	2007 年 10 月 9 日
	《关于进一步加强信贷资产证券化业务管理工作的通知》	银监会	2008 年 2 月 4 日
	《关于进一步扩大信贷资产证券化试点有关事项的通知》	财政部、央行、银监会	2012 年 5 月 17 日

续表

	法律法规及监管条文	发文单位	发布时间
	《关于金融支持经济结构调整和转型升级的指导意见》	国务院	2013年7月5日
	《关于金融支持小微企业发展的实施意见》	国务院	2013年8月8日
	《关于规范信贷资产证券化发起机构风险自留比例的文件》	人民银行、银监会	2013年12月31日
	《关于大力推进体制机制创新扎实做好科技金融服务的意见》	中国人民银行、科技部、银监会、证监会、保监会、知识产权局	2014年1月7日
企业资产支持证券	《证券公司客户资产管理业务试行办法》	证监会	2003年12月18日
	《证券公司监督管理条例》	国务院	2008年4月23日
	《关于通报证券公司企业资产证券化业务试点情况的函》	证监会	2009年5月21日
	《证券公司企业资产证券化业务试点指引》（试行）	证监会	2009年5月21日
	《关于〈证券公司客户资产管理业务试行办法〉及配套实施细则的修订说明》	证监会	2012年8月22日
	《证券公司客户资产管理业务管理办法》	证监会	2012年10月18日
	《证券公司资产证券化业务管理规定》	证监会	2013年3月15日
	《关于为资产支持证券提供转让服务的通知》	上交所	2013年3月27日
	《深圳证券交易所资产证券化业务指引》	深交所	2013年4月22日
ABN	《银行间债券市场非金融企业资产支持票据指引》	银行间交易商协会	2012年8月3日
投资准入	《关于证券投资基金投资资产支持证券有关事项的通知》	证监会	2006年5月14日
	《关于保险资金投资有关金融产品的通知》	保监会	2012年10月22日
	《关于规范商业银行理财业务投资运作有关问题的通知》	银监会	2013年3月28日
	《关于保险业支持经济结构调整和转型升级的指导意见》	保监会	2013年8月27日

资料来源：和讯债券，朱雯杰，2016年8月6日。

三、资产证券化为房地产融资创新开辟了新的途径

（一）房地产经营特征倒逼资产证券化发展

从我国房地产发展来看，目前正处于转型阶段。图 5-1 列出了 2008—2015 年我国房地产开发新开工面积及增速情况。从图中可以看出，2008—2011 年，中国房地产行业新开工面积持续增加，其增长速度维持在 10%以上。2012 年受国家宏观政策严格调控的影响，我国房地产开发新开工面积同比下滑 7.3%。2013 年，全国房地产开发企业房屋新开工面积增长至 20.12 亿平方米。2014 年，国内经济仍处在"三期"叠加的阵痛期，产能过剩矛盾突出，工业生产价格持续下降。受此影响，2014 年新开工面积为 17.96 亿平方米，同比较上年同期下滑 10.74%。2015 年，受房地产库存化影响，全年新开工面积为 15.45 亿平方米，同比下降 14.00%。房地产供应量的快速增长，导致绝大多数地区出现局部供大于求，竞争加剧，房地产发展的低层次、同质化的散售和经营模式面临更大的压力，迫切需要资产证券化等创新融资方式，解决现有以银行贷款为主的资金供应与房地产经营需求长短错配的问题。

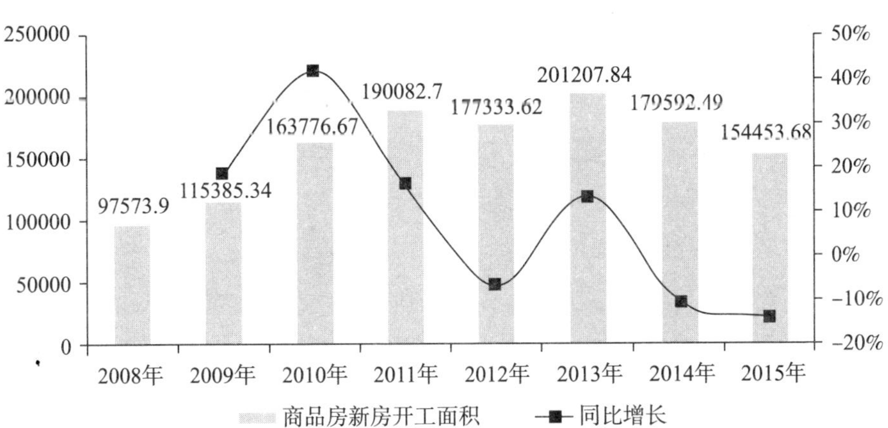

图 5-1　2008—2015 年我国房地产开发新开工面积及同比增速（单位：平方米，%）

资料来源：前瞻产业研究院《2016—2021 年中国房地产行业市场需求预测与投资战略规划分析报告》。

从国际经验来看，地产资产证券化是解决房地产持有资金问题的适合

途径。资产证券化的核心是产生稳定、可预测现金流的基础资产。房地产具有可持续经营、收益稳定的特点，符合资产证券化的要求，因此，房地产及收益也是国外开展资产证券化的重要基础资产。

（二）当前我国发展房地产资产证券化的利弊权衡

从有利条件看，一是符合国家金融改革方向。强调要利用资产证券化盘活存量货币资源，鼓励提高直接融资比例，发展包括资产证券化在内的新型融资渠道。二是已有部分政策支持。2013 年中国证券监督管理委员会颁布了《证券公司资产证券化业务管理规定》，规定商业票据、债券、股票等有价证券、商业物业等不动产财产均可作为证券化的基础资产；相关金融机构业务范围不断扩大，实施资产证券化的能力具备、意愿也比较强烈。三是供需双方均有需求。融资方面，通过金融创新利用资产证券化为房地产去库存的融资需求强烈；投资方面，部分房地产项目具有稳定性好、收益水平高等优点，是投资者比较理想的投资对象。

从存在问题看，一是收益率较低。在不考虑增值收益的情况下，目前房地产租金收益率难以覆盖投资者的预期收益率。此外，目前国内“刚性兑付”尚未打破，房地产资产证券化产品的收益率相对银行理财产品虽然具有一定的优势，但与信托产品的收益率水平相去甚远。二是管理框架不完善，特别是对房地产信托投资基金来说，缺乏法律规定，由于没有税收优惠，前端的印花税，后端的所得税、土地增值税等，进一步缩小了利差空间，削弱了房地产信托投资基金的可行性和吸引力。

（三）我国房地产资产证券化需要结合国情开展探索

如前所述，我国一些商业地产企业从自身角度出发，已经开展各种基于资产证券化的实践并取得了一定的成效；另一方面，在当前环境下，直接发展房地产资产证券化产品虽然客观存在诸多需进一步完善的市场环境，如市场利率水平整体偏高等，但我们已经看到监管层大力推进的方向性指引。

目前可行的路径有三个：一是推动资产管理计划实现房地产资产证券化，核心是通过完善产品设计解决收益率问题。包括：提高或补足收益率；通过“收益+增值”模式提高产品吸引力。二是探索类资产证券化产品积累经验。与严格意义的资产证券化相区别，类资产证券化是指借助信托、私募基金等载体，将房地产或房地产经营收益打包并份额化销售，从而实现融资的一种模式。三是通过境外发行的房地产信托投资基金实现海外融资。

尽管在当前条件下，我国发展房地产证券化更符合目前国情，但从长远来看，随着房地产市场和证券化市场逐步成熟，未来房地产市场的发展将与国际通行做法趋同并接轨。在这个过程中，通过房地产资产证券化探索，实现人才知识储备，积累实践经验非常有意义。从更宏观和长远的角度讲，商业地产资产证券化可以改善和优化金融结构，活跃金融市场。资产证券化的出现，开拓了房地产直接融资渠道，使房地产金融市场呈现商业银行、股票市场、债券市场和投资信托的多元化格局，促进了金融资产多样化局面的形成和进一步发展，也为目前房地产去库存融资开创了一条独特的渠道。

第四节　房地产去库存资产证券化资产支持证券（ABS）的制约因素分析

尽管中国资产证券化经历了从无到有的发展，从国家管理层到微观企业实体都在不断地探索，也经历了近几年的井喷式发展，但总体来说中国资产证券化的发展程度仍然很低、规模依旧很小。总体来说，欲推进我国房地产去库存资产证券化的向前发展，需要解决以下几个制约因素。

一、法律法规严重滞后，政府监管明显缺位

我国资产证券化的监管政策是随着资产证券化试点的不断发展逐步完善的，市场创新和监管创新二者相互推进不断演变，大致分为三个阶段。

第一阶段：2005—2008 年，资产证券化业务的试点阶段。该阶段，证监会发布了《关于证券公司开展资产证券化业务试点有关问题的通知》，人民银行和银监会联合发布《信贷资产证券化试点管理办法》，标志着我国资产证券化试点拉开帷幕。试点阶段，政策出台是围绕业务实操中遇到的各种问题，不断进行丰富完善。这个阶段的政策出台数量多，内容较为简单，实操性更强，例如针对会计核算的《信贷资产证券化试点会计处理

规定》，针对税务处理的《关于信贷资产证券化有关税收政策问题的通知》，针对信息披露问题的《资产支持证券信息披露规则》等。

在试点阶段，资产证券化作为一种新的产品，处理遵循监管部门出台的针对性规章制度，同时也要符合行业普遍规则，例如针对征信措施的《关于有效防范企业债担保风险的意见》，针对信用评级的《中国人民银行信用评级管理指导意见》等。

2005—2008 年，央行和银监会主管的信贷资产证券化产品共发行 17 单，证监会主管企业资产证券化产品共发行 9 单，在监管政策的完善方面，证监会也仅发布了《证券公司企业资产证券化业务试点指引（试行）》一份统筹性监管文件，相对于信贷资产证券化产品监管更加粗放。

第二阶段：2011—2014 年，资产证券化业务常态化发展阶段。2011 年 9 月，证监会开始重启企业资产证券化项目的审批，2012 年 5 月，央行、银监会和财政部联合下发《关于进一步扩大信贷资产证券化试点有关事项的通知》，标志着在经历了美国次贷危机后，我国资产证券化业务重新启动，进入第二轮试点阶段，试点额度 500 亿元。2012 年 8 月银行间交易商协会发布《银行间债券市场非金融企业资产支持票据指引》，至此我国三种主要资产证券化产品类型全部推出。2013 年 8 月，银监会开启第三轮试点工作，试点额度达到 4000 亿元，我国资产证券化正式步入常态化发展时期。在此阶段，监管政策进一步注重风险管理和防范，2013 年银监会发布《关于进一步规范信贷资产证券化发起机构风险自留行为的公告》，明确发起机构自留不低于一定比例的基础资产信用风险，证监会则于 2013 年、2014 年连续发布《证券公司资产证券化业务管理规定》、《证券公司及其基金管理公司子公司资产证券化业务管理规定》，明确了专项资产管理计划作为 SPV 独立于发起人、管理人和投资人的法律地位，扩大了开展资产证券化业务的业务主体及其基础资产范围，对企业资产证券化的快速发展奠定了基础。

第三阶段：2014 年底至今，资产证券化步入快速发展阶段。2014 年底，我国资产证券化业务监管发生了重要转折，完成了从过去的逐笔审批制向备案制的转变。通过完善制度、简化程序、加强信息披露和风险管理，促进市场良性快速发展。2014 年 11 月 20 日，银监会发布《关于信贷资产证券化备案登记工作流程的通知》，宣布针对信贷资产证券化业务实施备案制；2015 年 1 月 4 日，银监会下发批文公布 27 家商业银行获得开展信贷资产证券化产品的业务资格，标志着信贷资产证券化业务备案制在实操层面落地；2015 年 3 月 26 日，人民银行发布《关于信贷资产支持证券化试行注册制的公告》，宣布已经取得监管部门相关业务资格、发行过信贷资产支持证券并且能够按照规定披露信息的受托机构和发起机构可以向央行申请注册，并在注册有效期内自主发行信贷 ABS。

资产证券化是一项交易结构复杂、参与主体众多的系统工程，需要依靠一系列完善的法律法规体系来规范其运作。尽管目前资产证券化在各个发展阶段监管部门都出台了相关的法律法规和监管制度，但总体来说针对资产证券化的法律框架还未完全形成，各参与主体的地位、权利和义务关系尚不明确，法律保障基础并不充分，所以需要完善的法律体系为资产证券化的全面推进提供保障。另外，政府有效监管也是资产证券化健康发展的重要基石。我国金融业目前是“分业经营、分业监管”，资产证券化涉及的多个方面归属于不同的监管部门。如商业银行作为资产证券化的发起人，应该由银监会负责监管；发行资产支持债券应该由国家发改委负责控制债券规模；如果资产支持证券上市交易，则需要中国证券监督管理委员会负责监管。多头监管有可能造成监管真空和监管冲突，迫切需要建立统一的监管和协调体系全面推进资产证券化。

二、会计制度不够完善，税收政策不够明朗

我国资产证券化的会计计量采用公允价值计量模式，但是在席卷全球的“金融风暴”之后，公允价值已经不再真实反映资产证券化金融产品的价值，我们应该审视公允价值在资产证券化会计中的运用，选取一种更加没有风险的而且客观、公允的资产计量方式。我国在资产证券化会计处理上的特点，集中体现在同以往传统会计制度及同国际模式的差异上。在资产证券化的会计要素定义、初始确认标准和终止确认标准、收入确认标准、合并会计报表等会计处理上，新会计准则的处理同传统会计制度有着非常重大的差异。同时，新会计准则的会计处理已经同国际惯例接轨，两者在重大会计处理问题上没有本质上的差异，但是由于金融环境和会计环

境的不同，在具体会计处理上，还是具有较大区别。作为一种金融创新业务，与之相关的会计政策基本还是沿用过去，由于会计政策涉及证券化资产的合法性、流动性和盈利性，与参与者的利益息息相关，因此，这些政策的缺位将对资产证券化的全面开展产生较大的制约作用。

税收问题也是中国资产证券化发展的制约因素。按照《中华人民共和国营业税暂行条例》，金融机构销售有价证券需缴纳5%的营业税，由于资产证券化结构复杂，多次出售会带来重复征税。2006年2月财政部和国家税务总局出台的《关于信贷资产证券化有关税收政策问题的通知》为信贷资产证券化提供了税收优惠，该文件对于信贷资产化业务涉及的营业税、所得税和印花税做了一些规定，但总体还是依据现行的基本税收规定，并未对特殊目的载体（SPV）的税收地位进行明确。除此之外，企业资产证券化目前并没有专门的税收规定，尽管在实践中，企业资产证券化也参考《通知》的规定，但严格来说并不适用，《通知》的很多条款都不适应资产证券化的顺利推行，甚至成为其发展的绊脚石，企业资产证券化税收缺乏依据，没有形成与资产证券化发展相匹配的税收法律法规。

三、市场环境不够成熟，破产隔离难以实现

我国的资本市场尚处于初级阶段，行政色彩浓厚，证券投资很大程度上依靠个人投资者支撑，市场容量有限，而且市场投资者结构不合理，机构投资者数量有限，加之我国对保险基金、商业银行、外资机构进入证券市场有较为严格的限制，难以为资产证券化提供大量的、持续稳定的长期资金供给。

破产隔离是指将基础资产原始所有人的破产风险与证券化交易隔离开来，即发起人在法律上将基础资产真实出售给特殊目的载体（SPV）。破产隔离是资产证券化的核心，因为实现资产证券化的中心环节是利用超额担保等手段进行信用增级，提高资信级别以通过资本市场发行证券，将不良资产的风险和收益进行分割与重组。而进行信用增级，必然要求立法对于破产隔离的支持，这是资产证券化所特有的技术，也是其区别于其他融资方式的一个非常重要的方面。

破产隔离的主要形式有与发起人破产的隔离、与特殊目的载体的破产

隔离和与特殊目的载体母公司的破产隔离。信贷资产证券化通过特殊的目的信托（SPT）实现了基础资产的真实出售和破产隔离，一般来说没有太大争议；但在企业资产证券化方面，其资产支持专项计划是否是法律意义上的特殊目的载体，并由此实现基础资产的真实出售和破产隔离，目前尚存争议，难以判断资产信用和发起人信用是否分离。

四、目标资产供给缺位，产品流动不够通畅

能够证券化的资产一般要具备以下条件：一是可在未来产生可预期的、稳定的现金流；二是信用记录良好；三是资产具有较高的同质性；四是变现程度高；五是资产的历史数据容易获得；六是有利于分散风险。目前国外成熟的资产支持证券市场中，作为证券化标的资产主要有住房按揭贷款、信用卡账款、汽车贷款等。我国目前符合证券化条件的信贷资产不论在绝对数量还是相对数量上都存在非常大的差距，而即使对于现存的少量可供证券化的住房按揭贷款，它也不能真正成为证券化的有效基础资产。究其原因，一是现有住房抵押贷款主要分属四大国有银行所有，没有统一的标准和借款格式，在具体操作中，各地的做法有较大差异，全国统一的、标准化的住房抵押贷款体系尚未形成，很难通过将现有的抵押贷款存量组合为规模足够大的资产池从而实现融资的效果。另外作为资产所有者的银行，其出售的信贷资产发起资产证券化的内在驱动力，首先是为了开辟一条新的融资途径，增强其继续放贷的能力；其次是通过降低长期资产在总资产中所占比重，提高其资产的流动性，调整资产和负债在流动性和期限方面不匹配和通货膨胀时期的利率倒挂。而现阶段我国的各大银行明显缺乏发起资产证券化的内在动力。首先，我国居民投资渠道有效，尽管保险、股票、基金等分去了储蓄的一杯羹，但是储蓄仍是主要投资渠道，银行储蓄余额数额庞大，2017 年 5 月，央行公布的境内居民住户存款 62.6 万亿元，仍然属于高位运行，高企的储蓄率使银行没有感觉到明显的资金周转压力，通过资产证券化融资的欲望不强；其次，银行可用于证券化的信贷资产所占比例较小，有数据显示，住房抵押贷款余额占所有信贷资产总额的比例不到 10%，通过资产证券化将这部分资产转移到资产负债表外对提高其资产流动性影响不大。所以短期内我国推行资产证券化的基

础资产非常有限，资产证券化面临“巧妇难为无米之炊”的尴尬。

此外我国的资产证券化产品目前都尚不成熟，规模有限，影响了证券组合的结构设计。还有，产品流动性差，导致市场参与主体缺乏动力。资产证券化产品的低流动性，根本原因在于产品复杂、标准化程度低，这也是为什么目前我国的资产证券化产品大多数采取私募发行的重要原因。

五、信用评级不够完善，潜在投资风险较大

目前我国证券评级业整体运作不规范，没有统一的评级标准，缺乏高资质、具有统一组织形式和运作规则的信用评级专业机构。难以客观、公正、透明、准确地开展评级业务，评级结果难以得到广大投资者的认同。具体来说，主要表现在：(1) 法律法规不完善。我国信用评级没有强制性的法律和部门、行业性的法规来保证实行。(2) 企业征信存在缺陷。目前我国形成了一个以银行为主体、各征信公司起辅助作用的社会征信体系。该体系存在的问题就是企业资信数据基本上处于相对封闭的状态，阻碍企业征信业的发展，缺乏权威性，导致企业资信调查报告难以真实、准确、完整地描述被调查企业的资信情况。此外征信从业人员较少，缺少专业培养，素质参差不齐，严重影响我国征信业的发展。(3) 信用评级方法不统一。目前没有统一的评级机构，各评级机构之间缺乏横向联系和交流，其评价原则和方法体系也无统一规定，各机构都有自己的评级体系，且处于信息独占状态。在评级指标、信用级别设置方面存在较大差异，随意性很大，从而导致评级标准缺乏科学性和规范性，评级结果混乱。(4) 指标体系设置不科学。我国企业信用评级的结论不完全依赖财务状况的分析和判断，同时结合行业发展、管理者素质等因素分析，总的来说对企业信用状况的评价较全面，但指标设置中仍然存在一定的问题，还不能完全客观反映真实情况。(5) 缺乏对评级结果的检验工作。评级结果的准确与否、客观与否难以检验。需要对不同信用级别企业实际的数据开展统计分析，跟踪检测有关财务指标的发展趋势，而这方面工作刚好就是短板，跟踪检验工作滞后不到位，未能对影响信用等级的重大变更及时披露。正因为存在这些问题，所以对于投资者来说，如果评级不准确或者采用了伪评级，其潜在风险是不言而喻的。

总之，房地产资产证券化尽管是一种新生事物，有其存在的合理性和必要性，但是就目前来说，发展瓶颈也是显而易见的，可谓“路漫漫其修远兮”，不管是宏观调控政策，还是市场环境；不论是基础资产类型，还是具体实际操作都需要进行不断完善和创新，为资产证券化中国化发展铺平道路。

第六章　中国房地产去库存基金的理论研究及实践

第一节　基金概述

重庆××投资管理有限公司成立于2010年5月17日，注册资本为4000万元，经营范围包括：利用自有资金从事房地产业、交通运输、仓储业、科学研究、技术服务业的项目投资；企业管理咨询；资产重组、转让、企业营销策划及咨询服务、贷款信息咨询、投资信息咨询、财务管理咨询、票据转让信息咨询、股权转让信息咨询、房地产经纪等。××集团目前已与新加坡、美国、英国、澳大利亚、马来西亚等国专业顶级开发商建立了长期战略性合作关系，并与高校联手成立研究中心，就经济与海外地产投资发展方向做长期而专业的学术性研究。

通过七年的持续发展，目前公司旗下已拥有三家分公司、四家子公司，基本实现了经营多元化，市场占有比例逐年稳步上升。公司现有正式员工112人，其中硕士学历23人，学士学位58人，大专学历30人。公司中高层人员一半以上有银行及证券公司从业经历，拥有过硬的专业技能及丰富的管理经验。公司拥有专业营销团队7个，销售精英68人，约占员工总数的61%。公司以银行外包业务为突破口，通过提供多元化的金融策划服务，建立了广泛的客户资源。

××富民爱屋成长基金是一支创新型房地产证券化基金，通过与开发商签订部分按揭应收款资产包受让协议，发行3 ~10年期私募基金产品将资产包进行再投资，每月产生收益，给购房者提供每月家庭生活开支补贴的金融方案。其目标是盘活地产楼盘库存，有效提升房地产市场流动性，促进房地产企业顺利去库存；同时补贴购房者每月家庭固定开支。

第二节　基金模型构建

××富民爱屋成长基金，是××资本一只房地产证券化基金，通过与成都市某开发商签订部分按揭应收款资产包受让协议，发行3—10年期私募基金产品，将上述资产包进行再投资，每月产生收益，给购房者提供每月家庭生活开支的金融补贴方案。基金存续期满后资产包归还开发商，在盘活地产楼盘库存，有效提升房地产市场流动性，帮助购房者获得更大优惠的同时，强有力地促进了房地产企业顺利降低库存，使其向资产轻量化转型。

该类型基金的基本融资流程分为四个阶段。

第一阶段，组建专业性融资公司（以下简称为SPC）阶段。SPC是Special Purpose Corporation缩写，即特殊目标公司，实际上是一家项目融资专门公司，它是一个独立的法律主体。这种公司包括国际权威资信评估机构较高评估等级（AAA或AA级）的信托投资公司、信用担保公司、投资保险公司或其他具有类似功能的机构。成功组建SPC是该类基金成功运作的基本前提。本书中提到的××集团就是该项目的SPC。

第二阶段：SPC和项目结合阶段。适合资产证券化的项目是拥有未来现金流入的大型房地产项目或几个中小型房地产捆绑组合项目，拥有这些未来现金流所有权的是房地产项目公司，这些现金流量所代表的资产是证券化融资的物质基础。SPC与这些项目的结合是以合同协议的方式将项目公司拥有的未来现金收入的权利转让给SPC。××富民爱屋成长基金就是房地产企业将项目前期首付款现金流所有权进行转让给SPC。

第三阶段：SPC发行债券或者进行项目投资。SPC可以直接在资本市场上发行债券筹集资金，或者经过SPC信用担保，由其他机构组织发行债券。SPC也可以进行实际的项目投资，获取收益。

第四阶段：SPC偿债阶段。由于项目公司已经将项目资产未来现金收入权利转让给SPC，因此，SPC需要利用项目资产的未来现金流入清偿债券本息或者对出让人补偿。该基金中，主要是补偿购房者和开发商。

该基金能够在一定程度上激发购买者的购买欲望，也能为开发商缓减库存压力，为开发商提供较为专业的资产管理计划。图 6-1 是××富民爱屋成长基金的基本结构。

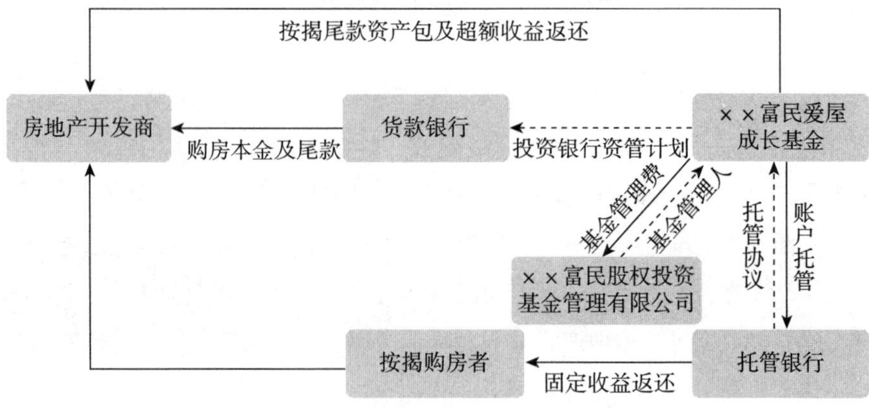

图 6-1　××富民爱屋成长基金基本结构

资料来源：重庆文晟投资管理有限公司。

表 6-1、6-2、6-3 分别是××富民股权投资管理有限公司托管的文晟富民爱屋成长基金基本情况、收益回报情况和建议方案。

表 6-1　××富民爱屋成长基金基本情况

基金名称	××富民房地产按揭应收款证券化基金（契约型）
发行方式	面对特定投资者非公开发行（房地产开发商）
发行总额	基金份额总计 100000000 份，每份为人民币 1 元，共募集人民币 100000000 元。如认购的总金额超过上述金额，基金管理人保留接受超出上述金额的认购的权利
资金收益用途	预期收益用于补贴购房家每月家庭开支，超额收益用于补充企业现金流
产品投向	本基金主要投资于具有良好流动性的固定收益类金融工具，包括依法公开发行上述的国情、金融债、企业债、公司债、中小企业私募债券、货币型基金及中长期收益稳定债券型基金
产品期限	3—10 年
预期收益	5%/年（超额收益部分开发商计提 80%，基金管理人计提 20%）
所需按揭应收款*（万）	1000 万—2000 万
所需按揭应收款*占总比	10%—20%

以 100 套住房楼盘，每套 100 万元，总额 1 亿元按揭楼盘计算，每月补贴按购置一套住房，单个家庭计算，其基金收益结构如表 6-2 所示。分为 3 年期、5 年期和 7 年期，从降低风险和提高投资收益率考虑，3 年期产品对购房者而言收益吸引力不够，对楼市去库存推动作用有限，可以考虑 5 年期及以上期限结构会比较受投资者欢迎，基金单个项目不高于 1 亿元人民币发行规模相对合适。

表 6-2　××富民爱屋成长基金收益（以每套 100 万计算）

10%购房款	本金（万）	总收益（万）年化利率 5%	每月补贴（元）	总收益（万）年化利率 7%	每月补贴（元）	总收益（万）年化利率 9%	每月补贴（元）
3 年收益		150		210		270	
5 年收益	1000	250	417	350	583	450	750
7 年收益		350		490		630	
15%购房款	本金（万）	总收益（万）年化利率 5%	每月补贴（元）	总收益（万）年化利率 7%	每月补贴（元）	总收益（万）年化利率 9%	每月补贴（元）
3 年收益		225		315		405	
5 年收益	1500	375	625	525	875	675	1125
7 年收益		525		735		945	
20%购房款	本金（万）	总收益（万）年化利率 5%	每月补贴（元）	总收益（万）年化利率 7%	每月补贴（元）	总收益（万）年化利率 9%	每月补贴（元）
3 年收益		300		420		540	
5 年收益	2000	500	833	700	1167	900	1500
7 年收益		700		980		1260	

根据其投资要素不同，××富民爱屋成长基金建议方案如表 6-3 所示。

表 6-3　××富民爱屋成长基金建议方案

	优点	缺点	对投资者影响	建议
3 年期品种	期限较短，适合资金周转及项目建设周期较短的地产公司	期限较短，较易收到市场波动影响	期限较短，对项目投资金额要求较高	不推荐

续表

	优点	缺点	对投资者影响	建议
5 年期品种	期限适中，资金投入较小。	期限适中，地产按揭应收款资金投入较小	可获得其他机构投资者的积极参与	推荐
7 年期品种	期限较长，资金投入较小，收益覆盖时间长	期限较长，投入的资金流动性较弱，可能受到市场影响	市面其他投资者对长期基金产品需求较弱	推荐
10 年期品种	期限长，资金投入较小，收益覆盖时间长，在补偿购房者每月固定生活开支之后开发商可能获得较高额外收益	期限长，容易受到系统性市场风险影响	市面其他投资者对长期基金产品需求较弱	推荐

第三节　基金变量分析模型

影响基金收益的因素很多，站在投资人的角度，从宏观方面讲，经济因素包括经济周期、国家的财政状况、金融环境、国际收支状况、行业经济地位的变化、国家汇率调整等都将会影响基金的收益。经济周期是由经济运行内在矛盾引发的经济波动，是一种不以人们意志为转移的客观规律，基金直接受经济状况的影响，必然也会呈现一定的投资周期性波动。经济衰退时，基金行情必然随之疲软下跌，经济复苏繁荣时，基金也会上升或呈现坚挺的上涨走势。金融环境宽松，市场资金充足，利率下降，存款准备金率下调，游资会从银行进入股市或者基金市场，基金往往会出现上升的势头；市场资金短缺，利率上调，银根收紧，基金会萎缩。从微观方面讲，经济因素包括公司经营能力、市场供求等。站在发行人的角度，其影响因素除了宏观和微观因素之外，更看重的是收益率、发行期限、发行规模、交易费、运营费等，针对××富民爱屋成长基金，主要分析变量重在后者。

一、收益率

收益率（rate of return）是指投资的回报率，一般以年度百分比表达，根据当时市场价格、面值、息票利率以及距离到期日时间计算。收益率研究的是作为一项个人和社会投资的收益的大小，是评价生产力的一个有用的指标；通过对不同群体、不同收益率水平收益率的研究，可以判断收益率内部资源分配的合理性，还可以用于指导收益率体制和财政改革的宏观政策制定。在投资分析中，收益率一般包括名义收益率、即期收益率、到期收益率、持有期收益率和平均收益率。各种收益率表达含义不同，其用途也有较大差别。

（一）名义收益率

名义收益率是名义收益与本金额的比率，或者说是金融工具的票面收益与票面金额的比率。具体而言，一个项目的名义收益率可以理解为该项目财务内部收益率，即在项目计算期内，各年净现金流量现值累计等于零时的折现率。也称为内部收益率，它是衡量一个投资盈亏的基础性指标。其计算公式为：

名义收益率=年息收入/面值×100%　（式 6.1）

（二）即期收益率

即期收益率是指从当前时点开始计算的未来一定期限的收益率水平，即期收益率可以通过市场上零息债券的价格求得或者采用自助法计算，即从一系列含有息票的债券的价格中计算得到即期收益率。其计算公式为：

即期收益率=年息收入/投资本金×100%　（式 6.2）

（三）到期收益率

到期收益率是指投资资产到偿还期所获得的收益，包括到期的全部利息，又称为最终收益率，是可以使投资者购买产品获得的未来现金流量的现值等于资产当前市价的贴现率。它相当于投资者按照当前市场价格购买并且一直持有到满期时可以获得的年平均收益率，其中隐含了每期的投资收入现金流均可以按照到期收益率进行再投资的假设。其计算公式为：

到期收益率=(收回金额-购买价格+总利息)/(购买价格×到期时间)×100%　（式 6.3）

（四）持有期收益率

持有期收益率是指投资者持有投资产品期间的收益占买入产品价格的比率。它是反映投资者在一定的持有期内的全部增值收入和投资本金的比率，也是投资者最为关心的指标，其计算公式为：

$$持有期收益率=票面利率/购买价格\times100\% \qquad (式6.4)$$

（五）平均收益率

也称平均报酬率，是指投资项目年平均净收益与平均投资额的比率。基金的平均收益率是将基金每月收益率的平均值年度化后的统计值。因为收益率是一个动态指标，它总是和一定条件相联系，在计算基金的平均收益率时，一般有两种方法，一是币值加权收益率法，另一个是时间加权收益率法。①

1. 币值加权平均收益率

从直观上说，如果本金在一定时期内是不断变化的，那么要计算投资收益率，首先必须计算该项投资在当期的平均本金余额。用当期的利息收入除以当期的平均本金余额，即可求得投资收益率。利息收入是容易计算的，关键在于如何计算当期的平均本金余额。本金余额计算的一种简便可行的方法就是假设本金在当期的变化是平稳的，在这种情况下，期初本金余额与期末本金余额的平均数就是当期的平均本金余额。假设期初的本金余额（初始投资额）为 A_0，随后不断有新本金的投入，也有原本金的撤出。到期末时，累积值为 A_1，期末的累积值包括期末时的本金余额和当期产生的利息 I，因此期末的本金金额就是 A_1-I，当期的平均本金余额就是 $(A_0+A_1-I)/2$。相应地，当期的收益率就可以表示为：

$$i=\frac{I}{(A_0+A_1-I)/2}=\frac{2I}{A_0+A_1-I} \qquad (式6.5)$$

上式是一个比较粗糙的近似处理，只有当新本金的投入和原本金的撤出相对平稳的时候才能使用，否则将产生较大误差。下面对上述计算模型进行进一步优化。

假设期初的本金为 A_0，在时刻 t 的新增投资额为 $C_t(0\leqslant t\leqslant1)$，投资收益率为 i，那么这些投资的期末累积值可表示为：

$$A_0(1+i)+\sum_t C_t(1+i)^{(1-t)} \qquad (式6.6)$$

上式中时刻 t 的新增投资额 C_t 只在时刻 t 以后产生收益，也就是说，

① 梦生旺：《金融数学》第五版，中国人民大学出版社2015年版，第93—97页。

产生收益的时间长度为 $1-t$。仍然用 A_1 表示期末累积值，则有：

$$A_0(1+i)+\sum_t C_t(1+i)^{(1-t)}=A_1 \qquad (式 6.7)$$

在上式中 C_t 可正可负，表示基金可能随时有新增投资，也可能有撤资行为发生。

上述方程可以用迭代法或者用计算机软件求解。

如果投资周期较短，可以近似用单利代替复利处理，即令：

$$(1+i)^{1-t}\approx(1-t)i+1 \qquad (式 6.8)$$

代入上式即可得

$$A_0(1+i)+\sum_t C_t[1+(1-t)i]=A_1 \qquad (式 6.9)$$

从而得到单利近似处理公式：

$$i\approx\frac{A_1-(A_0+\sum_t C_t)}{A_0+\sum_t C_t(1-t)}=\frac{I}{A_0+\sum_t C_t(1-t)} \qquad (式 6.10)$$

其中 $A_0+\sum_t C_t(1-t)$ 可以看成是以本金产生利息的时间长度为权数计算的加权平均本金余额，由此计算而得到的收益率称之为币值加权收益率。币值加权收益率可以用于资金调整比较频繁的基金，用于衡量投资人收益水平是一个较为合理的指标。币值加权收益率的计算，不同时期投入、赎回的资金额对收益率的影响很大。

2. 时间加权平均收益率

投资基金的收益率在一定时期内是不断变化的，因为某些投资者在有利时机增加投资，而在不利时期撤出资金，他们收益率较高；相反，如果某些投资者在有利时机抽走资金，而在不利时机增加投资，他们收益率就低，甚至有可能亏本。如何度量投资基金本身的收益特性，以反映基金经理人的经营业绩，一般采用时间加权收益率。

时间加权收益率是扣除了资金增减变化的影响后计算的收益率，也就是在本金恒定的基础上计算的收益率。

假设投资账户的期初本金为 A_0，在期末 T 的累积值为 A_T，即投资期为 T。在此期间，共有 n 次新增投资，分别是 C_1，$C_2\cdots C_k\cdots C_n$。这 n 次新增投资将整个投资期分割为 $n+1$ 个时间区间。假设第 k 个时间区间末的累积

值为 A_k，新增投资为 C_k。

账户的初始值为 A_0，在第一次新增投资发生之前，账户的累积值为 A_1，因此账户在第一个时间区间的收益率为：$i_1=\frac{A_1}{A_0}-1$。

在第二个时间区间，由于有新增投资 C_1，所以在该区间的初始值为 A_1+C_1，在该区间，累积值为 A_2，所以第二个时间区间的收益率为：$i_2=\frac{A_2}{A_1+C_1}-1$。

依此类推，在最后一个时间区间的收益率为：$i_{n+1}=\frac{A_T}{A_n+C_n}-1$。

（式 6.11）

这些收益率不受新增投资的影响，反映了账户本身在各个时间区间的增长特性，可以看成是时间加权收益率。

那么整个投资期的时间加权收益率和各区间收益率之间的关系可以表示为：

$$(1+i)^T=(1+i_1)(1+i_2)\cdots(1+i_{n+1}) \quad \text{（式 6.12）}$$

在整个投资期的时间加权收益率可以表示为：

$$i=\sqrt[T]{(1+i_1)(1+i_2)\cdots(1+i_{n+1})}-1 \quad \text{（式 6.13）}$$

在文晟富民爱屋成长基金的收益率计算中，鉴于基金是相对封闭的，针对特定楼盘特定业主，中途新增或减少的几率较小，宜采用时间加权收益率计算其投资回报。

二、发行周期

现在的基金基本都是开放式存续期不定的，如果基金公司希望终结这支基金，需要根据基金合同召开份额持有人大会，投票通过结束基金。私募基金一般都是封闭式且有约定存续期的，存续期到了以后，也可以根据基金合同召开份额持有人大会，投票决定是基金终止还是转换为开放式基金。如果终止，进入清算程序；如果是封转开，则基金管理人继续经营。

一个基金管理人在发行一支基金的时候如何确定合理的发行周期，这需要根据投资项目的经营周期、经济规律周期等宏观和微观因素确定。

××富民爱屋成长基金是一支封闭式基金，由于处于策划阶段，利用投资回收期测算发行周期，初步确定了 3 年期、5 年期、7 年期和 10 年期等不同周期的基金类型。

投资回收期是使累积的经济效益等于最初的投资费用所需的时间，是通过资金回流量来回收投资的年限。该基金在设计思路上是采用固定补贴的形式实行收益回补，相当于期初投入一笔资金，每个时间段都在产生现金流，不断回收，所以可以用投资回收期预估基金发行周期。

投资回收期分为静态投资回收期和动态投资回收期法。①

（1）静态投资回收期

静态投资回收期（Static investment pay-back period）可以在一定程度上反映项目方案的资金回收能力，其计算方法简便，有助于对变换频繁、资金短缺或未来情况难以预料的项目进行评估。但它没有考虑资金的时间价值，也没有对投资回收期以后的收益进行分析，从而无法确定一个项目在整个寿命期内的总收益和盈利能力。这里定义的静态投资回收期为：

$$\sum_{t} CO = CI \qquad \text{（式 6.14）}$$

式中 CI 表示期初募集资金量，CO 表示每个时期回补资金量。

静态投资回收期能够直观地反映原始总投资的返本期限，便于理解，计算也比较简单，可以直接利用回收期之前的净现金流量信息；此外由于项目面临着未来诸多不确定因素的挑战，而不确定因素带来的风险一般随着时间的延长而增加，所以静态投资回收期可以在一定程度上反映项目风险大小。但是没有考虑资金的时间价值因素和后续期满后的现金流量，不能正确反映投资方式对不同项目的影响。

（2）动态投资回收期

动态投资回收期（Dynamic investment pay-back period）是把投资项目各年的净现金流量按照基准收益率折成现值之后，再来推算投资回收期。实际上就是净现金流量累计现值等于零的时间。动态投资回收期与静态投资回收期的最大差别就是考虑了资金的时间价值。这里定义的动态投资回收期为：

① 成其谦：《投资项目评价》第四版，中国人民大学出版社 2014 年版，第 42、53 页。

$$\sum_t CO(P/F, i_t, t) = CI \quad \text{(式 6.15)}$$

其中 CI 表示期初募集资金量，CO 表示每个时期回补资金量，$(P/F, i_t, t)$ 为贴现系数，贴现系数与即期利率有关，此处即期利率采用当年利率的几何平均值近似处理。即：

$$i_t = \sqrt{(i_1 + 1)^{T_1} \times (i_2 + 1)^{T_2} \cdots (i_n + 1)^{T_n}} \quad \text{(式 6.16)}$$

其中 i_k 表示当年第 k 阶段即期利率，T_k 为即期利率持续时间，以月为单位。如果再考虑通货膨胀因素，可以加一个通胀系数，即修正的即期利率为：

$$i_t' = \sqrt{(i_1 + 1)^{T_1} \times (i_2 + 1)^{T_2} \cdots (i_n + 1)^{T_n}} + IR \quad \text{(式 6.17)}$$

其中 IR（inflation Rate）为通货膨胀率，可以用居民消费价格指数几何平均数作为计算依据。即：

$$IR = \sqrt[T]{(CPI_1 + 1)(CPI_2 + 1)\cdots(CPI_T + 1)} - 1 \quad \text{(式 6.18)}$$

CPI_k 为第 k 期 CPI 系数。

三、发行规模

基金规模就是这只基金的管理资产总量，通俗说就是这个基金里面一共有多少钱。对于投资人而言基金的规模通常不是重要的参考因素，但对于基金发行人，基金规模不可置之不理，过大或过小都是要回避的。基金规模较小，规模经济效应较差，基金费用占比较高，而且还可能存在生存问题；当然基金规模小可以轻易改变投资目标以适应市场短期需求，灵活性较大。反之，如果一只基金规模庞大，基金管理过程中发生的运营开支占管理费收入的比重会下降，进而降低基金的运营成本，但可能对流动性产生较大影响，因为基金经理操作的过程中，大规模资金调配会对投资行业产生一定影响。这些基金的灵活性出现较明显的不足，最终可能会表现为其收益能力无法保持高速增长。

鉴于上述原理，文晟富民爱屋成长基金规模上限设置为 1 亿元，实际资金规模分为按揭房款的 10%、15%和 20%三个档次，即 1000 万元、1500 万元和 2000 万元。

四、基金费用

基金费用一般包括两大类：一类是基金销售过程中发生的由基金投资人自己承担的费用，包括认购费、申购费、赎回费和基金转换费。这些费用直接在投资认购、申购、赎回或转换时收取。另一类是在基金管理过程中发生的费用，包括基金管理费、基金托管费、信息披露费等，这些费用由基金资产承担。对于不收取申购、赎回费的基金，可以按不高于2.5%的比例从基金资产中计提一定的费用，专门用于基金的销售和对基金持有人的服务。

其中基金管理费是指基金管理人管理基金资产而向基金收取的费用，它是固定比率的，没有业绩提成。一般基金管理费率与基金规模成反比，与风险成正比，基金规模越大，基金管理费率越低；基金风险程度越高，基金管理费率越高。

我国基金的管理原则是“投资与托管分离”。托管机构负责基金资产的保管、交割等工作，同时还有监督基金公司的职能，所以需要付给托管机构托管费，一般国内托管费占基金资产净值的0.25%左右。

运营费是指保证基金正常运作而产生的应由基金承担的费用，发生的费用大于基金净值十万分之一，采用预提或待摊的方式计入基金损益；发生的费用小于基金净值十万分之一，在发生时直接计入基金损益。

信息披露费是指基金因披露有关部门规定的各种应予披露的信息而产生的费用。根据中国中国证券监督管理委员会《证券投资基金信息披露管理办法》中规定，应予披露的基金信息应通过中国中国证券监督管理委员会指定的全国性报刊和基金管理人、基金托管人的互联网网站等媒介披露。根据相关法规，基金募集期间的信息披露费不得从基金财产中列支。

第四节　实证检验和数据分析

一、数据收集及整理

根据基金项目实际情况和理论计算需要，本项目搜集了2007—2016年十年来银行即期利率以及每年CPI基础数据作为基金决策原始数据。

表 6-4 2007—2016 年银行一年期即期利率（存款）

年份	时期 1	1 年期即期利率（%）	时期 2	1 年期即期利率（%）	时期 3	1 年期即期利率（%）
2007	1-1	2. 52	3～18	2. 79	5～19	3. 06
	7-21	3. 33	8～22	3. 6	9～15	3. 87
	12-21	4. 14				
2008	1-1	4. 14	10～9	3. 87	10～30	3. 6
	11-27	2. 52	12～23	2. 25		
2009	1-1	2. 25				
2010	1-1	2. 25	10～20	2. 5	12-26	2. 75
2011	1-1	2. 75	2～9	3	4～6	3. 25
	7-7	3. 5				
2012	1-1	3. 5	6～8	3. 25	7～6	3
2013	1-1	3				
2014	1-1	3	11～22	2. 75		
2015	1-1	2. 75	3～1	2. 5	5～11	2. 25
	6-8	2	8-26	1. 75	10～25	1. 5
2016	1-1	1. 5				

资料来源：中国人民银行金融信息中心。

表 6-5 2007—2016 年各月 CPI 环比指数（%）

年份	1 月	2 月	3 月	4 月	5 月	6 月	7 月	8 月	9 月	10 月	11 月	12 月
2007	2. 2	2. 7	3. 3	3	3. 4	4. 4	5. 6	6. 5	6. 2	6. 5	6. 9	6. 5
2008	7. 1	8. 7	8. 3	8. 5	7. 7	7. 1	6. 3	4. 9	4. 6	4	2. 4	1. 2
2009	1	-1. 6	-1. 2	-1. 5	-1. 4	-1. 7	-1. 8	-1. 2	-0. 8	-0. 5	0. 6	1. 9
2010	1. 5	2. 7	2. 4	2. 8	3. 1	2. 9	3. 3	3. 5	3. 6	4. 4	5. 1	4. 6
2011	4. 9	4. 9	5. 4	5. 3	5. 5	6. 4	6. 5	6. 2	6. 1	5. 5	4. 2	4. 1
2012	4. 5	3. 2	3. 6	3. 4	3	2. 2	1. 8	2	1. 9	1. 7	2	2. 5
2013	2	3. 2	2. 1	2. 4	2. 1	2. 7	2. 7	2. 6	3. 1	3. 2	3	2. 5
2014	2. 5	2	2. 4	1. 8	2. 5	2. 3	2. 3	2. 0	1. 6	1. 6	1. 4	1. 5
2015	0. 8	1. 4	1. 4	1. 5	1. 2	1. 4	1. 6	2. 0	1. 6	1. 3	1. 5	1. 6
2016	1. 8	2. 3	2. 3	2. 3	2. 0	1. 9	1. 8	1. 3	1. 9	2. 1	2. 3	2. 1

资料来源：国家统计局官方网站。

由上述基础数据用几何平均数可以计算最近十年的年平均利率和年平均 CPI 指数。其计算结果如下列表所示。

表 6-6 2007—2016 年利率及持续时间表

2007	时间（天）	77	62	63	32	24	97	10
	利率（%）	2.52	2.79	3.06	3.33	3.60	3.87	4.14
2008	时间（天）	282	21	28	26	8		
	利率（%）	4.14	3.87	3.60	2.52	2.25		
2009 年利率（%）		2.25						
2010	时间（天）	293	67	5				
	利率（%）	2.25	2.5	2.75				
2011	时间（天）	39	57	92	177			
	利率（%）	2.75	3.00	3.25	3.50			
2012	时间（天）	159	28	178				
	利率（%）	3.50	3.25	3.00				
2013 年利率（%）		3.00						
2014	时间（天）	326	39					
	利率（%）	3.00	2.75					
2015	时间（天）	60	71	28	79	60	67	
	利率（%）	2.75	2.50	2.25	2.00	1.75	1.50	
2016 年利率（%）		1.50						

表 6-7 2007—2016 年年平均利率

年份	2007	2008	2009	2010	2011	2012	2013	2014	2015	2016
平均年利率（%）	4.20	3.93	2.25	2.30	3.28	3.24	3.00	2.97	2.11	1.50

表 6-8 2007—2016 年年平均 CPI 指数

年份	2007	2008	2009	2010	2011	2012	2013	2014	2015	2016
年平均 CPI（%）	4.75	5.87	-0.69	3.32	5.41	2.65	2.63	1.99	1.14	2.00

二、投资收益率估算

投资收益率计算方法比较多，这里采用指数平滑法估算。

指数平滑法是布朗提出的，他认为时间序列的态势具有稳定性和规则性，所以时间序列可以被合理地顺势推延，也就是说，最近的过去态势，在某种程度上会持续到最近的未来。通常用指数平滑法来预测生产和中短期经济发展趋势。①

指数平滑法是在移动平均法基础上发展起来的一种时间序列分析预测法，通过计算指数平滑值，配合一定的时间序列预测模型对现象的未来进行预测。其原理是任一期的指数平滑值都是本期实际观察值与前一期指数平滑值的加权平均。

指数平滑法的估计是非线性的，其目标是使预测值和实测值之间的均方差最小。在不同模型中参数取值范围都在0—1之间，调节参数值的大小可以得到不同的预测结果，判断预测结果的好坏可参考输出结果中方差的大小，方差越小预测效果越好。

一次指数平滑法的计算模型为：

$$E_t = E_{t-1} + \alpha(y_t - E_{t-1}) \quad \text{（式 6.19）}$$

其中：E_t 为第 t 期的指数平滑值；E_{t-1} 为第 $t-1$ 期的指数平滑值；y_t 为第 t 期的实际观测值；α 为平滑系数，其值介于0—1之间。

表6-9是用Excel软件模拟的三个不同阻尼系数下的平滑情况。

表6-9　不同阻尼系数下的收益率平滑值及误差

		阻尼系数 0.9		阻尼系数 0.7		阻尼系数 0.3	
		平滑值	绝对误差	平滑值	绝对误差	平滑值	绝对误差
		3.46		3.46		3.46	
2007	4.2	3.534	0.666	3.682	0.518	3.978	0.222
2008	3.93	3.5736	0.3564	3.7564	0.1736	3.9444	0.0144
2009	2.25	3.44124	1.19124	3.30448	1.05448	2.75832	0.50832
2010	2.3	3.327116	1.027116	3.003136	0.703136	2.437496	0.137496
2011	3.28	3.322404	0.042404	3.086195	0.193805	3.027249	0.252751
2012	3.24	3.314164	0.074164	3.132337	0.107663	3.176175	0.063825

① 袁卫等：《统计学》第四版，高等教育出版社2014年版，第248页。

续表

		阻尼系数 0.9		阻尼系数 0.7		阻尼系数 0.3	
2013	3	3.282748	0.282748	3.092636	0.092636	3.052852	0.052852
2014	2.97	3.251473	0.281473	3.055845	0.085845	2.994856	0.024856
2015	2.11	3.137326	1.027326	2.772091	0.662091	2.375457	0.265457
2016	1.5	2.973593	1.473593	2.390464	0.890464	1.762637	0.262637
合计			6.422463		4.48172		1.804594

其中初始值采用前三项几何平均数，误差采用简便的平均差度量，其计算公式为：

$$A.D=\frac{\sum|y_t-E_t|}{n} \quad （式 6.20）$$

从计算结果可以看出，当阻尼系数为 0.3 时误差最小，所以选用阻尼系数 0.3 作为平滑计算系数，对应的值为其预测值。

当然利率水平受多种因素影响，包括国民生产总值（GDP 指标）、通货膨胀率（CPI）、广义货币供应量指标（M2）、固定资产投资指标等。

GDP 综合反映了一国经济的发展状况以及宏观经济的涨跌起落。当一国经济处在萧条时期其主要的表现就是 GDP 增速放缓。从短期来看，经济运行处于繁荣时期，实际利率会较高，政府从抑制经济过热的角度出发会采取紧缩性的货币政策；反之，当经济处于萧条时期，会采取量化宽松政策刺激经济发展。所以实际利率往往具有顺周期的特点。目前我国经济增长处于稳中趋缓的态势，利率大幅波动的可能性不大。

通货膨胀是指一般物价水平的持续上升，其结果是购买力下降，主要原因就是货币超发，而利率的高低又与货币供求相联系。美国经济学家欧文·费雪首次发现了利率和通货膨胀之间的关系，认为利率随着预期通货膨胀的上升而上升。所以，利率水平和通货膨胀具有强相关关系，降低利率必然会鼓励增加货币和信贷供应量，从而导致通货膨胀；通货膨胀又使得实际利率下降。中央人民银行的货币政策目标是“保持货币币值的稳定，并以此促进经济增长”。国际惯例是采用消费品价格指数 CPI 作为衡量通货膨胀的核心指标。改革开放几十年来的实践表明，影响我国利率水平和政策的主要因素也是物价水平。随着国际主流货币美元的不断贬值，结合我国经济发展的趋势来看，CPI 会处于一个持续窄幅上扬的趋势。

根据流动性偏好理论和可贷资金利率理论，货币供给的变动与利率呈反方向的关系，货币供给增加，利率下降。长期来看，在其他条件不变的条件下，货币供应量的变动总会导致一般价格水平的变动。从我国经济发展的变动轨迹来看，货币供应量增长处于可控正常区间为 12%~20%。

根据古典利率理论和凯恩斯利率决定理论，投资和利率呈反方向变化，利率是决定投资成本的主要因素。无论是借贷资本还是自由资本用于投资，投资成本都是需要支付的利息或者损失的利息，所以，利率越高，投资成本越高，投资需求相应减少；利率越低，投资成本越低，投资需求也就越旺盛。

根据指数平滑法量化结果以及综合因素分析，结合××富民爱屋基金实际情况，拟定了 5%、7%和 9%三个档次的收益率水平。

根据三个不同的收益率水平，拟设定首付房款的 10%、15%和 20%三个档次，其月补贴量理论计算值如表 6-10 所示。

表 6-10　不同首付情况下的补贴额

10%购房款	本金（万）	收益率 5%	月补贴	收益率 7%	月补贴	收益率 9%	月补贴
3 年期	1000	150	417	210	583	270	750
5 年期	1000	250	417	350	583	450	750
7 年期	1000	350	417	490	583	630	750
15%购房款	本金（万）	收益率 5%	月补贴	收益率 7%	月补贴	收益率 9%	月补贴
3 年期	1500	225	625	315	875	405	1125
5 年期	1500	375	625	525	875	675	1125
7 年期	1500	525	625	735	875	945	1125
20%购房款	本金（万）	收益率 5%	月补贴	收益率 7%	月补贴	收益率 9%	月补贴
3 年期	2000	300	833	420	1167	540	1500
5 年期	2000	500	833	700	1167	900	1500
7 年期	2000	700	833	980	1167	1260	1500

如果按照时间加权计算模型，初始投资额为 100000（以每个家庭 10%

房款计算），其每年收益为 417×12＝5004，以三年期计算，三年总收益率为：

$$\frac{105004}{100000} \times \frac{105004 + 5004}{105004} \times \frac{105004 + 5004 + 5004}{105004 + 5004} - 1 = 15.01\%$$

年平均收益率为 $\sqrt[3]{115.01\%} - 1 = 4.769\%$，和指数平滑方法预测的 4.48%基本吻合。考虑利率波动、物价上涨等因素，采用 5%、7%和 9%作为投资收益率是较为合理的。

三、发行周期计算

假设以一个家庭为单位计算，对于基金方来讲，获得的资金流就是该家庭购房款的 10%即 10 万元，投资人付出的是资金的时间成本，根据目前四大国有银行贷款利率结构，2016 年 1～3 年期贷款利率 4.75%，5 年期贷款利率 4.75%，5 年以上 4.90%。投资人的资金时间成本（三年期）为 14250(100000×4.75%×3)。回收资金流以 5%收益率计算，每月 417 元，每年回收额为 12×417＝5004，所以其静态投资回收期为 2.8477 年。依此计算方式，该基金的静态投资回收期分别如表 6-11 所示。

表 6 11　基金静态投资回收期计算表

	CI	COY1	COY2	COY3	COY4	COY5	COY6	COY7	投资回收期
10%购房款									
3 年收益	14250	5004	5004	5004					2.8477
5 年收益	23750	6996	6996	6996	6996	6996			3.3948
7 年收益	34300	9000	9000	9000	9000	9000	9000	9000	3.8111
15%购房款									
3 年收益	21375	7500	7500	7500					2.8500
5 年收益	35625	10500	10500	10500	10500	10500			3.3929
7 年收益	51450	13500	13500	13500	13500	13500	13500	13500	3.8111
20%购房款									
3 年收益	28500	9996	9996	9996					2.8511

续表

	CI	COY1	COY2	COY3	COY4	COY5	COY6	COY7	投资回收期
5 年收益	47500	14004	14004	14004	14004	14004			3.3919
7 年收益	68600	18000	18000	18000	18000	18000	18000	18000	3.8111

说明：表中 CI 以 2016 年贷款利率计算，COYx 表示第 X 年的资金流出总量，投资回收期单位为年。

从上述计算结果可以看出，三种投资比例，无论是静态投资回收期还是动态投资回收期（可以通过前述公式进行计算），三种不同期限的投资回收期均低于收益时期，说明从投资角度来看具有投资价值，而且时间越长，获利时间越长，盈利周期越长。从同一类别投资回收期来看，时间越长，回收期越长；但是时间越长，回收期的增幅越来越缓慢。××富民爱屋成长基金在设计之初就将投资周期考虑进去了，如果计算其动态投资回收期也会呈现类似的规律性。鉴于基金投资回收期的多重因素影响，结合实际情况，该基金采用了三种不同投资周期，即上述的三年期、五年期和七年期。

四、基金运行结果

中国经济的发展，需要破解总供给和总需求失衡的根本性问题。在供给侧，中国目前是“增长依靠投资、投资依靠信贷、信贷依靠货币”，增长依靠投资是可以持续的，有了对教育、医疗等基础性领域的投入才能消费；而投资需要信贷、信贷依靠货币则是难以持续的。尽管目前中国银行业杠杆率高，贷款规模和货币供应量都很大，但企业资金周转速度慢，尤其是第二产业很多企业资金周转速度并不快。

目前我国房地产业取得了飞速的发展，存量规模猛增，有大量适宜做资产证券化的优质资产。特别是个人抵押贷款证券化也包括住房公积金证券化都是目前监管机构推进的重点项目，同时又与化解房地产高库存密不可分，在这一宏观政策背景下，房地产资产证券化将进入发展快车道。

从行业发展角度看，房地产行业投资额大、投资周期长、市场流动性差，一直以来都存在着资金来源的短期性和资金运用的长期性之间的矛盾，此外，商业银行对房地产的信贷政策收紧，更加剧了房地产企业的融资压力。作为市场化的融资工具，房地产信托投资基金、房地产去库存基金能够在一定程度上盘活存量资产、加快资金周转速度、减轻房企重型资产压力，促进房地产行业长期、稳定、健康发展。

从房地产企业转型发展的需求来看，房地产企业通常具有重资产和高杠杆的特点，房地产证券化的实现有利于房地产企业优化资产负债结构，降低融资成本，提高净资产收益率。房地产企业以资产融资可以有效克服银行贷款的局限性，增强自主能力，开辟新的融资渠道，建立银行、股票、基金多元化融资格局，最大化提高房地产发展价值。

从国外成熟的发展经验看，资产证券化是金融市场发展到一定阶段的必然产物，有助于促进货币市场、信贷市场、债券市场、股票市场的协调发展，有利于提高金融市场配置资源的效率。这对于建立多层次的房地产资本市场具有重要意义，资产证券化能更好地满足房地产企业的融资需求，代表了房地产融资创新的方向，也是我国经济发展到较高阶段的必然趋势。由于我国房地产市场集聚了大量的社会资金，流动性差且容易带来较大的风险和不稳定因素，导致目前较大的“去库存”压力，房地产资产证券化有助于提高资金周转速度。利用资产证券化的流通性，将房地产这一长期资产同市场的短期资金联系在一起，能大大增强资产的流动性，改善企业现金流，反过来促进高库存的消耗。

××富民爱屋成长基金无论从国家发展大局还是从企业自身发展角度来看，都具有一定的可行性和必要性；无论从定性分析还是量化分析都有利于我国目前房地产高库存的缓减。通过前面的分析，房地产资产证券化有广阔的发展前景，房地产资产证券化为投资者提供了一种全新的能够带来稳定收益的金融产品，使得资产的持有者更加分散，有利于分散风险。目前我国对于房地产资产证券化还处于探索和起步阶段，还面临着配套法律法规滞后、会计处理规范不确定、税负较重等多方面的制约。××富民爱屋成长基金在这样的背景下产生，既是一种新型尝试，也是一种经验积累，它的产生将为房地产企业向轻型化、金融化方向发展提供经验支持，也将为整个房地产行业提供复制的可能性和普遍性，最终使得房地产物业能够实现从“僵化的孤岛”走向“星辰大海”，它成为房地产存量盘活、去库存、轻资产的枢纽。

第七章 中国房地产去库存的国内外经验借鉴

第一节 增速换挡期发达国家的房地产市场及启示

党的十九大报告指出，中国特色社会主义进入了新时代，经济已由高速增长阶段转向高质量发展阶段。在此过程中，中国房地产市场也已进入增速换挡期。因此，德、日等发达国家在增速换挡期的房地产市场表现及其有效的举措，对当前中国房地产市场的走势及其去库存都有一定的借鉴意义。

一、德国增速换挡期的房地产市场

1965 年前后，德国进入了增速换挡期。具体表现为两方面。一是 1965 年德国人均 GDP 为 9186 国际元[①]，达到增速换挡的阈值，此后德国经济增速不断下降，1966 年降为 2.8%，1967 年下降至-0.3%。二是 1965 年前后，德国出现了房地产的长周期峰值。从图 7-1 可以看出，1950—1968 年，德国人口出生数量位于相对较高的水平，这对后来的住房需求产生了重要影响。为应对资本流入和输入型通胀的压力，德国采取了紧缩性货币政策，因此没有形成房地产泡沫。

事实上，自“二战”以来德国房价的总体波动幅度较小，长期处于低水平区间，是世界上公认的房地产市场运行平稳的典型。1955 年到 2011

① 国际元（Geary-Khamis Dollar），是多边购买力平价比较中将不同国家货币转换为统一货币的方法。

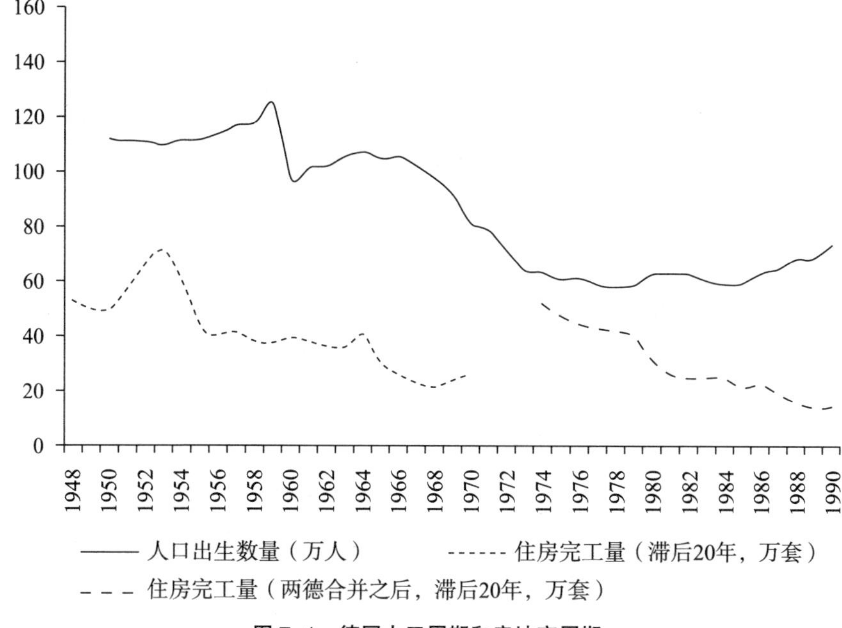

图 7-1　德国人口周期和房地产周期

数据来源：国泰君安证券研究、国务院发展研究中心、WIND、CEIC。

资料来源：任泽平：《中国房地产周期研究（下篇）——转型宏观之十四》，https://mp.weixin.qq.com/s?__biz = MjM5MjMxODAzMQ = = &mid = 403912775&idx = 2&sn = 978d87fe7ee9fd1d778167ce2cd821cb#rd,2016-02-25。

年第三季度，德国房价年均涨幅为 3.79%，尤其是 1992 年至 2011 年第三季度，近十年时间房价涨幅仅为 1.27%。与此同时，德国房价收入比合理，体现了“住有所居”的住房制度设计。以 2009 年为例，德国两口之家平均 2 年半的家庭收入即可购买一套 100 平方米的普通住宅。德国房价之所以能长期保持较低涨幅，主要归因于以下几个方面：

（一）法律为以居住为导向的住房制度设计保驾护航

房地产业始终被德国政府作为国家社会福利体系的一个重要组成部分，并通过法律予以保障。其《宪法》和《住宅建设法》都规定，保障居民住房是联邦政府首要的政策目标之一。其《租房法》和《经济犯罪法》则用以保护租客利益，遏制投机性需求。德国的合理租金由当地房屋管理部门与房客协会、中介组织共同协商，定期对不同类型、不同地理位置房屋确定合理租金水平。在《租房法》中规定，房租涨幅不能超过合理租金的

20%，否则房东构成违法行为，房客可向法庭起诉；如超过50%，构成犯罪。

此外，德国还出台了多项严厉遏制住房投机性需求和开发商获取暴利行为的政策。例如，德国对住房交易及所获收益征收高额土地购买税和资本所得税。土地购买税是土地和地面建筑物价值总和的3.5%。如果该房在十年内出售，则对住房交易获利部分征收资本收益的25%，这一税率同样适用于买卖房地产公司的股票。针对房地产开发商的定价行为也有严格规定。《经济犯罪法》规定，如开发商制定的房价超过合理房价的20%，购房者可向法庭起诉；如超过50%，定性为“获取暴利”，开发商将被处以高额罚款并接受最高三年徒刑的严厉惩罚。

（二）房贷政策为稳定购房者预期和房价水平提供制度保障

德国实行“先存后贷”的合同储蓄模式，居民欲按揭贷款购房，必须在该银行存足相应款项，一般要求存款额要达到储蓄合同金额的50%及以上。德国实行长期固定的房贷利率机制，存贷款利率分别是3%和5%，抵押贷款固定利率期限平均为11年半。这种长期固定的房贷利率，对房贷市场发挥了重要的稳定器作用。由于德国对住房储蓄业务实行严格的分业管理，购房者一般不会受国家宏观调控政策特别是货币政策变动的影响，也不会受通货膨胀、利率等变动的影响。

（三）住房供应体系多元化

德国具有明显的多元化的住房供应体系。政府每年按照人口需求制定住房建设规划，明确规定高、中、低各档房屋结构，尤其是保障房的比例。鼓励居民通过合作社方式共同建房、合作建房，政府给予贷款、土地、税收、补贴等方面的优惠政策。目前，合作建房数量已占到每年新建住宅总量的30%以上。

与欧洲其他国家相比，德国的自有住房率很低。因此，德国的租赁市场非常发达，这对分流购房需求发挥了重要作用。2007年，德国的租房率是58%，其中42%是社会出租房，16%是各类公共租赁住房。柏林、汉堡等大城市的租房率更高达80%。

二、日本增速换挡期的房地产市场

日本的增速换挡期发生在1968—1978年之间。具体表现为两方面。一是

1973 年日本人均 GDP 为 11434 国际元，达到了增速换挡的收入阈值。相应地，日本经济增长进入中速增长阶段，1974—1991 年间实现了年均 3.7%的增长。二是 1969 年前后日本房地产出现长周期，20~50 岁置业人群开始接近峰值并增长放缓。与此同时，刘易斯拐点出现，农村可转移剩余劳动力大幅减少。

与德国不同，日本未能认识到增速换挡的规律性和必然性，于 1969—1972 年间采取了扩张性货币政策以刺激经济增长，M2 增速达 20%~30%，无风险利率达 10%以上，由此使得通胀高企，房地产市场出现明显泡沫，1973 年住宅用地价格涨幅高达 28.9%。1973 年石油危机之后，日本开始转向中性偏紧的货币政策，抑制物价、工资和资产价格上涨，房地产市场回归理性，产业结构进行合理化调整，增速换挡成功。

1985—1991 年间，日本发生了更严重的房地产泡沫。为应对“广场协议”后日元大幅升值对国内经济的不利影响，日本政府采取了宽松的货币和财政政策。1986 年 1 月至 1989 年 5 月，日本央行连续五次降息，货币供应量连续四年超过两位数增长；与此同时，实施扩大内需的财政政策。由此导致 1980—1990 年间京都府、东京都和大阪府地价涨幅均在 4 倍以上，最高峰时日本土地价值约为当时美国的 4 倍多（巴曙松，2012）。但从 1991 年开始房地产价格迅速下跌，房地产泡沫破灭。

对比日本两次房地产泡沫不难发现，第一次房地产调整幅度小、恢复力强，这和日本经济中速增长、城市化空间、适龄购房人口数量维持高位等的支撑密不可分。具体而言，1973—1985 年日本经济实现了年均 3.5%左右的中速增长。1970 年日本城市化率 72%，仍然有一定空间。尽管 1973 年 20~50 岁适龄购房人口数量已接近峰值，1973—1991 年间仍维持在高水平。相对而言，第二次房地产调整幅度大、持续时间长，这主要归因于经济长期低速增长、城市化进程接近尾声、适龄购房人口数量大幅快速下降等。1991 年后，日本经济年均增长率仅为 1%左右。老龄化严重，1990 年日本 65 岁以上老年人口比为 12.1%，此后不断上升。1990 年日本城市化率已经高达 77.4%。1991 年后，适龄购房人口数量也迅速下降。

三、韩国增速换挡期的房地产市场

韩国的增速换挡期发生在 1989—2003 年之间。具体表现为两方面。一是1989年前后是韩国经济减速的转折点，经济和出口增速均大幅度下降。与此同时，刘易斯拐点出现在20世纪80年代末。二是韩国的房地产长周期出现在20世纪90年代中后期。从图7-2可以看出，1990年前后，20~50岁的适龄购房人口数量到达峰值后开始回落，住房销售和开工量也出现不同程度地下降。

和日本一样，20世纪90年代初，韩国政府和企业并没有意识到经济减速的客观要求，仍采取的是宽松的货币政策以刺激经济高增长。1992—1996年间，韩国M2和CPI增速超过20%，房市出现泡沫。1998年亚洲金融危机爆发，房地产泡沫破裂。1998年后，由于20~50岁适龄购房人群下降、经济增速换挡等，韩国住宅开工数量下降。

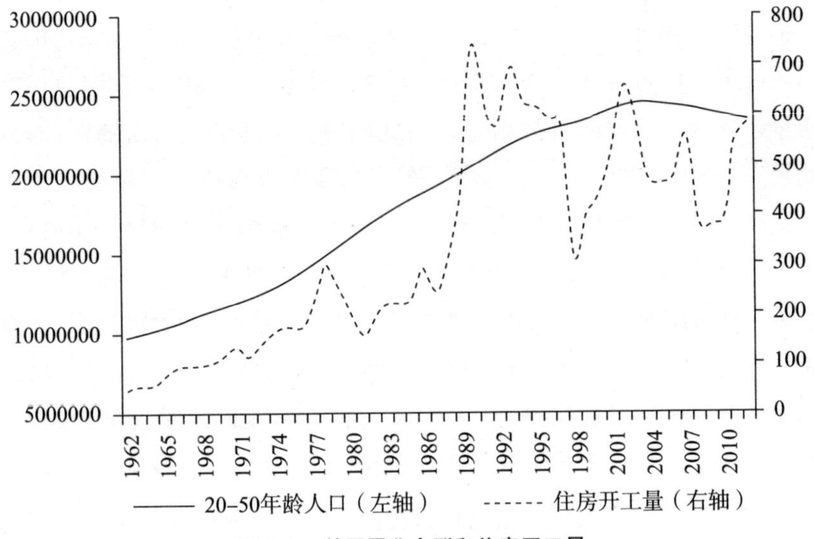

图7-2　韩国置业人群和住房开工量

资料来源：国务院发展研究中心，许伟（2013），国泰君安证券研究。

四、增速换挡期中国房地产走势的启示

从德、日、韩等国的经验来看，刘易斯拐点和人口老龄化一旦出现，房地产市场随即进入增速换挡期，房地产的增速换挡期与人口周期基本一致。当前，随着中国经济进入新时代，中国房地产也已进入增速换挡期。德国房价持续稳定的经验与日韩房地产泡沫的教训均给增速换挡期的中国

房地产提供了可供借鉴的宝贵启示。

（一）制定适应新发展阶段特征的房地产政策

住房市场具有非常明显的阶段性特征，在增速换挡期，住宅投资将从高速增长步入平稳或下降状态，从数量扩张转向质量提升，从总量扩张步入“总量放缓、区域结构分化、人口继续向大都市圈迁移”（任泽平等，2016）。因此，房地产政策应适应新发展阶段的特征，避免通过刺激房地产重归高增长轨道，否则将形成泡沫并破灭。日本在1969—1973年、韩国在1992—1996年都曾犯过类似的错误。新阶段的房地产政策应注重提高住房质量、改善人居环境、提高住房成套率，更注重区域差异。

（二）建立比较完善的住房法律体系

通过法律强化以居住为导向的住房制度设计，建立遏制投机性需求的长效机制是德国的主要经验，对中国有很好的借鉴意义，这也正契合习近平总书记提出的“房子是用来住的、不是用来炒的”定位。当前，在我国现行《城市房地产管理法》的基础上，应加快《住宅法》《住房保障法》《住房租赁法》等各项专门法律的制定与出台，建立完整的住房法律体系。借鉴德国经验，在相应立法中，首先要明确住房的居住属性，强化对市场投机性需求和开发商“囤地”“囤房”等扰乱市场正常秩序行为的法律约束和处置。其次要构建对租户和购房者利益的维护机制。要通过法律约束房东和开发商短期内过快抬高租金和房价的行为，一旦违反将有相应的处罚措施。当前的“租售同权”就是一个很好的尝试。同时，要建立独立的房价评估机制，定期对不同地段、不同类型住房制定详细的基准价格作为执法依据。

（三）实行长期稳定的住房信贷政策

从国际经验看，首付比例和贷款利率变动，一方面会影响购房者的支付能力，另一方面也会影响购房需求，一旦出现集中爆发现象，则会推动房价短期内过快上涨。因此，可借鉴德国经验，研究和探索居民购房首付比例和贷款利率固定或两者反向变动的房贷政策，以稳定购房者预期。中长期可考虑成立专门的住房储蓄银行，使贷款利率与通胀水平挂钩，以减少通胀的影响。

（四）逐步建立城乡统一的集体建设用地市场和住房发展机制

在符合规划和用途管制的前提下，允许农村集体经营建设用地以出让、租赁等方式，与国有土地同等入市、同价同权，增加住宅用地的供应主体，提高重点城市土地供给弹性。推动“多规合一”试点，逐步把农村集体建设用地的建成区以及一些“城中村”纳入城镇化规划，统一建筑和基础设施标准，统一住宅与商业发展规划。

第二节　房地产去库存的国内外经验

从短周期来看，房地产主要受利率、抵押贷首付比、土地、税收等金融政策的影响；从长周期来看，房地产则主要受人口数量与结构、经济增长、城市化等影响。因此，从房地产周期来看，短期内房地产去库存的有效方式主要是金融，长期则主要是人口政策的变化。

一、房地产去库存的国际经验

（一）美国案例

2008年前后，受次贷危机影响，美国一度出现严重的房屋库存积压问题。2008年，美国房屋空置率达2.9%，创历史新高，将近此前历史平均值（1.47%）的2倍。

为消化房地产库存，美国政府采取了一系列举措。如救助“两房”，将利率降为零，大量购买MBS（Mortgage-Backed Security），以压低长期贷款利率。在货币政策的大力支持和针对房地产市场的税收变化（财政政策）的双重作用下，美国房地产库存已明显消化。到2015年底，美国房屋的空置率已下降为1.9%。

尽管美国房地产库存已基本消化，但美国政府仍然在大力推动房地产市场的持续发展。

虽然美联储量化宽松政策，开启首轮加息，但美联储购买的MBS数量一直没有下降，截至2016年2月10日，美联储持有的MBS量为1.74万亿美元。此外，2015年12月23日，美国总统奥巴马还签署了一项法案，放宽实施了35年之久的对外国资本投资美国不动产的税率。该法案规定，外国养老基金在美投资房地产时，享有与美国养老基金同等的待遇。法案废除了 1980 年开始实施的《外国投资房地产税法案》(FIRPTA) 对外国养老金投资美国房地产时征收的税率。

(二) 日本案例

除美国外，日本等国也面临住宅过剩问题。2016 年 1 月 22 日，日本政府公布了减少空置房的目标，欲在 10 年内把空置房数量减少到 400 万套，"去库存" 约 100 万套。这是日本政府首次对空置房问题设立量化目标。对此，日本国土交通省建议从以下两个方面着手：一是推广二手住宅评估机制，方便购房者了解空置房的价值，使这些房屋能在二手房市场交易；二是有计划地拆除老旧危房。

二、房地产去库存的国内经验

(一) 温州案例

温州房地产库存一度非常高。2011 年，温州施工面积与销售面积之比为 23.8 年，意味着按照当年的销售速度，温州的商品房库存大约 24 年才能消化完毕。如此高的库销比（广义库存），远超当前库存最多的山西（库销比为 9.9 年）。

现在，温州房地产库存明显降低，房价也出现上涨。据《温州商报》报道，温州市区楼市库存大幅下降。从狭义库存来看，房地产去化周期从 2014 年底的 15 个月降至 2015 年底的 6 个月，超出市场预期。从广义库存来看，2015 年温州施工面积与销售面积之比下降至 8.9 年，较 2011 年大幅下降。从房价来看，2015 年 2 月~12 月，温州房价持续上涨，累计涨幅 3.5%，这是自 2011 年以来首次持续上涨，显示库存状况有所改善。

温州之所以能在相对较短的时间内将较高的房地产库存消化，主要源于以下三个方面：

1. 房价调整充分，低房价增强了房屋吸引力

高库存使得温州房价深度调整，自 2012 年开始，温州房价持续下跌。根据中国指数研究院公布的百城房价数据，温州样本住宅平均价格从 2012 年 1 月的 2.1 万元/平方米下跌至 2015 年 1 月的 1.3 万元/平方米，跌幅近 40%。随着房产政策刺激以及全国房地产销售回暖、房价回升，由于此前调

整比较充分，随着预期转好，温州房地产成交量大增，去化速度显著提高。

2. 市场机制灵活，供给和需求弹性大

温州民营经济活跃，市场机制较为灵活，因此房价、销量等波动在全国处于较高水平。在销量方面，2009—2015 年，温州商品房销售面积分别为 314 万、228 万、136 万、203 万、350 万、418 万和 525 万平方米，波动之大远超全国平均水平。灵活的市场机制、较高供给和需求弹性，使得温州供求平衡恢复时间加快。

3. 政策的大力支持

2015 年 4 月 2 日，温州出台了《关于促进房地产市场持续平稳健康发展的若干意见》，其中包括“8 条房地产新政”，被外界称为“温八条”。重点包括：

第一，把控土地供应，对住房供应明显偏多或在建住宅用地规模过大的区域，减少住宅用地供应量直至暂停供应。

第二，购房补贴激励需求。2015 年 4 月 9 日至 2015 年 12 月 31 日期间，个人首次购买新建普通商品住房，在取得房屋所有权证后，给予购房款 0.6%的补助。

第三，允许开发商适当调整商品房套型结构，把一些不合理户型进行调整，以适应市场需求。“刚需为王，以价换量，撑起了整个温州楼市。”这是朗兆（温州）房产营销有限公司对 2012 年温州楼市的特征归纳，该公司是温州最大的房产营销公司。支撑温州楼市成交量的几个主力楼盘无一例外都是主推 90 平方米的刚需小户型，而且在价格上大打优惠牌。

正是从政策出台开始，再加上国家降准、降息支持，温州房价于 2015 年初见底回升，销量也明显攀升，库存去化明显。

（二）广东案例

广东省的新房贷执行方案，将城市分为了三大梯队，并实行不同的首付款比例政策。具体来讲，一是维持限购：如广州（不包括增城、从化）、深圳；二是实施 20%最低首套房首付比例：如佛山（含顺德、南海）、珠海、中山、江门地区；三是实施 25%最低首套房首付比例：除上述地区外的其他地区。

这一梯队设置从侧面反映了全国房贷新政的调整思路，即对一线城市仍然实行限购，去库存压力较大的三四线城市或地区首付最低降至20%，而供需压力基本平衡的二线城市实施25%的最低首付比例。广东省这一政策正是利用了“分城施策”来达到精准去库存的目的。

（三）安徽芜湖

利用货币化安置打通保障房与商品房之间的通道，是实现住房存量资源优化配置的重要举措。然而商品房与棚改安置房，一个价格高企，一个专供安置保障，二者的性质、税收、价格等都有差异，难以打通供需通道。为此，安徽芜湖推出了一项新方案。

安徽芜湖提出搭建电子选房平台，房企在平台上展示其房源，有条件、有意愿的棚改户在平台上自主挑选商品房。此举既消化了库存，又满足了棚改户的多样化需求，还省下了不少购房款，一举多得。

安徽芜湖模式即“搭建电子选房平台，打通供需通道”得到了《人民日报》好评。《人民日报》称：“去库存，打通商品房和保障房之间的通道，不失为一个好办法。一方面，房企库存高企，急需把房子卖出去；另一方面，棚改户情况各异，统一建设的安置房不一定人人都满意。”政策实施之后，房企去库存效果比较理想，“在芜湖市，选择购买商品房的棚改居民大概能占到整个棚改居民总数的30%，房地产库存中大概有近40%的销量来自棚改居民”。

第三节　房地产证券化的国内外经验

一、国外房地产证券化运作模式

房地产证券化最早出现在20世纪60年代的美国，随后在欧洲各国和日本得到普遍推广。目前，美国、日本、英国的模式最为典型，尤其以美国的房地产抵押债券市场最为发达。这些国家的运作模式对中国房地产资产证券化尤其是房地产去库存基金的发展具有重要的借鉴意义。

（一）美国

美国是推行房地产资产证券化最早的国家，也是资产证券化市场最发达的国家。美国的证券化实践主要有以下三种模式：

1. 房地产有限合伙模式（Real Estate Limited Partnerships，简称为RELP）

有限合伙是指由一名以上普通合伙人和一名以上的有限合伙人组成的合伙组织。在有限合伙模式中，其组织架构由经理合伙人（General Partner）与有限合伙人（Limited Partner）组成。经理合伙人负责房地产的经营管理，负无限责任；而有限合伙人享有所有权，不参与经营管理，以其出资额为限承担有限责任。房地产有限合伙实质上是把收益权出售给有限合伙人，获得经营资金，筹资后，房地产有限合伙设立不动产营运公司，经理合伙人为营运公司承担无限责任，不动产营运公司取得了经理合伙人的不动产后，负责经营管理。

2. 房地产投资信托模式（REIT，Real Estate Investment Trust）

不动产信托一般是由信托机构受托代办与房屋、土地等不动产有关的经济事项，其内容包括房地产的买卖、租赁、租金支付、保险金支付、产权登记、转让过户、纳税等。具体的方式有两种：管理信托，即不动产信托机构接受委托，为委托人代收地租或房租等业务的一种委托；处分委托，即不动产信托机构接受委托，为委托人出卖土地或建筑物等业务的一种委托。房地产投资信托就是由房地产投资信托基金公司负责对外发行受益凭证，向投资大众募集资金，之后将资金委托给房地产开发公司，由后者负责投资标的开发管理及销售，所获利润在扣除一般房地产管理费用及买卖佣金后，由受益凭证持有人分享。在房地产投资信托运行模式中，投资者通过购买 REIT 收益凭证的方式投资，由投资银行参与活动，投资者可随时通过证券交易所进行收益凭证转让（见图 7-3）。

3. 住房抵押贷款证券化（MBS，Mortgage-Backed Securitization）

住房抵押贷款证券化是目前美国最主流的模式，由证券发起人把流动性较差的地产抵押贷款整理为资产组合，出售给特殊交易载体（SPV），再由特殊交易载体认购下的抵押贷款为担保发行证券，其总价取决于地产抵押贷款资产池产生的未来现金流的期望值。

在住房抵押贷款证券化的过程中，发放机构（如商业银行）将其持有的抵押贷款，按照不同的期限、利率、地域等集合成贷款组合，出售给信托公司或政府专门机构（即 SPV），由其将购买的抵押贷款证券组合通过

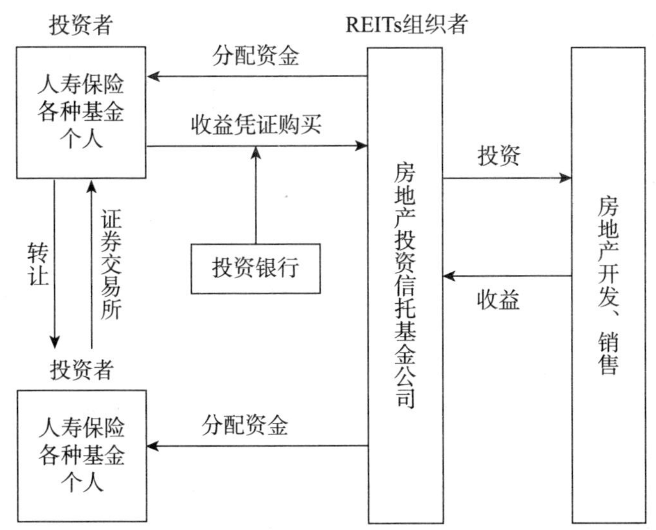

图 7-3　美国房地产投资信托运作模式

资料来源：雷鸣：《美国房地产资产证券化经验及借鉴》，《中国乡镇企业会计》2017 年第 2 期。

担保和信用增级后，以抵押担保证券的形式出售给投资者。这种运行模式通过特殊交易载体对抵押担保证券采取评级、担保、保险等信用手段，规避利率风险、借款人违约风险、提前偿还等多种风险，保护投资人利益的同时也降低了发行人的融资成本。具体见图 7-4。

（二）日本

1. 组合型模式

组合型模式是指不动产公司将占有的土地、建筑物以共有持股的方式售于投资者以取得价款，而投资者将其共有持股以现物出资的方式组成日本民法上的任意组合，并将其租赁给不动产公司，以收取租金用于分配该任意组合的各投资会员。若得到各会员的同意，也可将该不动产任意组合出售，并以其出售所得分配各投资会员。

2. 信托型模式

信托型模式是指不动产公司将土地、建筑物售于投资者，以取得价款从而达到融通资金的目的。而投资者将其持有的不动产以共有持股的方式信托给信托银行并领取受益凭证。而信托银行或出售或租赁，并将其价款

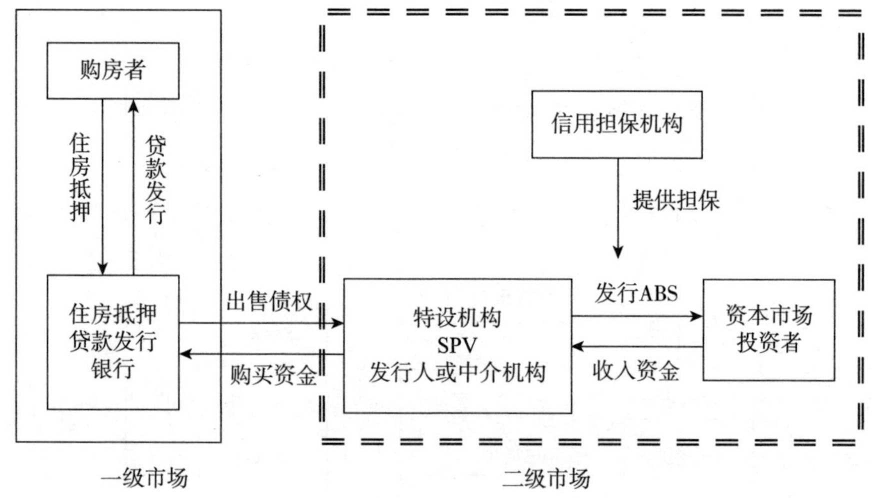

图 7-4　美国住房抵押贷款证券化运作模式

资料来源：雷鸣：《美国房地产资产证券化经验及借鉴》，《中国乡镇企业会计》2017年第2期。

或租金分配给受益凭证持有人。此种模式与美国房地产投资信托模式比较相似。

（三）英国

1. 房地产抵押贷款证券化模式

英国 1985 年 2 月首次发行并在卢森堡证券交易所上市的英镑抵押贷款担保证券（MBS），1987 年 3 月再次发行，在伦敦证券交易所上市。此后，英国抵押支持债券市场迅速发展。抵押支持债券一般采取记名登记并以公开募集方式发行上市，期限长短随担保抵押款期限而定，多以 5~10 年为限。发行时，原始债权人购入抵押贷款组合，再以此为担保发生抵押支持债券，由证券公司负责承销，售于投资人、服务公司或受托人。其中服务公司负责抵押支持债券的本息回收，及抵押支持债券在到期日前有关回收资金的营运管理，并负责对投资人支付本息等事务。

由于对抵押支持债券和原抵押贷款给予信用保证，如贷款组合保险、公积金提存、资本保证、优先权以及超额担保等，所以投资人的风险较低。但缺陷在于抵押支持债券流动性较差，并且投资人要承担原抵押贷款提前还款的风险，因为投资人的收益来源是原抵押贷款的利息。

2. 单一房地产证券化模式

单一房地产证券化模式是指房地产公司就其所有的房地产采取记名登记方式发行股票，并以大额投资者特别是机构投资者为主要发售对象。由于投资者主要目的是凭借其对所投资的房地产所有权来取得租金，所以在房地产公司申请发行股票时，证券交易所的审查委员会要求该房地产的租赁收入应高于与该房地产有关的各项支出，从而确保在该支股票上市后能保证投资人的利益。若其认为股票的负债比率过高，则可阻止其发行或在上市后责令下市。由于此模式下的股票发行申请人即房地产公司和主要的投资者都是法人组织，故其收益将会遭受英国双重征税的重负，影响了投资收益。这是该模式最大的缺陷。

（四）启示

1. 加快培养房地产证券化的投资主体及中介机构

建立以商业银行房地产信贷部或住房储蓄银行为主的房地产金融机构体系，负责办理房地产抵押信贷、抵押债券等业务；组建房地产信托投资基金公司，通过发行受益凭证，聚集小额投资者的资金从事地产和住房投资；建立房地产证券信用评级组织，设立抵押贷款保险机构。

2. 建立健全相关的法律法规

房地产证券化的有效运转有赖于一套完整的法律体系，包括从业者的组织形态、资产组合、收益来源与分配等方面，使房地产市场的运行实现资本大众化、产权证券化、经营专业化的目标。

3. 营造良好的房地产证券化外部环境

房地产证券化是一项系统工程，涉及金融体制、投资体制、房地产制度以及企业制度等诸多领域的深层次改革，因此必须加快房地产产权制度改革，使房地产的权益分割成为可能；深化金融体制改革，为房地产抵押贷款业务的扩大开展扫除障碍；积极培养房地产交易的一二级市场，使房地产权益得以顺畅流动。

二、房地产资产证券化的国内案例

（一）公募房地产信托投资基金

2015 年 6 月 8 日，万科联手鹏华基金发起国内首只公募房地产信托投资基金——“鹏华前海万科房地产信托投资基金封闭式混合型发起式证券投资基金”。6月26日该基金正式发行，其发行规模为30亿元，一半用于购买万科前海企业公馆的租金收益权，另一半用于购买固定收益类的债券产品。机构投资者对首只公募房地产信托投资基金表现出浓厚的兴趣，投资者也可以在二级市场进行交易，交易门槛为10000元。作为超甲级的写字公馆，万科前海企业公馆已聚集了各大领域的名企，随着各项优惠政策逐步进入落实阶段，项目租金收益有相当的成长空间，也将为未来基金的运作提供良性稳定的现金流保障。

万科前海房地产信托投资基金产品可以说是国内房地产信托基金发展的破冰之旅。过去多年业界不断呼吁，也充满期待，但始终进展缓慢，这既有金融环境不佳的影响，也有在2008年金融危机的影响下政策方面的限制。但是从行业的发展态势，以及房地产开发企业特别是商业地产开发企业的发展诉求看，房地产投资信托基金的发展势在必行。首只公募REITs的面市既满足了大众投资者分享前海政策红利及未来发展机遇的需求，也将开创地产投资新纪元。

（二）长租公寓“类房地产信托投资基金”

长租公寓“类房地产信托投资基金”是发行者通过基金向社会融资，用于资产包中项目建设，投资者凭借购买凭证拿到相应的收益和分红。

2017年10月11日，新派公寓权益型房托资产支持专项计划在深交所正式获批发行，发行额度为2.7亿元，期限5年，其中优先级产品获AAA评级，利率5.3%。这是国内首单长租公寓“类房地产信托投资基金”。新派公寓发行的类房地产信托投资基金是以北京市朝阳区百子湾路××号一栋公寓，该公寓也是投资者收益的产生来源。房地产信托投资基金给投资者的收益由两部分构成，即租赁获得的租金收益和资产本身的增值。

对于开发商而言，发行房地产信托投资基金可以向社会融资，将“重资产变轻”，一旦房地产信托投资基金吸引到足够多的社会资本投入，开发商自身所占的股份低于一定比例时便可将自身持股撤出，既保证项目正常运转，又使开发商资金流动性不受影响。从这一点上看，房地产信托投资基金有一定的吸引力。

2017年10月23日，国内首单央企长租公寓“类房地产信托投资基金”落地。保利地产（600048. SH）发布公告称，中联前海开源-保利地产租赁住房一号资产支持专项计划近日收到上交所出具的《无异议函》。该类房地产信托投资基金总额不超过 50 亿元，采取“储架式分期发行”，首期发行自《无异议函》出具之日起 6 个月之内完成，其余各期自该函出具之日起 24 个月之内完成。保利发行的类房地产信托投资基金是以其目前旗下的瑜璟阁商务公寓、诺雅服务式公寓、N+青年公寓、和熹会四大品牌所持有的租赁住房为底层资产。

在国外，长租公寓类房地产信托投资基金已有 50 多年的发展历史。7%~8%也是美国大多数房地产信托投资基金的整体收益水平。如美国 Equity Residential 公司，其收入主要由旗下公寓的租金收入和转卖公寓后获得的资本利得构成，始终是全美最大的长租公寓房地产信托投资基金运营商之一，发行的房地产信托投资基金投资回报率稳定在 7%左右。但美国长租公寓房地产信托投资基金可行的三个条件包括：稳定的租金收益率（每年 3%的上升趋势和 5%左右的空置率）、稳步上升的租赁需求，以及青年人对长租公寓浓厚的兴趣，这些在我国目前的租赁市场都尚需培育。

第八章　中国房地产去库存的政策建议

党的十九大报告指出，中国特色社会主义进入了新时代，社会主要矛盾已经转化为人民日益增长的美好生活需要和不平衡不充分的发展之间的矛盾。而要不断满足人民日益增长的“住有所居”的美好生活需要，房地产需要加快推进去库存进程，实现更加平衡、更加充分的发展。房地产去库存的关键，是要加快推进住房制度改革，综合运用金融、土地、财税、投资、立法等手段，建立符合中国国情、顺应市场规律的基础性制度和长效机制，以租购并举开启新时代的中国住房新模式。

第一节　加快建立多主体供给、多渠道保障、租购并举的住房制度

充分考虑我国房地产市场的特点，紧紧把握房地产市场的宏观经济定位，即“房子是用来住的、不是用来炒的”定位，明确房地产市场的主要功能是满足居住需求。加快建立多主体供给、多渠道保障、租购并举的住房制度。多主体供给既包括土地的多主体供给，也包括住房的多主体供给。就土地的多主体供给而言，未来国有土地不仅可以由政府通过招拍挂和行政划拨方式供给，也可以由土地使用人如企事业单位在有限土地使用期限内，通过调整土地用途、补缴土地出让金、带规划方案供给，还可以由农村集体组织通过提供农村集体建设用地供给用于租赁住房。就住房的多主体供给而言，政府可以供给公租房、廉租房等保障性住房，企事业单位可以通过自有土地建设住房供给员工宿舍和住房，城中村和城市周边农村住房可用于租赁住房，过剩商业和厂房通过改造可用于住房或租赁住房。

一、建立购租并举的住房制度

租购并举意味着租赁住房享受与购置住房同样的城市公共服务政策。因此，应围绕城镇化进程中新市民对住房的实际需求，科学编制住房发展规划，建立购房与租房并举、市场配置与政府保障需求相结合的住房制度，健全以政府为主提供基本保障、以市场为主满足多层次需求、多渠道保障的城镇住房供应体系。政府和市场针对不同人群提供不同档次的住房，以实现住有所居。对具备购房能力的常住人口，支持其购买商品住房，高端人群可以购买完全市场化的高端商品房，中产阶层可以购买普通商品房①。对不具备购房能力或没有购房意愿的常住人口，支持其通过租赁市场租房居住。对符合条件的低收入住房困难家庭，通过提供公共租赁住房或发放租赁补贴保障其基本住房需求。在此过程中，要实现三个转变、把握三大重点，即从以售卖为主的住房体系转向租售并举体系，重点是租；从以商品房为主的住房体系转向商品保障体系并行，重点是保障支持；从以老市民为主的住房体系转向新老市民并重，重点是新市民。

二、培育发展住房租赁市场

大力发展住房租赁市场，加快机构化、规模化租赁企业发展。积极培育专业化公司收购市场库存商品房经营租赁业务，鼓励房地产开发企业将其持有的存量房源向社会出租，建立开发与租赁一体化的经营模式。采取加大金融、财税支持力度等措施，鼓励房地产中介机构、物业服务企业等发展成为以租赁为主营业务的专业化企业。推进公租房货币化，对保障对象通过市场租房给予补贴。强化监管，推行统一的租房合同示范文本，规范中介服务，稳定租赁关系。加快住房租赁立法，健全租赁住房的土地、金融、供给机制。

三、加大棚改和其他征收拆迁货币化安置力度

做好安置房需求与商品房去库存之间的衔接，引导安置家庭购买或租

① 与完全市场化的高端商品房不同，普通商品房可以通过“限房价、竞地价”方式出让，未来销售价格则按照土地出让合约执行。

住商品房。鼓励市、县研究制定政策措施，采取货币化安置奖励补偿、协助群众购买安置住房等方式，引导棚户区改造居民优先选择货币化安置，形成以货币化安置为主的棚改安置模式。加大棚改以外的国有土地上房屋征收补偿和农村集体土地征收征用的货币化安置力度，鼓励以购代建。

第二节　深化供地制度改革，科学管控土地供应

一、深化供地制度改革

供地制度是房地产市场中反映政府与市场关系的中心环节。要正确处理好政府与市场、中央与地方的关系，深化供地制度改革，健全人财地挂钩机制。完善城镇建设用地增加规模与吸纳外来人口进城落户规模挂钩、房地产库存与土地供应挂钩、农业转移人口市民化与财政转移支付挂钩的机制。加快修订相关的土地使用和用途调整法规，适度降低不同持有者和不同用途土地进入和转变成住房用地门槛，尽快形成政府、事业单位、企业和集体组织等多渠道供应土地的格局。完善土地监测、监管和供应的制度和机制改革，增加热点大城市的居住用地供给，逐渐实行一个主管部门管理住房市场监管调控和土地使用权市场监管调控的改革。

二、科学管控土地供应

优化用地分类管理，合理控制土地供应节奏，管好市场供应源头。根据商品住房累计可供售面积总量和未开工住宅用地总量等市场供求状况指标，按照农业转移人口市民化和“有保有压”的用地原则，采取显著增加、增加、持平、适度减少、减少直至暂停 5 类调控要求进行分类管控，科学编制住宅用地供应计划。对于房价上涨压力大的城市要合理增加土地供应，提高住宅用地比例，盘活城市闲置和低效用地。确定为“适度减少、减少直至暂停”的市、县，应根据当地实际研究制订未开发房地产用地的用途转换方案，通过调整土地用途、使用强度等规划条件，引导未开发房地产用地转型用于国家和省支持的新兴产业。因地制宜建立符合不同城市区域特点的存量土地盘活机制。

第三节 多渠道扩大有效需求

一、支持刚性和改善性购房需求

贯彻落实国家已出台的房地产调控政策，确保支持居民住房消费的税收、信贷等优惠政策落实到位。结合全国市场利率定价自律机制要求，合理确定最低首付比例和利率水平，支持居民合理住房金融需求。各地可以根据自身实际，按规定程序报批后，将契税适用税率适当下浮，减轻居民购房负担。全面落实“营改增”，各地可根据市场情况动态调整二手房交易计税基准价格，进一步活跃二手房市场。

二、释放农业转移人口购房需求

深化户籍制度改革，加快就医、就学、社保等配套政策落地，鼓励支持农民工进城购房，促进有能力在城镇稳定就业和生活的农业转移人口举家进城落户，与城镇居民享有同等权利、履行同等义务。建立城镇建设用地增加规模同吸纳农业转移人口落户数量挂钩机制。维护进城农民工原有土地承包经营权、宅基地使用权、集体收益分配权不变，并支持引导其依法自愿有偿转让。鼓励金融机构创新推出针对农民工进城购房的信贷产品，简化程序，提供多样还款方式，给予低利率优惠贷款，提高农民工购房能力。鼓励有条件的市、县研究建立农民工进城购房信贷风险分担机制，为农民工进城购房贷款提供风险分担或缓释措施。

三、充分发挥公积金对住房消费的支持作用

住房公积金个贷率较高的地区要按照规定程序，积极协调商业银行开展质押贷款、信用贷款、贴息贷款、资产证券化等融资业务，化解资金趋紧问题，提高融资能力。住房公积金个贷率较低的地区要继续挖掘政策潜力，大力释放结余资金，进一步提高住房公积金使用效率。积极推进住房公积金向城镇稳定就业新市民覆盖，支持就（创）业大学生、农民工、个体工商户等使用住房公积金贷款购房。开展省内住房公积金中心通过银行

间市场等场所发行个人住房贷款资产证券化产品。

第四节　差异化调控，精准化去库存

一、差异化调控，因城施策、因地制宜

房地产市场的差异化调控应该成为常态，实行分类指导，针对不同的区域采取不同的治理，因城施策、因地制宜。一二线城市的调控重点应当是控房价、防风险、防泡沫，三四线城市的重点依然是去库存。一线城市适度控制，防止价格过度上涨，同时给予三四线城市住房消费政策扶持，如建立专项基金，鼓励地方政府收购商品房转用于保障性用房。

二、加快化解商业用房库存

营业用房、办公用房等商业用房库存明显偏多、消化周期长的城市，要严格控制新增商业用房土地供应和规划指标，并可根据市场状况研究制定待开发商业用地用途转换的办法和程序。鼓励房地产开发企业将库存商业地产改造为科技企业孵化器、众创空间、商务居住复合式地产、电商用房、都市型工业地产、养老地产、旅游地产等，推动房地产业与文化体育、健康养老、教育医疗等产业融合发展。

第五节　合理引导市场预期，促进房地产业转型升级

一、合理引导市场预期

及时发布房地产交易、土地供应等信息，完善市场监测预警机制，严格限制信贷流向投资投机性购房，遏制房产炒作和房产市场的剧烈波动。

二、促进房地产业转型升级

鼓励房地产开发企业通过兼并重组等方式，开展规模化开发和集团化运作，不断提升市场竞争能力和产业集中度。对有实力、有信誉的房地产

开发企业兼并重组有关企业或项目，鼓励金融部门提供融资支持和相关金融服务。鼓励房地产开发企业开发更多适销对路、绿色低碳、节能环保的高品质住房，引导房地产开发企业自持物业经营，由快速开发销售模式向城市综合运营模式转型。推广装配式建造方式，发展钢结构建筑。推广全装修成品住宅，提升住宅综合品质。

第六节 加速推进房地产证券化进程，发展房地产去库存基金

一、健全法律体系和税收体系

国内房地产投资信托基金（REITs）发展相对迟缓的原因之一就是配套的法律体系不健全，这种新型的房地产投资工具，亟须建立完善的法律体系，来保证和维持市场的公平、公正、公开、透明。在《信托法》《公司法》之外，根据房地产投资信托基金的具体实际，专门制定相应的专项管理措施，确保从一开始就规范化发展。另外在税收体系上也要相应配套。

二、完善信用制度，增强披露制度

由于房地产去库存基金存在信息不对称的问题，投资人对管理公司难以全面了解，因此，需要建立相应的信用制度，促进市场诚信的建设，从而保证房地产资本市场的健康发展，包括政府可以建立企业征信体制、失信惩戒制度等。与此同时，房地产去库存基金对信息披露制度的要求相对较高，要求定时披露财务信息，从而确保投资者的利益。但受过去多年房地产业不规范操作的影响，会计制度的不规范、信息披露存在困难，这对发展房地产去库存基金极为不利，亟须加强这一方面的引导和监管。

三、逐步推进住房抵押贷款证券化，化解银行体系内的风险

在逐步推进与资产证券化相适应的市场结构、组织架构和机构设置等硬件方面建设的同时，我们应该把更多的精力集中在市场主体责任意识、信用体系、金融法律和监管体系等软件方面的建设，这样才能构建出一个

真正完善的能有效抵御和化解风险的市场体系。

四、建立多元化的通畅的融资渠道

鼓励房地产企业加大股权、债权等方式的直接融资比例；在加强监管的情况下，可以放宽对外资和私募股权的引入；加快建设房地产信托市场，发行房地产投资信托基金（REITs）。通过建立多元化的融资渠道，一方面可以解决房地产行业资金短缺的问题，最为重要的是可以有效分散银行体系内的系统性风险。

五、加快专业人才培养

目前房地产信托投资基金在国内仍处于起步阶段，摸索中发展，因此尚未形成专业的基金管理和运营团队。一个合格的房地产信托投资基金团队既要了解房地产市场，又要熟悉基金业务的运作，还要熟悉投资市场的规范。要想实现房地产投资信托基金的快速发展，亟须加快房地产和金融跨界人才的培养。

六、加强金融监管，规范投机者行为

进一步规范个人贷款审查的程序和标准，逐步建立并完善个人诚信系统；加强对金融机构的监管力度，提高金融机构信息披露的透明度。同时，提高房地产抵押贷款的比率和开发商自有资金持有比例，加强对各贷款主体的资格审查；发挥主管部门、新闻媒体及中介机构的作用，对市场上的投机行为和投机心理加以正确引导，防止市场中投机狂热的形成。政府还应出台合理的税收、信贷等政策，增加投机者的资金成本，提高其投机风险，必要时给予经济甚至是行政制裁，尽可能地遏制投机行为，减缓其对市场的冲击，减少市场中的噪声交易行为。

第七节　加快推进配套改革，完善调控机制

一、坚持调控不放松，完善调控机制

房地产市场的健康、平稳发展，离不开完善的调控机制和有效的支持

政策。德国和日本增速换挡期房地产市场的发展实践正说明了这一点。因此，在房地产去库存过程中，改革重点是建立抑制投资和投机的长效机制，发挥市场的决定性作用同时加大政府支持力度。要把机制建设与稳定市场调控相结合同时抓，将调控机制化制度化，用新制度和机制支持调控。在调控力度上，要把握好房地产平稳发展与宏观经济、金融发展稳定的平衡，把握好房地产调控与稳增长、防风险的平衡。

二、加快推进立法改革，健全房地产市场发展的相关法律体系

房地产去库存目标的实现和长效机制的建立，涉及土地管理法、房地产法、房地产税法、住房租赁法等诸多法律法规的修订完善，这是今后房地产市场健康、平稳发展的有力保障。因此，可借鉴德国经验，加快推进《中华人民共和国土地管理法》《中华人民共和国房地产法》《中华人民共和国房地产税法》《中华人民共和国租赁法》等相关立法，一方面保护房产权益所有人的合法权益，另一方面对开发商和房东扰乱市场的不正当行为进行惩罚。

三、完善住房金融市场与监管制度

房地产与金融休戚相关。楼市的过高杠杆，也已成为金融风险的集聚点。因此，加快房地产去库存，需进一步出台相关监管法规，强化监管力度，扩大宏观审慎监管的实施范围。在此过程中，一方面，需控制开发商社会融资的比例，尽可能做到开发商自有资金拿地，也要防止开发商多账户借款。另一方面，要加强对住房按揭贷款的监管。对房地产信贷市场调控最直接、最有效的办法就是合理设定首付与按揭之间的杠杆比。建议根据不同需求层次和房价走势，实施差别化按揭制度。

四、加快财税体制改革

回顾我国近 40 年的改革历程，财税体制改革一直是突破口和主线索。房地产业的健康、平稳发展和去库存进程的快慢，财税体制改革依然是关键。因此，第一，应加快房地产税立法，并明确房产税的时间表，实行住房租金抵扣个人所得税政策。第二，应形成高端有遏制、中端有鼓励、低

端有保障的差别化税率体系。第三，将交易环节的契税的税率调整等权限授予地方，让各地政府可以因城施策。第四，研究征收土地增值税。这是与“允许农村集体建设性用地出让、租赁、入股，实行与国有土地同等入市、同权同价”相配套的改革。

参考文献

爱房网:《房地产去库存意义重大》, 2016 年 6 月 16 日, 见 http://fz.lfang.com/news/16/0616/1019/20160005936.html。

巴曙松、孟之静、孙兴亮:《金融危机后资产证券化的新特征及监管新动态》,《经济纵横》2010 年第 8 期。

巴曙松:《房地产大周期的金融视角》, 厦门大学出版社 2012 年版。

卞文志:《房地产去库存成为“国家任务”》,《上海房地》2016 年第 2 期。

曹征:《美日英三国房地产证券化的主要模式》,《城市问题》2002 年第 3 期。

陈坤:《资产证券化在房地产企业融资中的应用研究》, 硕士学位论文, 北京交通大学, 2016 年。

陈林杰:《我国房地产行业发展新常态分析》,《基建管理优化》2015 年第 1 期。

成其谦:《投资项目评价》, 中国人民大学出版社 2014 年版。

储小平、王宣喻:《私营家族企业融资渠道结构及其演变》,《中国软科学》2004 年第 1 期。

董支晓:《中国房地产投资信托基金发展研究——基于“中信启航”的案例分析》, 硕士学位论文, 广西大学, 2015 年。

杜泊含:《房产中介败德行为及其制衡策略的经济学探析》,《经济与管理》2012 年第 1 期。

范宜昌:《住宅开发商开发商业地产项目需转变的四个观念》, 2016 年 3 月 7 日, 见 http://news.winshang.com/news-566582-4.html。

冯罡:《“去库存”背景下房地产证券化之发展》,《中国房地产》2016

年第13期。

冯科、宋敏:《互联网金融理论与实务》,清华大学出版社2016年版。

高红:《房地产供给侧改革:由“去库存”到“公共服务+”》,《中国行政管理》2016年第10期。

高聚辉:《“去库存”进程加速房地产市场寻求再平衡》,《中国发展观察》2016年第1期。

葛丰:《房地产去库存,机遇大于挑战》,《中国经济周刊》2015年第11期。

郭栋林,汤惠君:《浅析我国房地产去库存存在的问题及对策》,《经济师》2016年第8期。

郭多祚:《数理金融》,清华大学出版社2012年版。

郭克莎:《中国房地产市场的宏观定位、供给机制与改革取向》,《经济学动态》2015年第9期。

何雄浪、马永坤:《我国城镇住房保障制度的发展历程及完善》,《湖北经济学院学报》2013年第2期。

胡祖铨:《我国房地产去库存研究》,《宏观经济管理》2016年第4期。

黄奇帆:《关于建立房地产基础性制度和长效机制的若干思考》,2017年6月1日,见http://news.fudan.edu.cn/2017/0601/43885.html。

黄菽娜:《浅谈我国房地产金融风险及其防范研究》,《新经济》2015年第12期。

黄志贤、郭其友:《当代西方经济学流派的演化》,厦门大学出版社2006年版。

火一兵:《我国房地产融资及房地产投资信托基金REITs的发展研究》,硕士学位论文,复旦大学,2008年。

贾康、苏京春等:《新供给经济学:理论创新与建言》,中国经济出版社2015年版。

贾生华、李航:《噪声交易者预期与房地产泡沫——基于35个大中城市的实证研究》,《审计与经济研究》2014年第3期。

金信定:《浅析房地产证券化存在的问题及对策》,《经济师》2017年第6期。

李拉亚:《理性疏忽、粘性信息和粘性预期理论评介》,《经济学动态》2011 年第 2 期。

李美芳:《论我国现行房地产立法存在的问题及对策》,《沿海企业与科技》2007 年第 11 期。

李新卫:《房产中介为骗佣金屡出“花招”》,《上海人大》2012 年第 9 期。

刘根梅:《经济新常态下房地产去库存的对策研究》,《市场研究》2016 年第 4 期。

刘亚臣、杜冰:《房地产经济学》, 大连理工大学出版社 2013 年版。

刘勇、邱国波:《发展房地产证券化投资正当其时》,《中国银行业》2017 年第 2 期。

刘志彪:《房地产去库存: 供给侧结构改革的重中之重》,《江苏行政学院学报》2016 年第 7 期。

马靖昊:《为什么房地产去库存问题引起高度重视》,《财经综合报道》2015 年 11 月 30 日。

马莉、王爽、罗丽君:《房地产去库存与金融风险分析》,《中国市场》2016 年第 3 期。

梦生旺:《金融数学》, 中国人民大学出版社 2014 年第 4 版。

潘家华:《三四线城市房地产的去库存压力有多大》,《人民论坛》2016 年第 4 期。

任泽平、熊义明:《房地产去库存的挑战、应对、风险与机会》, 2016 年 2 月 29 日, 见 http://news.hexun.com/2016-04-07/183166710.html。

任泽平:《三四线城市地产销量火爆: 去库存和挤出效应》, 2017 年 3 月 13 日, 见 http://news.hexun.com/2017-03-13/188461841.html。

上海易居房地产研究院:《房地产去库存背景及政策》,《中国房地产》2016 年第 22 期。

宋丁:《中国人民建设银行深圳市支行加快特区住宅建设》,《南方日报》1980 年 12 月 24 日。

宋婉秋、景刚:《经济新常态下我国房地产去库存研究》,《科技创业月刊》2016 年第 3 期。

苏晶:《房地产融资的良方——房地产信托》,《城市开发》2005 年第 7 期。

苏艳:《我国发展房地产投资信托基金的探讨》,《住宅与房地产:综合版》2016 年第 5 期。

苏艳:《国内资产证券化提速——中国房地产业创新方向及案例》,《上海房地产》2016 年第 5 期。

孙瑞娟:《对我国房地产业融资问题的研究》,硕士学位论文,中国海洋大学,2009 年。

孙永剑:《"互联网+金融+房地产"模式:是否楼市去库存良方》,《中华工商时报》2016 年 1 月 8 日。

孙子安、周晓宇、鲍孝慈:《中国房市火爆异象的内在逻辑:行为金融学视角》,《武汉金融》2017 年第 3 期。

田晓霞:《中小企业融资理论与实证研究综述》,《经济研究》2004 年第 5 期。

王冬:《论房地产证券化及房地产信托投资基金》,《现代营销:学苑版》2014 年第 9 期。

王冠、纪宇晟:《浅谈供给侧改革中的房地产去库存》,《价值工程》2016 年第 5 期。

王霄:《我国中小企业融资的合作行为——一项社会资本视角的演化分析》,科学出版社 2012 年版。

王鑫:《当前我国三、四线城市房地产去库存问题研究》,《中国市场》2017 年第 5 期。

王志勇:《基于预期理论的房地产价格波动分析》,硕士学位论文,宁波大学,2015 年。

汪红驹、汪川:《国际经济周期错配、供给侧改革与中国经济中高速增长》,《财贸经济》2016 年第 2 期。

网易新闻:《保障房保障了谁?》,2016 年 8 月 12 日,见 http://help.3g.163.com/16/0812/14/BU9C4VKP00964JJI.html。

吴亮:《美国房地产资产证券化研究》,《经营管理者》2010 年第 6 期。

吴宇晖:《当代西方经济学流派》,科学出版社 2011 年版。

向为民、王霜:《房地产“去库存”与对应取向》,《改革》2016年第6期。

许家军:《我国房地产业的关联特性及经济效应研究》,西南交通大学出版社2016年版。

许猛:《我国大力发展房地产投资基金的必要性分析》,《中外企业家》2016年第22期。

宣宇:《关于房地产去库存的几点思考》,《中国发展观察》2016年第8期。

薛志勇:《基于预期理论的房地产宏观政策效果的影响分析》,博士学位论文,中国科学技术投资经济与房地产管理,2012年。

伊隆贺:《关于合理预期形成的理论》,现代国外经济学论文选第七辑,商务印书馆1983年版。

易宪容:《房地产去库存化是一次重大的利益关系调整》,《投资北京》2016年第1期。

易宪容:《房地产去库存化的难点与重点》,《浙江经济》2016年第2期。

尹希果、杨倩:《房地产去库存化对中国宏观经济的影响——基于金融加速器的数值模拟分析》,《经济问题》2016年第8期。

尹中立:《房地产基金在地产融资中颇受关注》,《投资北京》2004年第11期。

虞晓芬:《加快供给侧改革加速房地产去库存》,《浙江经济》2016年第1期。

张立群:《房地产证券化风险预警研究》,硕士学位论文,河北工业大学,2014年。

张晓兰:《美日房地产泡沫与去库存的启示》,《宏观经济管理》2016年第6期。

张妍萃、张洪霞:《房产中介销售人员工作压力状况调查研究》,《天津农学院学报》2011年第9期。

张占录:《我国保障性住房存在问题、发展障碍与制度建设》,《理论与改革》2011年第3期。

赵翠芬:《我国房地产市场结构性失衡分析》,《经济师》2009年第10期。

赵蒲、孙爱英:《产业竞争、非理性行为、公司治理与最优资本结构——现代资本结构理论发展趋势及理论前沿综述》,《经济研究》2003年第6期。

中国产业信息网:《2015年中国房地产行业市场现状及发展趋势分析》,2015年7月20日,见http://www.chyxx.com/industry/201507/329852.html。

中国产业信息网:《2015年中国房地产高库存、产能过剩问题深度解析》,2015年12月29日,见http://www.chyxx.com/industry/201512/373909.html。

周飞虎、邵明艳、逄锦雪:《金融支持房地产去库存面临的制约因素——以吉林省为例》,《吉林金融研究》2016年第1期。

周幼曼:《我国房地产去库存态势分析及相关对策建议》,《新金融》2016年第9期。

朱卫红:《浅谈我国房地产信托业发展现状及运作模式》,《商场现代化》,2009年第6期。

邹士年:《房地产市场去库存需要精准化》,《中国物价》2016年第4期。

360个人图书馆:《中国房地产发展历程回顾》,2015年3月8日,见http://www.360doc.com/content/15/0308/20/417653_453611649.shtml。

Cagan P: The Monetary Dynamics of Hyperinflation, In Friedman, Milton (ed.), Studies in the Quantity Theory of Money, University of Chicago Press, 1956.

Crystal Yan Lin, Kenneth Yung: Equity Capital Flows and Demand for REITs, Real Estate Finan Econ, 2006.

Delong S, Shleifer A, Summers, Waldmann U: Positive Feedback Investment Strategics and Destabilizing Rational Speculation, Journal of Finance, 1990.

Diamond D: Financial Intermediation and Delegated Monitoring, Review of

Economic Studies, 1984.

Edwards. Prospect Theory: A Literature Review, International Review of Financial Analysis, 1995.

Froot C, Scharfstein F, Stein M. Herd on the Street: Informational Inefficient in a Market with Short-term Speculation, Journal of Finance, 1992.

Gary Gorton, Andrew Metrick: Securitized Banking and the Run on Repo, Journal of Financial Economics, 2012.

Hansen L, P Sargent T. J: Formulating and Estimating Dynamic Linear Expectations Models, Journal of Economic Dynamics and Control, 1980.

Harris Milton: Raviv Artur. Capital Structure and The Information Role of Debt, Journal of Finance, 1990 (45).

Kahneman, Tversky: Prospect Theory: An Analysis of Decision Under Risk, Econometrica, 1979 (21).

Marietta E, A. Haffner: Subsidization as Motor to Residential Mortgage Securitization in the US, House and the Built Environ, 2008.

Metzler L: The Nature and Stability of Inventory Cycles, Review of Economics and Statistics, 1941 (23).

Milligan C: Planning for Housing Land in the English Regions: A Critique of the Household Projection and Regional Planning Guidance Mechanisms Environment and Planning, Government and Policy, 2007 (5).

Muth J. F: Rational Expectations and the Theory of Price Movements, Econometrica, 1961, 29 (3).

Myers S., N. S. Majluf: Corporate Financing and Investment Decision When Firms Have Information That Investors Do Not Have, Journal of Financial Economics, 1984 (13).

Pesaran M H: Global and Partial Non Nested Hypotheses and Asymptotic Local Power, Econometric Theory, 1987 (3).

Robert E. Lucas J. R: Expectations and the Neutrality of Money, Journal of Economic Theory, 1972 (4).

Robert E. Lucas J. R: Econometric Policy Evaluation: A Critique.

Carnegie-Rochester Conference Series on PublicPolicy, 1976.

Robert E. Lucas J. R: Asset Prices in an Exchange Economy, Econometrica, 1978 (46).

Sargent T. J: Bounded Rationality in Macroeconomics, Oxford University Press, 1993.

Sargent T. J, Wallace N: Rational Expectations, the Optimal Monetary Instrument and the Optimal Money Supply Rule, Journal of Political Economy, 1975.

Sargent T. J, Wallace N: Rational Expectations and the Theory of Monetary Policy, Journal of Monetary Economics, 1976 (2).

Semyon Malamud, Huaxia Rui, Andrew Whinston: Optimal Incentives and Securitization of Defaultable Assets, Journal of Financial Economics, 2013 (1).

Sumit Agarwal, YanChang, Abdullah Yavas: Adverseselection in Mortgagesecuritization, Journal of Financial Economics, 2012 (3).